体现着本书想奉献给读者"茶德高度、历史温度、生活风度、知识尺度"的追求。编纂者注意到唐代"曆"字已是从"歷"字中分化出来专表"历法"之意,且颜真卿真迹中也是这样分化使用,故未选用"歷"。

《中国茶历》是如何设计的?本书的编纂是首创性工作,内容上是依循"二十四节气",在每一个节气编纂有相应的节气茶、茶点、茶诗、茶谚语、节气茶席用花等茶文化知识。书中所涉及的每一种茶叶,都配有清晰的实物照片。日历页设计成笔记本的形式,以便读者随时记录读书心得、每日计划、心情等。为方便读者使用,在全书的最后附有365天分类索引,检索时,标题前的阿拉伯数字,对应日历中具体的"月"和"日",即可找到相应内容所在的页面。如:"明前茶"标题前的阿拉伯数字为"0316",则"明前茶"的内容在3月16日所在的页面。

人人需要茶,"柴米油盐酱醋茶""琴棋书画诗酒茶花香服饰"组成的美好生活离不开茶,同时也少不了《中国茶历》的陪伴。

2023《中国茶历》能够顺利出版,得益于中国林业出版社,也得益于图片拍摄者、茶叶学者专家,以及中央美术学院朱紫为"二十四节气"和卯兔书标绘图,在此,一并向他们致以诚挚敬意和感谢。

编纂者深感任重道远,2018《中国茶历》的出版,是迈出了重要一步;2019—2022年《中国茶历》的出版,逐年迈上新台阶;今年的《中国茶历》更是在内容上改编创新。本人学识有限,定当更加勤奋;舛误难免,诚请来函指正。同时欢迎参与《中国茶历》后续的相关活动,以期与广大茶爱好者相互交流,共同进步。另外,欢迎加入读者群,微信号a15116997169;电子邮箱2710002626@qq.com。

陈伟群

2022年12月

茶物哲语·人在草木间

汉字"茶"字,拆分开来看,上有草,下有木,人在草木间。道出了"天人合一"的境界。这"天"是自然之"天",道德之"天",命运之"天";"人"就是人类;"合"就是相适守诚、相伴而生;"一"就是人要理天地、崇道德、致中和。一个"茶"字,蕴含哲学思考。

茶,源于草木,源于自然。汲日月精华,沐春夏秋冬,有山魂水魄的灵性。春天,垂柳听雨,点花啜茗;夏天,凉亭数荷,饮茶消暑;秋天,庭院赏桂,品茶对饮;冬天,静坐焚香,暖炉煮茶。喝茶,就是品味自然草木,如在山林之间,感受清风丽水,与大自然融为一体。

茶,源于草木,源于自然。道,是人与自然的关系;德,是人与人的关系。人与自然和谐相处,人与社会关系有序,人与人之间交往有规范。具有悠久历史的中华茶文化,隐含中庸、和谐、道德教化。

茶,源于草木,源于自然。每一片茶叶,在热水注入的瞬间,沉浮旋转,慢慢舒展开来,上下起伏,茶香氤氲升起,茶气沁入心脾,入口苦涩还是清香,凭的是喝茶人的心境。"茶寿,一百零八",尝尽人间味,知晓茶之味,回归自然味。

茶,源于草木,源于自然,顺天应时,天地相参,经纶天下,世界同饮。敬茶、饮茶、品茶、雅茶,人在参赞天地化育中,德性与天地相参,人事与天地相参,致良知,致大同,心向天地人各得其位、万物生生不已的命运共同体。

编纂说明

《中国茶历》是中华茶文化、茶产业发展的见证者、记录者、讴歌者和传播者之一。本书作为唯一一部以茶为载体传播中华文化的日历书,已经连续出版发行六年。

2023年的《中国茶历》通过32个完整的知识版块,以满足广大读者对中华优秀传统文化生活化的需求,实现六个"导"向美好生活,即:传导中华文化贴近生活,辅导生命德育贯穿生活,利导家教家风感动生活,开导系统学茶知识生活,指导科学饮茶健康生活,倡导慢道茶旅品味生活。内容版块有:茶物哲语(15篇)、古代雅集(19篇)、茶游艺(4篇)、茶文艺(4篇)、茶文创(2篇)、茶范(7篇)、茶游学(4篇)、闽茶(10篇)、茶巧语(6篇)、茶名著(10篇)、节日和茶(10篇)、节气和茶(24篇)、节气茶(15篇)、节气茶诗(24篇)、节气茶点(24篇)、茶谚语(8篇)、茶祭(4篇)、茶典故(25篇)、茶诗词(10篇)、茶画之最(4篇)、八方茶席(8篇)、节气茶席用花(24篇)、茶空间(5篇)、茶馆(12篇)、茶具(4篇)、茶用水(4篇)、茶饮法(4篇)、茶旅(12篇)、茶产地(10篇)、茶植物(2篇)、茶名字(11篇)、经典名茶(88篇)。

《中国茶历》是一部什么样的书?《中国茶历》,依循中国古代历法《太初历》"二十四节气"来辅助生产、引导生活,日历每一天的内容基本讲究"三个对应",即:对应"二十四节气",对应"历史上的今天",对应"当天适用"。这是一部科学实用的、内容全面的、通俗易懂的、携带方便的、笔记本式的日历茶书;是人们自学或学校组织茶文化教学的知识性、趣味性、普及性、实用性读物;也是"导"向美好生活和进行个人生命叙事的日记本。

《中国茶历》是谁题的名?《中国茶历》内文均使用中文简体。书名、封面、书脊是"中国茶历"四个字的繁体字,端庄雄伟,系由编纂者创意选用中国古代楷书大家颜真卿真迹集字而成。唐代颜真卿(709—785年)是《茶经》著作者陆羽的挚友,为官近五十载,一心为国、一尘不染、一意担当,勤政爱民,惜才兴茶,以自身"云水风度、松柏气节"诠释了茶德。选用颜真卿真迹集字"中國茶曆",也

二〇二三年

中國茶曆

陈伟群 主编

中国林业出版社

SUNDAY. JAN 1, 2023

2023年1月1日

农历壬寅年·腊月初十

1月1日

星期日

元旦

🐰 今日生命叙事

早起____点，午休____点，晚安____点，体温____，体重____，走步____

今日喝茶：绿☐　白☐　黄☐　青☐　红☐　黑☐　花茶☐

正能量的我

中國茶曆　　　　　　　　　　　　　　　　　　中国茶历

0101

闽茶·福建茶的世界视野

茶起源于中国,盛行于世界。文字记载中国茶始于神农时期,至今五千年。

世界各国的种茶和饮茶习俗,都是直接或间接从中国传播过去的。全球有60多个国家和地区种植茶叶,160多个国家和地区有茶叶消费习惯,中国茶叶出口至129个国家和地区。

2019年11月27日,联合国大会宣布每年5月21日为"国际茶日",以赞美茶叶的经济、社会和文化价值。

福建种茶、制茶、饮茶和出口茶的历史悠久。宋元代的贡茶、明清代的福建茶叶发展和现代中国茶学十大名人有七位在福建对茶做过重要贡献。红茶、白茶、乌龙茶、茉莉花茶工艺原创地都在福建。历史上的"万里茶路""(茶)海上丝绸之路"起点在福建,奠定了福建"茶叶大省"的地位。

福建在全国茶产业仍保有多个第一:干毛茶产量全国第一,茶树良种普及率全国第一,白茶产量全国第一,茶叶进出口额均全国第一。茶园面积、茶叶单产、国家级茶叶龙头企业数量、中国驰名商标数量,位列全国前茅。福建在全国茶产业还有四项领先:发展茶叶经济"脱贫攻坚"实例全国领先,"三茶"统筹发展助力乡村振兴实践全国领先,"全球重要农业文化遗产"茶保护全国领先,发展"数字经济"服务茶产业的中国茶产业互联网综合服务平台建设实效全国领先。

MONDAY. JAN 2, 2023
2023 年 1 月 2 日
农历壬寅年·腊月十一

1月2日 星期一

🐰 今日生命叙事

早起____点，午休____点，晚安____点，体温____，体重____，走步____

今日喝茶：绿☐　白☐　黄☐　青☐　红☐　黑☐　花茶☐

正能量的我

闽茶·福建茶简史（三国至五代）

三国时期，福建引入烹茶习俗、种茶技术。

福建境内"温麻船屯"，在引进苏浙造船工官、技术工匠的同时，亦将苏浙流行的烹茶习俗、种茶技术带到温麻县（今霞浦县或连江县境内）一带。

晋代，福建已有种茶、饮茶。晋代遗址福建霞浦黄瓜山贝丘文化遗址出土有彩绘兔毫盏茶具。晋代福建南安丰州莲花山有"莲花茶襟，太元丙子"石刻，可见当时已有种茶、饮茶。

唐代，福建产茶有了史料详述。

陆羽（约733—804）《茶经·八之出》记载："岭南生福州、建州、韶州、象州。其恩播、费、夷、鄂、袁、吉、福、建、泉、韶、象十一州未详。往往得之，其味极佳。"福州、建州是福建古州名，也是福建取名的由来。唐代时泉州已是茶产区。

裴次元（？—820年）的《芳茗原》等五首中有诗曰："族茂满东原，敷荣看阮阮。采撷得菁英，芬馨涤烦暑。何用访蒙山，岂劳游顾渚。"这首诗说的是在福州治山东麓的原野是一片茶园，枝繁丛茂，叶肥芽嫩，采制的茶鲜活芬馨，还能为百姓解暑，好茶就在这，比"贡茶"并不差。

徐夤（唐末至五代间）《尚书惠蜡面茶》诗写到唐代武夷茶的采制时间、礼祭、制作、运输、煮饮，云："武夷春暖月初圆，采摘新芽献地仙。飞鹊印成香蜡片，啼猿溪走木兰船。金槽和碾沉香末，冰碗轻涵翠缕烟。分赠恩深知最异，晚铛宜煮北山泉。"

TUESDAY. JAN 3, 2023

2023年1月3日

农历壬寅年·腊月十二

1月3日

星期二

🦊 **今日生命叙事**

早起____点，午休____点，晚安____点，体温____，体重____，走步____

今日喝茶：绿□　　白□　　黄□　　青□　　红□　　黑□　　花茶□

正能量的我

中國茶曆

中国茶历

0103

闽茶·福建茶简史（宋代和元代）

宋代和元代，是福建茶产业迅速发展的重要时期。

《安溪县志》《清水岩志》等史料记载，宋代和元代安溪的民间和寺庙中已普遍产茶，而制茶手工业的出现则表明安溪茶叶的发展已具产业雏形。漳州最早的茶叶文字记载见于《太平寰宇记》（约987年），书中"江南东道"载："漳州土产蜡茶。"闽东、莆田地区茶产业也有较大发展。

宋代和元代发展最快、最负盛名的是北苑贡茶。宋徽宗赵佶《大观茶论》云："本朝之兴，岁修建溪之贡，龙团凤饼，名冠天下，壑源之品，亦自此而盛。"北苑贡茶的采制工序为采、拣、蒸、榨、研、造和过黄，要求极高。

宋代斗茶品茗之风盛行，建窑工匠，烧制出独具特色的黑釉茶盏，其兔毫花纹之绚丽，油滴斑点之灵动，曜变色彩之幽玄，令人叹为观止，受到热捧。

元代武夷茶被列为纳贡之品，在武夷山九曲溪四曲南畔兴建皇家御茶园，专门制作贡茶。御茶园制茶充贡长达255年，至明嘉靖三十六年废止。

WEDNESDAY. JAN 4, 2023

2023年1月4日

农历壬寅年·腊月十三

1月4日

星期三

🐰 **今日生命叙事**

早起____点，午休____点，晚安____点，体温____，体重____，走步____

今日喝茶：绿□　白□　黄□　青□　红□　黑□　花茶□

正能量的我

中國茶曆

中国茶历

0104

节气和茶·小寒

小寒大雁北乡还,百泉冻咽崖吟寒。
扫雪煮茶醉清芳,喜鹊筑巢把盅端。
膝上横琴掸心尘,枝中卧雪笑风狂。
石枰下棋鹤顶梅,白雉朝声振鹉冠。

今日小寒(农历壬寅年腊月初十四子时,公历2023年1月5日23时05分)。

小寒是农历二十四节气中的第23个节气。小寒,气温类节气,标志着一年中最寒冷的天气开始了。俗话说"冷在三九",三九天就在小寒节气里。俗语"小寒胜大寒",小寒比大寒的气温往往要更低。农谚有"小寒大寒,冻成一团"。

小寒物候:初候雁北乡,花信风梅花;二候鹊始巢,花信风山茶;三候雉始雊,花信风水仙。

这时的茶树在冬季休眠期,停止采摘制茶,而有"冬剪"。茶谚语有"宰茶宰平头,露头枝莫留"(提示:此时节如进行茶树的"冬剪",茶枝条砍至与茶园茶树群体齐平,露头枝条一根也不要留,这样来年才能发枝兴);"茶身三次脓,茶粕一次清"(提示:茶树一年三次茂发盛长,要敢大砍枝修剪,还要把落地的茶籽和形成的植物湿垃圾,一次性清除光)。

小寒节气里,喝什么茶?小寒时节养生,要在"春夏养阳,秋冬养阴"的基础上,敛藏精气、固本扶元,以"防寒补肾"为主;适宜饮黑茶(六堡茶、金尖茶、砖茶、普洱熟茶、渠江薄片,均在5年以上)、红茶、乌龙茶(武夷岩茶等有焙火工序的乌龙茶)、白茶(白牡丹、寿眉,均在7年以上);还要注意乘热喝茶,不喝凉的茶水;在集中供暖地区生活工作者,多喝绿茶。

小寒·水仙

THURSDAY. JAN 5, 2023
2023年1月5日
农历壬寅年·腊月十四

1月5日 星期四 小寒

🐰 **今日生命叙事**

早起____点，午休____点，晚安____点，体温____，体重____，走步____

今日喝茶：绿☐　白☐　黄☐　青☐　红☐　黑☐　花茶☐

正能量的我

中国茶历
0105

节气茶点·小寒

"小寒"节气里喝茶,讲究节气养生,适宜饮黑茶、红茶、乌龙茶、白茶。选用茶点心,讲究对应小寒节气养生,留意民俗文化。

小寒节气总的饮食原则是宜杂、温、苦,宜温补。选用茶点心宜减甘微咸。可选用:

核桃排,小寒节气的节令茶点。食材有小麦粉、白砂糖、核桃仁、鸡蛋、猪油。

鹿糕馍,起源于唐代。据《岁时广记》记载:"民间以粉面蒸糕,上置小鹿数枚,号食禄糕。""岐山挂面,凤翔的酒,扶风鹿糕京里走",这是关中西府一带流传的关于名特产品的民谣。扶风鹿糕是一种烤馍,食材由上等面粉加白糖、油料、五香粉等配料烤制而成。相传是唐代一名处士路经扶风县城,买了"柱丁石馍"(这馍的中间还有一个凹坑,外形很像鼓形的柱丁石),觉得很好吃但名称不好记,就在馍的凹坑里,印上仿汉瓦制作的鹿图案,取名"鹿糕馍"。

核桃排

椒盐小桃酥,食材有玉米油、面粉、玉米淀粉、鸡蛋、椒盐、芝麻。

金钱饼,食材有小麦粉、白芝麻仁、白砂糖、麦芽糖、猪油。

适宜小寒节气的茶点心形形色色,选用时宜留意民俗文化,如喝腊八粥、祭祖先、祭百神、放年学、探梅、访梅、冰戏等。

鹿糕馍

金钱饼

FRIDAY. JAN 6, 2023

2023 年 1 月 6 日

农历壬寅年·腊月十五

1月6日

星期五

🐰 **今日生命叙事**

早起____点，午休____点，晚安____点，体温____，体重____，走步____

今日喝茶：绿□　白□　黄□　青□　红□　黑□　花茶□

正能量的我

闽茶·福建茶简史（明清代茶类生产工艺和出口）

明清代是福建"茶叶大省"地位奠定的时期。福州曾经有"世界茶港"之誉。

乌龙茶创制于武夷山。释超全（1627—1715年）《武夷茶歌》中记载："凡茶之产准地利，溪北地厚溪南次。平洲浅渚土膏轻，幽谷高崖烟雨腻。凡茶之候视天时，最喜天晴北风吹。苦遭阴雨风南来，色香顿减淡无味。近时制法重清漳，漳芽漳片标名异。如梅斯馥兰斯馨，大抵焙时候香气。鼎中笼上炉火温，心闲手敏工夫细。"

铁观音创制于安溪。据《安溪茶歌》记载："安溪之山郁嵯峨，其阴长湿生丛茶……迩来武夷漳人制，紫白二毫粟粒芽……溪茶遂仿岩茶样，先炒后焙不争差。"明崇祯十三年（1640年）前后，安溪茶农创造出"茶树整株压条繁殖法"。铁观音于清雍正年间（1723—1736年）在安溪西坪被发现。

红茶创制于武夷山。武夷山桐木关是正山小种发源地，也是红茶原创生产工艺的诞生地。《清代通史》载："明末崇祯十三年红茶始由荷兰转至英伦。"18世纪红茶需求量急剧扩大，19世纪红茶迅猛发展，也是红茶最辉煌的时期。自1890年起继工夫红茶之后直销欧美。

近代白茶创制于福鼎。据清代周亮工《闽小记》《福建白茶的调查研究》记载，清嘉庆初年（1796年），福鼎人用菜茶芽为原料，创制白毫银针，简称小白。政和县于清光绪十五年（1889）年开始用其产制银针。白毫银针在清光绪十六年（1890年）已有外销。1922年于建阳水吉创制白牡丹。

茉莉花茶的商品化生产始于福州。清咸丰年间（1851—1861年）福州茉莉花茶成为贡茶。北京、天津茶厂在福州大量窨制茉莉花茶运销西北、东北、华北一带，许多大作坊生产茉莉花茶，并出现机械化生产。

清咸丰十年（1860年）福州港成为世界最大的茶叶港口，至光绪十二年（1886年）始终占全国茶叶输出总量的1/3以上，是中国茶叶外销的重要输出港和转运港，被誉为"世界茶港"。

SATURDAY. JAN 7, 2023

2023年1月7日

农历壬寅年·腊月十六

1月7日

星期六

🐰 **今日生命叙事**

早起____点，午休____点，晚安____点，体温____，体重____，走步____

今日喝茶：绿☐　白☐　黄☐　青☐　红☐　黑☐　花茶☐

正能量的我

中国茶历
0107

闽茶·福建茶简史（明清代茶具生产及饮茶）

明清代是福建"茶叶大省"地位奠定的时期。

这个时期茶具产量质量及外销300多年不衰。明清代，泉州德化县成为我国南方著名的茶具瓷品产地之一。德化瓷，以其致密的瓷胎、极其良好的透光度及如脂胜玉的色泽釉面，在瓷坛中独树一帜。明清代，漳州平和县是专为东南亚各国烧制外销茶具瓷品的重要产地。

福建工夫茶泡法随乌龙茶而传入潮汕。

施鸿保的《闽杂记》（1857年）记载："漳泉各属，俗尚工夫茶，器具精巧，壶小有如胡桃者名孟公壶，杯极小者名若深杯……饮必细细久咀，否则相为嗤笑。"袁枚的《随园食单》载："余游武夷，到幔亭峰、天游寺诸处，僧道争以茶献。杯小如胡桃，壶小如香橼，每斛无一两，上口不忍咽，先嗅其香，再试其味，徐徐咀嚼而体贴之，果然清芬扑鼻，舌有余甘。一杯之后，再试一二杯，令人释躁平矜，怡情悦性"，生动地描述了品饮武夷茶的方法和感受。俞蛟《潮嘉风月记》（1801年）中提到："工夫茶烹治之法……投闽茶于壶内冲之……今舟中所尚者唯武夷"，说的是潮汕工夫茶是福建工夫茶艺随乌龙茶而传入潮汕的。

SUNDAY. JAN 8, 2023

2023年1月8日

农历壬寅年·腊月十七

1月8日

星期日

🐰 今日生命叙事

早起____点，午休____点，晚安____点，体温____，体重____，走步____

今日喝茶：绿☐　白☐　黄☐　青☐　红☐　黑☐　花茶☐

正能量的我

中國茶曆　　　　　　　　　　　　　　　　　　　　中国茶历

0108

闽茶·福建茶简史（民国时期茶叶专家）

1912—1949年，武夷山成了中国茶叶专家荟萃之地。

1938年，由张天福创办的福安茶业改良场迁移到武夷山麓赤石街尾，更名为福建省农业改进处崇安茶业改良场。

1940年，崇安茶业改良场并入中国茶叶公司示范茶厂，下设福安、福鼎分厂和武夷、星村、政和制茶所，由张天福任厂长，庄晚芳任副厂长，吴振铎等任茶师，林馥泉任武夷所主任，王学文任星村所主任，陈椽任政和所主任。从此武夷山成了福建茶叶生产、研究基地。

1942年，示范茶厂厂址上兴建财政部贸易委员会茶叶研究所后，示范茶厂并入，吴觉农任所长，蒋芸生任副所长。研究所进行茶树更新、茶树苗栽培实验、制茶方法改进、土壤和茶叶内含物化验、编印茶叶刊物、推广新技术等，为全国茶业发展做出了重要贡献。

20世纪30年代末至40年代初，在武夷山工作过的吴觉农、蒋芸生、王泽农、庄晚芳、陈椽、李联标、张天福7人后来成了"中国十大著名茶叶专家"。此外，庄任、吴振铎、林馥泉等一大批著名茶叶专家也曾在武夷山从事茶业工作。

MONDAY. JAN 9, 2023

2023年1月9日

农历壬寅年·腊月十八

1月9日

星期一

🐰 **今日生命叙事**

早起____点，午休____点，晚安____点，体温____，体重____，走步____

今日喝茶：绿☐　白☐　黄☐　青☐　红☐　黑☐　花茶☐

正能量的我

中國茶曆　　　　　　　　　　　　　　　　　　　　　　　中国茶历

闽茶·福建茶在丝绸之路

丝绸之路上福建茶非常有影响。中国古代"海上丝绸之路"销往世界的茶叶,主要是福建茶;"万里茶路"销往世界的茶叶,发运起点在福建武夷山。

海上丝绸之路,从南北朝开始 1000 多年里,茶传播和运销到世界,时间跨度最长、发运港口最多、销往国家和地区最多的都是福建,福建茶销量最大。

泉州刺桐港:南朝,印度等国外僧人识茶、喝茶、传播茶;唐代,茶叶随泉州港对外贸易的扩展向外传播;宋代,刺桐港与 70 多个国家和地区有贸易往来,出口的主要商品有茶叶;元代,刺桐港有贸易往来的国家和地区近百个。

福州港:隋唐时期,福州港与广州、扬州同为重要的对外贸易港;1856 年后,"海禁既开,茶业日盛,洋商采买,辏集福州",福州遂成驰名世界之茶叶集中地,各地商船蜂拥而至。

漳州月港:明末和清代,漳州月港也有一定的茶叶交易规模,主要经营武夷岩茶行销至新加坡、马来西亚、泰国、缅甸等。

厦门港:福建茶叶在厦门港出口货品占主导地位,清代嘉庆年间,与厦门往来的国家和地区达 30 多个。英文中茶叶称"tea",其发音就是闽南语"茶"的发音。

三都澳港:1899 年,三都澳港海关设立,开辟了闽东茶叶出口的"海上茶叶之路"。英、美、意、俄、日、荷等 13 个国家的 21 个公司在三都澳港设子公司商行。

万里茶道:茶叶之路的"万里茶道"陆路起点为福建武夷山的下梅村,沿途福建、江西、安徽产区的茶叶运至汉口,湖南、湖北、四川、云南、贵州等产区的茶叶也汇聚汉口。茶叶在汉口加工、分装后,途经河南、河北、山西、内蒙古向北运输,在清代中俄边境的恰克图完成交易后,销往俄国及欧洲各国。万里茶道"上下二百年,南北数千里",中国境内约 5300 千米,俄国境内约 8000 千米。

TUESDAY. JAN 10, 2023

2023年1月10日

农历壬寅年·腊月十九

1月10日

星期二

🐰 **今日生命叙事**

早起___点，午休___点，晚安___点，体温___，体重___，走步___

今日喝茶：绿☐　白☐　黄☐　青☐　红☐　黑☐　花茶☐

正能量的我

闽茶·福建茶和台湾茶

闽台茶叶同根生。三国以后,大陆移民开始入台拓土开疆、垦田筑屋。宋代,两岸开始有贸易。明代以后,大批移民从广东、福建入台,与当地土著部族和谐相处共同开发宝岛台湾。他们不仅带去茶种、茶苗,还将种茶技术、制茶方法、饮茶之道传播到台湾。

木栅铁观音源于安溪铁观音。据中国台湾池宗宪所著《台湾茶街》记述:"1875年,张迺妙、张迺乾由福建安溪引进铁观音,种在木栅樟湖地区,此后该地区制茶技法承继张氏兄弟风格,即将茶揉捻更扎实,并巧妙利用炭焙再制,成为特色。"木栅茶区海拔300余米,位于台北市文山区指南宫一带,如今木栅观光茶园风景秀丽,道路四通八达,是台湾铁观音和包种茶的专业区,栽培面积约为95公顷。

青心乌龙的亲缘茶树是建瓯桂林村的矮脚乌龙。这是台湾大学教授吴振铎在1990年9月率队实地考察研究的成果。

台湾茶加工技术来源于福建。林馥泉所著《乌龙茶及包种茶制造学》载,包种茶是清嘉庆年间(1796—1820年)福建泉州府安溪人士王义程所创制,并由其在台北县茶区倡导及传授制法。姚鹤年著《台湾的林业》载:"同治六年(1867年),约翰·都德在台北艋舺创设台茶精制茶馆(厂),延聘福州技师精焙(加烘并筛选)乌龙茶,由厦门转口输入美国纽约,为台茶精制产销的滥觞。"1881年,同安县茶商吴福元带茶工到台北设立茶厂(首建包种茶加工厂),名"源陆号"。不久,又有安溪茶商王安定、张元魁等带茶工到台湾设"建成号",盈利颇丰,进一步刺激了台湾茶叶的生产。

福建省当代茶叶经济发展也得益于两岸茶交流。福建引进台湾种质25个。适合福建推广的金萱、翠玉、青心乌龙、四季春等4个台茶品种在福安社口、漳平永福、安溪等处建有新品种(系)试验、示范基地16个,金萱等台茶品种在福建省龙岩、宁德、三明、漳州等茶区推广应用4500公顷以上。20世纪90年代中期,台湾茶叶企业涉足大陆茶叶生产、加工、销售、茶艺培训等多个领域。

WEDNESDAY. JAN 11, 2023

2023年1月11日

农历壬寅年·腊月二十

1月11日

星期三

🐰 今日生命叙事

早起___点，午休___点，晚安___点，体温___，体重___，走步___

今日喝茶：绿☐　白☐　黄☐　青☐　红☐　黑☐　花茶☐

正能量的我

中國茶曆　　　　　　　　　　　　　　　　　　中国茶历

0111

闽茶·福建茶在琉球

明册封使陈侃在《使琉球录》中所记,琉球烹茶之法为"设古鼎于几上,煎水将沸,用茶末一匙于钟,以汤沃之,以竹刷沦之"。

清雍正九年(1731年),琉球人向秀实随着贡使到闽(福建)学习制茶之法,学成后还携带制茶器物一并回琉球,在琉球棚原山地开辟茶园"遍植茶种",制成"和汉茶叶"。琉球人种植茶叶,因其制茶技艺粗糙,只能生产粗茶。

随着福建茶叶传入琉球和两地交往频繁,琉球的制茶技术和茶道文化都受到福建茶文化的熏陶和影响。饮茶俨然成为琉球人生活必不可少的部分,无论是平民还是王室贵族,越来越讲究,尤其在士大夫中,特别重视以茶会友、以茶待客。到了清朝,人们不仅烹茶技艺有所提升,"以茶末杂细粉少许入碗,沸水半瓯,用小竹帚搅数十次,起沫满瓯面为度",而且茶瓯的外形也更为雅致,"无白地者,描青绿花草"。饮茶者也讲究在清幽闲适的意境中品茗,体味清雅情趣。琉球国王还专门选取风水宝地修建茶亭,用以携客烹茶。

THURSDAY. JAN 12, 2023

2023年1月12日

农历壬寅年·腊月廿一

1月12日

星期四

🐰 **今日生命叙事**

早起___点，午休___点，晚安___点，体温___，体重___，走步___

今日喝茶：绿☐　白☐　黄☐　青☐　红☐　黑☐　花茶☐

正能量的我

闽茶·福建茶叶产品基本品种

绿茶

罗源七境绿茶、霞浦元宵茶、宁德天山绿茶、寿宁高山绿茶、周宁高山绿茶、建宁高山绿茶、武夷龙须茶、政和白毛猴、福安白云、福鼎香云、政和银芽、寿宁高山绿茶、南安石亭绿、永安云峰螺毫、龙岩斜背茶、浦城马迹茶、邵武碎铜茶、武平绿茶、松溪绿茶、尤溪绿茶。

白茶

福鼎白毫银针、白牡丹、贡眉、寿眉，政和白毫银针、牡丹王、白牡丹、贡眉、寿眉，柘荣高山白茶、福安白茶、寿宁高山白茶、松溪白茶、建阳白茶。

乌龙茶

武夷岩茶大红袍、肉桂、水仙、奇种、名丛（黄观音、奇兰、奇丹、梅占）、建瓯矮脚乌龙、高脚乌龙、沙县红边茶、周宁两岸佳人茶、建瓯北苑水仙、建阳小湖水仙、永春闽南水仙、南安水仙、惠安水仙、德化水仙、仙游水仙、南靖水仙、安溪铁观音、安溪黄金桂、安溪本山、安溪梅占、安溪毛蟹、永春佛手、南安乌龙茶、平和白芽奇兰、云霄黄观音、漳浦盘陀金萱茶、大田美人茶、诏安八仙茶、莆田铁观音、永福猴公茶、永福高山乌龙。

红茶

正山小种、光泽干坑小种、政和工夫、白琳工夫、坦洋工夫、金骏眉、烟小种、永泰红茶、松溪红茶、寿宁高山红茶、浦城丹桂红茶、惠安工夫红茶、宁德金闽红、天山红、漳州红。

茉莉花茶

福州茉莉银针、茉莉大白毫、茉莉银毫、茉莉春毫、茉莉龙珠、宁德茉莉花茶、南平茉莉花茶。

紧压茶

大红袍茶饼、白毫银针茶饼、白牡丹茶饼、贡眉茶饼、寿眉茶饼、漳平水仙茶饼、泉州神曲茶饼、永定万应茶饼、寿宁紧压白茶。

FRIDAY. JAN 13, 2023

2023 年 1 月 13 日

农历壬寅年·腊月廿二

1月13日

星期五

🐰 今日生命叙事

早起____点，午休____点，晚安____点，体温____，体重____，走步____

今日喝茶：绿☐　白☐　黄☐　青☐　红☐　黑☐　花茶☐

正能量的我

中国茶历

经典名茶·武夷岩茶

武夷岩茶，乌龙茶（青茶）类，产于福建省武夷山的名岩产区、丹岩产区，创制于明末清初，为历史名茶。产品品种为大红袍、名丛、肉桂、水仙、奇种。核心产区位于慧苑坑、牛栏坑、大坑、流香涧、悟源涧一带。选择优良茶树单独采制成的岩茶称为"单丛"，品质在奇种之上，单丛加工品质特优的称为"名丛"，如"大红袍""铁罗汉""白鸡冠""水金龟""半天腰"，合称"五大名丛"。

武夷茶区春茶于立夏前3～5天开采，采摘鲜叶以中开面至大开面2～3叶。

制茶工序是萎凋（日光、加温）、凉青、摇青与做手、炒青、初揉、复炒、复揉、走水焙、扇簸、凉索（摊凉）、毛拣、足火、团包、炖火。

成品武夷岩茶茶叶外形条索肥壮，紧结匀整，带扭曲条形，俗称"蜻蜓头"，叶背起蛙皮状砂粒，叶基主脉宽扁明显；色泽绿褐，油润带宝光；内质火香气馥郁隽永，具有特殊的"岩韵"（岩骨花香），香浓锐；汤色橙黄，清澈艳丽，特有的滋味"兰花香"味浓醇厚回甘，润滑爽口；叶底柔软匀亮，边缘朱红或起红点泛现，中央叶肉浅黄绿色，叶脉浅黄色，"绿叶镶红边"，呈"三分红七分绿"。

2014年大红袍

冲泡武夷岩茶时，可每人用一只容量126毫升的盖碗作为饮具，茶水比为1∶35，投茶量3克，水105克（毫升），水烧至100℃，采用"单边定点法"注水，4分钟可品饮。

2018年大红袍

SATURDAY. JAN 14, 2023

2023 年 1 月 14 日

农历壬寅年·腊月廿三

🐰 今日生命叙事

早起____点，午休____点，晚安____点，体温____，体重____，走步____

今日喝茶：绿☐　白☐　黄☐　青☐　红☐　黑☐　花茶☐

正能量的我

1月14日

星期六

经典名茶·遵义毛峰

遵义毛峰,绿茶类,产于贵州省遵义市湄潭县,为纪念"遵义会议"于1974年创制。遵义毛峰成品茶"条索圆直,锋苗显露"象征中国工农红军战士大无畏的英雄气概,"满披白毫,银光闪闪"象征遵义会议精神永放光芒,"香高持久"象征革命烈士和革命精神世代流芳。

遵义毛峰茶叶于清明前后10~15天采摘。采用福鼎大白良种茶树鲜叶为原料,选用鲜叶的采摘标准:特级茶1芽1叶初展,一级茶1芽1叶展,三级茶1芽2叶;颜色要求翠绿,鲜叶进厂后经2~3小时摊凉后再进行炒制。

炒制技术工艺要点是"三保一高":一保色泽翠绿,二保茸毫显露且不离体,三保锋苗挺秀完整,一高就是香高持久。具体工序是杀青、揉捻、搓条造形、干燥。

成品遵义毛峰茶紧细圆直翠润,白毫显露,嫩香清高持久,汤色碧绿明净,滋味清醇鲜爽,叶底翠绿鲜活。

冲泡遵义毛峰时,可每人用一只容量126毫升的盖碗作为饮具,茶水比为1:50,投茶量2克,水100克(毫升),泡茶水温为水烧开后降温至85℃。主要冲泡步骤:温茶碗内凹,投入茶叶后,采用"螺旋形法"注水,水量达到茶碗八分后,再合上茶盖,2分钟可品饮。

遵义毛峰

SUNDAY. JAN 15, 2023

2023 年 1 月 15 日

农历壬寅年·腊月廿四

🐰 今日生命叙事

早起___点，午休___点，晚安___点，体温___，体重___，走步___

今日喝茶：绿☐　白☐　黄☐　青☐　红☐　黑☐　花茶☐

正能量的我

1月15日

星期日

经典名茶·正山小种红茶

正山小种红茶是世界红茶的鼻祖,为历史名茶。主要产于福建省武夷山市星村镇桐木关,创制于1568年,原创地崇安(今武夷山市),以武夷山市星村镇桐木关为中心,东至大王宫,西近九子岗,南达先峰岭,北延桐木关;历史上崇安、建阳、光泽三县交界处的高山茶园所产的小种红茶均称为"正山小种"。"正山"乃"真正高山茶地区所产"之意。

春茶从立夏才开始采摘,夏茶是在小暑前后采摘。选用鲜叶的标准是小开面3~4叶,无毫芽。

制茶工序是萎凋、揉捻、发酵、过红锅、复揉、熏焙、烘干。

成品正山小种红茶外形条索壮结,紧结圆直,不带芽毫;色泽乌黑油润;香高持久,微带松烟香气;汤色红艳浓厚,滋味甜醇回甘,具桂圆汤味和蜜枣味,带醇馥的烟香,活泼爽口;叶底肥厚红亮,带紫铜色。

冲泡正山小种红茶时,可每人用一只容量126毫升的盖碗作饮具,茶水比为1∶50,投茶量2克,水100克(毫升),泡茶水温宜水烧开后降温至95℃。主要冲泡步骤:温水烫过茶碗内凹,投入茶叶后,采用"螺旋形法"注水,水量达到茶碗八分后,再合上茶盖,4分钟后品饮。

2015年的正山小种

2018年的正山小种

MONDAY. JAN 16, 2023

2023 年 1 月 16 日

农历壬寅年·腊月廿五

1月16日

星期一

🐰 **今日生命叙事**

早起___点，午休___点，晚安___点，体温___，体重___，走步___

今日喝茶：绿☐　白☐　黄☐　青☐　红☐　黑☐　花茶☐

正能量的我

中國茶曆　　　　　　　　　　　　　　　　　　　　中国茶历

0116

经典名茶·白牡丹

　　（福鼎）白牡丹　　　　　　　（政和）白牡丹

　　白牡丹,白茶类,主产于福建省的福鼎、政和、松溪、建阳。因其冲泡后绿叶托着嫩芽,宛如蓓蕾初放,故得美名"白牡丹"。创制于清末,为历史名茶。

　　春茶、夏茶、秋茶均可采摘,春茶于清明前后开采,夏茶于芒种前后开采(近年福鼎推行伏季休茶),秋茶于大暑、处暑开始采摘。采用政和大白茶、福鼎大白茶及水仙等优良品种茶树鲜叶为原料,选用鲜叶的标准(以春茶为主)1芽2叶,要求采摘芽叶肥壮,并"三白"(芽及1～2叶均有白色茸毛)的开面叶。

　　白牡丹制茶工艺关键在于萎凋,要根据气候灵活掌握,以春秋晴天或夏季不闷热的晴朗天气,采取室内自然萎凋或复式萎凋为佳。精制工艺是在拣除梗、片、蜡叶、红张、暗张,进行烘焙。

　　成品白牡丹茶叶外形条索毫心肥壮,叶质肥嫩,呈波纹隆起,叶缘向叶背卷曲,芽叶连枝,叶面色泽呈深灰绿,叶背遍布白茸毛;银毫显露,滋味鲜醇;汤色杏黄或橙黄清澈;叶底浅灰,叶脉微红。

　　冲泡白牡丹时,茶水比为1∶25,投茶量5克,水125克(毫升);泡茶具首选容量126毫升的盖碗,也可用玻璃杯、紫砂壶、瓷壶;宜水烧开降温至90℃时冲泡茶叶。

　　煮白牡丹时,茶水比为1∶50,投茶量9克,水450克(毫升);用银壶或陶壶,煮沸后调文火慢煮10～30分钟。

TUESDAY. JAN 17, 2023

2023年1月17日

农历壬寅年·腊月廿六

1月17日

星期二

🐰 **今日生命叙事**

早起___点，午休___点，晚安___点，体温___，体重___，走步___

今日喝茶：绿☐　白☐　黄☐　青☐　红☐　黑☐　花茶☐

正能量的我

中國茶譽　　　　　　　　　　　　　　　　　　中国茶历
0117

茶妙语·迎春茶联

迎春茶联

芳茶冠六清,溢味播九区。(晋·张载)
泛花邀坐客,代饮引清言。(唐·颜真卿)
檐前新燕覆残花,席上余杯对早茶。(唐·白居易)
青灯耿窗户,设茗听雪落。(宋·陆游)
黄金碾畔绿尘飞,碧玉瓯中翠涛起。(宋·范仲淹)
小石冷泉留翠味,紫泥新品泛春华。(宋·梅尧臣)
茶甘酒美汲双井,鱼肥稻香派百泉。(宋·黄庭坚)
茶鼎夜烹千古雪,花影晨动九天风。(元·黄镇成)
媚春光草草花花,惹风声盼盼茶茶。(元·张可久)
待到春风二三月,石炉敲火试新茶。(明·魏时敏)
春风修禊忆江南,酒榼茶炉共一担。(明·唐寅)
寒灯新茗月同煎,浅瓯吹雪试新茶。(明·文徵明)
水汲龙脑液,茶烹雀舌春。(明·童汉臣)
拣茶为款同心友,筑室因藏善本书。(清·张延济)
雷文古泉八九个,日铸新茶三两瓯。(清·郑板桥)
竹雨松风琴韵,茶烟梧月书声。(清·溥山)
半壁山房待明月,一盏清茗酬知音。(清·佚名)
赏墨韵群贤毕至,品茶香少长咸集。(清·佚名)
竹无俗韵,茗有奇香。(清·佚名)

无联不成春,有联春更浓。茶联的出现,至迟在宋代。上为古今经典茶联,亦适春天(佳节)茶室选用。

WEDNESDAY. JAN 18, 2023
2023 年 1 月 18 日
农历壬寅年·腊月廿七

1月18日

星期三

🐰 **今日生命叙事**

早起___点，午休___点，晚安___点，体温___，体重___，走步___

今日喝茶：绿☐　白☐　黄☐　青☐　红☐　黑☐　花茶☐

正能量的我

中国茶历

0118

节气茶点·大寒

大寒节气里喝茶,讲究节气养生,适宜饮黑茶、红茶、乌龙茶、白茶。选用茶点心,亦讲究对应大寒节气养生,留意民俗文化。

大寒节气总的饮食原则是宜杂、温、苦,少食咸,宜温补。选用茶点心宜甘甜微辛。可选用:

消寒糕,是在香糯、韧滑的年糕中加入了核桃仁、桂圆、红枣、糯米等制成。

江米条,食材有糯米粉、植物油、白砂糖、绵白糖、全麦面包粉。

五仁饼,食材有五仁红莲、小麦粉、猪油、芝麻、麦芽糖。

清香百果,食材有小麦粉、猪油、白砂糖、果脯、葡萄干。

排叉,食材有小麦粉、植物油、淀粉、鸡蛋、芝麻。

适宜大寒节气的茶点心形形色色,选用时宜留意民俗文化,如尾牙祭、祭灶节、扫尘、写春联、剪窗花、祈吉祥、龙狮舞等。

消寒糕

江米条

五仁饼

排叉

THURSDAY. JAN 19, 2023

2023 年 1 月 19 日

农历壬寅年 · 腊月廿八

🐰 今日生命叙事

早起＿＿点，午休＿＿点，晚安＿＿点，体温＿＿，体重＿＿，走步＿＿

今日喝茶：绿☐　白☐　黄☐　青☐　红☐　黑☐　花茶☐

正能量的我

1月19日

星期四

节气和茶·大寒

> 腊祭百神祀祖先,赶集祭社忙扫年。
> 瑞香兰花山矾俏,春联鞭炮灯笼天。
> 团聚一脉好家风,共饮人间甘露泉。
> 万家灯火在茗边,一盏清汤诗一篇。

今日大寒(农历壬寅年腊月廿九申时,公历 2023 年 1 月 20 日 16 时 29 分)。

大寒是农历二十四节气中的第 24 个节气,也是最后一个节气。大寒,气温类节气,大寒是相对于小寒而言,冷空气南下频繁,中国大部分地区进入一年中最寒冷的时节。农谚有"大寒到顶点,日后天渐暖"。大寒之后就是农历新年,这时,我国各地和世界其他国家、地区的华人社区,充满了浓郁的年味和迎春的气氛。

这时的茶树在冬季休眠期,停止采摘制茶,注意做好茶树的防寒防冻工作。

大寒物候:初候鸡始乳,花信风瑞香;二候征鸟厉疾,花信风兰花;三候水泽腹坚,花信风山矾。

大寒节气里,喝什么茶?大寒时节寒、燥、风骤强,养生重点应放在固护脾肾、调养肝血上,特别要养精蓄锐,保暖、节欲、安神;适宜饮黑茶(砖茶、六堡茶、普洱熟茶、沱茶、渠江薄片,均 5 年以上)、红茶、乌龙茶(有焙火工序的乌龙茶)、白茶(白牡丹、寿眉,均 7 年以上),还要注意喝热茶水,不喝凉茶水;在集中供暖地区生活工作者,喝点茉莉花茶、绿茶。

大寒·香雪兰

FRIDAY. JAN 20, 2023

2023年1月20日

农历壬寅年·腊月廿九

1月20日

星期五

大寒

🐰 **今日生命叙事**

早起____点，午休____点，晚安____点，体温____，体重____，走步____

今日喝茶：绿□　白□　黄□　青□　红□　黑□　花茶□

正能量的我

中国茶历

0120

节日和茶·除夕

中国农历年的最后一天,称为除夕。除,即去除之意;夕,指夜晚。除夕这天,也叫大年三十,它与新年第一天——春节(正月初一)尾首相连,是辞旧迎新、一元复始、万象更新的节日,是中国最重要的传统节日之一。

除夕,吃年夜饭时是家家户户一年中最热闹愉快的时刻。丰盛的年菜摆满一桌,阖家团聚,围坐桌旁,共吃团圆饭。人们既享受满桌的佳肴盛馔,也感受着一家团圆、快乐的气氛。年夜饭,从掌灯时分入席,有的人家一直要吃到深夜。

贴春联

据《吕氏春秋·季冬纪》记载,古人在新年的前一天,用击鼓的方法来驱逐"疫疬之鬼",这就是"除夕"的由来。最早提及"除夕"这一名称的是西晋周处的史籍《风土记》。

两晋之后,逐渐兴起了以茶待客、以茶为祭的文化。古代以茶为祭的形式有三:只供上茶盅茶壶为象征,不放茶叶;茶盅茶碗中盛茶水;只供干茶叶。除夕,老传统的家庭奉祀茶,为"三茶"(三杯茶水),每日早晚献供上新茶。除夕夜恭奉供茶,上元(元宵节)夜恭敬撤供。

明代唐伯虎《除夕口占》诗云:"柴米油盐酱醋茶,般般都在别人家。岁暮清淡无一事,竹堂寺里看梅花。"其实,无论是客居还是居家,除夕的年夜饭和守岁都会有饮茶习俗。

守岁

SATURDAY. JAN 21，2023
2023年1月21日
农历壬寅年·腊月三十

1月21日

星期六

除夕

🐰 **今日生命叙事**

早起＿＿点，午休＿＿点，晚安＿＿点，体温＿＿，体重＿＿，走步＿＿

今日喝茶：绿☐　白☐　黄☐　青☐　红☐　黑☐　花茶☐

正能量的我

中國茶曆　　　　　　　　　　　　　　　　　　　中国茶历
0121

节日和茶·春节

春节的起源说中,较具代表性的有春节源于腊祭说、巫术仪式说、鬼节说等,其中被普遍接受的说法是春节从虞舜时期兴起。公元前2000多年的一天,舜继天子位,带领着部下人员,祭拜天地。人们就把这一天当作岁首。后来成为农历新年的由来,再后来叫春节。

在现代,人们把春节定于农历正月初一,但一般至少要到正月十五(元宵节)后,农历新年才算结束。在民间,传统意义上的春节是指从腊月的腊祭或腊月二十三或二十四的祭灶,一直到正月十九。在春节期间,人们要举行各种庆祝活动。这些活动均以祭祀祖神、祭奠祖先、除旧布新、迎禧接福、祈求丰年为主要内容,形式丰富多彩,带有浓郁的各民族特色。

在春节期间以茶祭祀、以茶奉礼、以茶待客、以茶养生、以茶习艺、以茶聚雅、以茶添趣等,是中国优秀传统文化的一部分。这不但是每家每户的家常事,有的家庭成员还到了"无茶则滞""无茶心生尘"的程度。

春节饮茶,宜采用撮泡茶的瀹泡法,即煮茗(煮泡),从绿茶、黄茶、白茶、乌龙茶(青茶)、红茶、黑茶六大类之中,选三类(三款茶叶,大约各为1/3),茶水比为1:100,茶叶与水装入同一个壶中(大号玻璃煮水壶)放在陶瓷炉上煮茶,第一壶茶,水煮开后即可饮;随后每壶水煮开后多煮5分钟,递增。

春节吃年茶

SUNDAY. JAN 22, 2023
2023 年 1 月 22 日
农历癸卯年·正月初一

1月22日

星期日

春节

🐰 **今日生命叙事**

早起___点，午休___点，晚安___点，体温___，体重___，走步___

今日喝茶：绿☐　白☐　黄☐　青☐　红☐　黑☐　花茶☐

正能量的我

中国茶历
0122

古代雅集·梁苑之游

中国古代最早的雅集活动，是史称的"梁苑之游"。

西汉很多王侯热衷于延揽文士，犹以梁孝王刘武最为著名，他是汉景帝胞弟，又得窦太后疼爱。刘武建有一处私家园林（旧址在今河南省商丘市东，现址在河南省商丘市梁园），叫"梁苑"，也叫"梁园"。梁苑集离宫、亭台、山水、奇花异草、珍禽异兽、陵园为一体，是具游猎、出猎、娱乐等多功能的苑囿。《水经注疏》曰："筑城三十里。"刘武雅好文翰，广泛结交当时的文人名士，如司马相如、枚乘、邹阳等皆为其座上宾客，许多人长期居住园内，乐而忘返，"梁园"因此而闻名。唐朝诗人李白有诗云："一朝去京国，十载客梁园"，用的就是这个典故。"梁苑之游"中的雅士"司马相如"，就是陆羽《茶经》的"茶之饮""司马相如……之徒，皆饮焉"。加上汉景帝阳陵的葬坑随葬品中发现茶叶植物标本，不难得出结论，在"梁苑之游"中吃茶也是行程中的雅事之一。

清代宫廷画家袁江（约1671—1746年），他笔下反复描绘的多为古代历史上著名的宫阙殿宇和民间传说中的阆苑琼楼。他的《梁园飞雪图》题款："梁园飞雪，庚子徂暑，邗上袁江画"，描绘冬天雪景中的梁园：豪华的筵宴，殿堂中灯火通明，人来人往，推杯换盏，在雪片纷纷扬扬中，别有一番景致，把人们带到群山与宫阙雪景中的梁苑之游，真是"寻常一样窗前月，才有梅花便不同"，让人们在这寒冬里，与景色融为一体，品味这2200多年前的古代雅集。

MONDAY. JAN 23, 2023

2023年1月23日

农历癸卯年·正月初二

1月23日

星期一

🐰 今日生命叙事

早起___点，午休___点，晚安___点，体温___，体重___，走步___

今日喝茶：绿□　白□　黄□　青□　红□　黑□　花茶□

正能量的我

中国茶历

0123

古代雅集·延福宫曲宴

寒冬腊月里,宋代宫廷也举行茶宴雅集,最著名的是宋徽宗亲自参加的在延福宫举行的曲宴,时间就是在历史上的除夕(腊月三十)。

据宋代蔡京《延福宫曲宴记》一文记载:"宣和二年十二月癸巳,如宰执亲王学士曲宴于延福宫,命近侍取茶具,亲手注汤击拂……饮毕,皆顿首谢。"这次曲宴举办于宣和二年十二月三十,地点在北宋汴京皇宫内的延福宫,宋徽宗亲自用一茶勺,将粉末茶盛入建盏,执壶注汤冲入沸水,用茶筅快速击拂,使之产生沫浡。接着,宋徽宗把茶分赐诸臣,以示"这是我亲手施予的好茶",使得饮茶的大臣受宠若惊,在喝前及喝完茶之后,纷纷叩首,感谢皇恩。

"曲宴",本义并非设有音乐歌舞之宴。曲:深隐之处。曲宴:禁中之宴,犹言私宴,指古代宫廷赐宴的一种,其特别之处就在于无事而宴,时间、地点不固定,宴上常有赏花、赋诗等活动,参加的人员主要是宗室成员、外国使臣以及近密臣僚。曲宴是一种高档的休闲方式。由汉代到清代,不断发展变化,而在宋代最为兴盛,也最典型,多为辽、金所模仿。

TUESDAY. JAN 24, 2023

2023 年 1 月 24 日

农历癸卯年·正月初三

1月24日

星期二

🐰 **今日生命叙事**

早起＿＿点，午休＿＿点，晚安＿＿点，体温＿＿，体重＿＿，走步＿＿

今日喝茶：绿☐　白☐　黄☐　青☐　红☐　黑☐　花茶☐

正能量的我

中国茶历

0124

古代雅集·重华宫茶宴

据记载,清代乾隆皇帝在紫禁城的重华宫举行茶宴60多次。最著名的是每年正月初四举行的春节茶宴,由乾隆亲点能赋诗的文武大臣参加,与宴的仅有18人,寓"登瀛学士"之意。

茶宴开始,乾隆升座,出席的文武大臣两人共用一张茶几,喝的是雪水烹茶,"沃梅花、佛手、松实啜之,名曰三清茶"(三清茶,以龙井茶打底,加之以梅花、佛手、松子一起冲泡),配有果盒。

茶宴间,有联句和诗或咏赋的题目,多是歌功颂德记其盛世之类,都会在出席通知中预先告知,只是皇上的御制诗、韵脚,则是出席者到达宫里入座前才知悉。在茶宴进行中,作成诗就可以呈给皇上,先呈先阅,不像"考试"要待汇总收齐后呈阅。呈有和诗者,都能得到颁赏珍物,领者叩首谢恩,宴散后亲手捧奉出宫。赐物以小荷囊为最重的赏物,谢恩时就悬在衣襟,展示受到皇上恩宠。

WEDNESDAY. JAN 25, 2023

2023年1月25日

农历癸卯年·正月初四

1月25日

星期三

🐰 **今日生命叙事**

早起＿＿点，午休＿＿点，晚安＿＿点，体温＿＿，体重＿＿，走步＿＿

今日喝茶：绿☐　白☐　黄☐　青☐　红☐　黑☐　花茶☐

正能量的我

中国茶历

八方茶席·琴与茶

中国古代传说是上古时的神农,创制了五弦琴,发现了茶。汉代《史记》载,琴的出现不晚于尧舜时期;唐代《茶经》载,茶者"闻于鲁周公"。琴与茶,中华文化的瑰宝,文化底蕴深厚,相佐相通。携琴访友,抚琴品茗,陶冶情操,寄寓凌风傲骨,沉醉超凡脱俗……唐代诗人白居易诗《琴茶》传佳句"琴里知闻唯渌水,茶中故旧是蒙山"。

自古善琴者通达从容,好山巅煮茶,任茶烟飞霄。弹指一曲发自心,情传出,何处有知音?弦下松涛诉古今,风尘里,难觅是知音。笑傲江湖任我心,逍遥吟,山水是知音。

琴·唐代周昉《调琴啜茗图》(局部)

THURSDAY. JAN 26, 2023
2023 年 1 月 26 日
农历癸卯年·正月初五

1月26日　星期四

🐰 **今日生命叙事**

早起＿＿点，午休＿＿点，晚安＿＿点，体温＿＿，体重＿＿，走步＿＿

今日喝茶：绿☐　白☐　黄☐　青☐　红☐　黑☐　花茶☐

正能量的我

0126

八方茶席·棋与茶

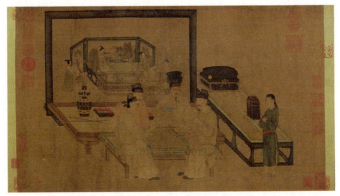

棋·五代周文矩《重屏会棋图》

中国古代传说,围棋起源于尧舜以棋教子。晋朝《博物志》中说:"尧造围棋教子"。读《左传》《论语》《孟子》便知,围棋在中国古代的春秋战国时期,已经广为流传。西汉"梁苑之游"围观,三国时期"邺下雅集"好弈。棋与茶,中华文化的瑰宝,文化底蕴深厚,相佐相通;一局棋,方寸之地,黑白分明,庸手争地,高手悟道,人生如棋,乐在棋中;一杯茶,清香幽雅,浅尝苦涩,回味甘甜,红尘百味,尽在茗中!爱好品茗、弈棋的唐代诗人杜牧在《送国棋王逢》诗中吟:"玉子纹楸一路饶,最宜檐雨竹萧萧",吟唱的是弈棋,亦是品茗的佳境。

自古善棋者筹谋睿智,无不是"棋子轻敲,清茶细品""宝鼎茶闲烟尚绿,幽窗棋罢指犹凉"。百战千回子落奇,施谋略,方寸推演局。黑白相攻藏玄机,险中求,苦战日落西。颠倒苍生亦是棋,同为子,何必论高低。

FRIDAY. JAN 27, 2023

2023年1月27日

农历癸卯年·正月初六

1月27日

星期五

🐰 **今日生命叙事**

早起＿＿点，午休＿＿点，晚安＿＿点，体温＿＿，体重＿＿，走步＿＿

今日喝茶：绿□　白□　黄□　青□　红□　黑□　花茶□

正能量的我

八方茶席·书法与茶

书法·源自唐代颜真卿《颜勤礼碑》

书法是汉字的书写艺术，植根于中国传统文化土壤，闪耀着中国古代文人的智慧光芒。从象形文字到甲骨文，商周、春秋还有汉代的竹简，唐代楷书的法度，宋人尚意，元明尚态，清代的碑帖之争……书法与茶，都一样饱含着精、气、神。从唐代起，茶书法便成了茶文化的重要内容。"几粒绿芽，惹来云间诗思；一方茶桌，赢得笔底风流"。

自古善书者至情至性，更有志士"一点一画，支起中国脊梁；一提一按，激发民族脉动"。挥戈铁笔剑气舒，回顾处，拾翠步摇珠。铺纸煮茶备有盅，磨研墨，笔动似游鱼。泼墨挥毫洒丽珠，境意余，隽永雅士儒。

SATURDAY. JAN 28, 2023

2023年1月28日

农历癸卯年·正月初七

1月28日

星期六

🐰 今日生命叙事

早起___点，午休___点，晚安___点，体温___，体重___，走步___

今日喝茶：绿□　白□　黄□　青□　红□　黑□　花茶□

正能量的我

八方茶席·画与茶

琴棋书画,是中国古代传统文化"四艺"。中国画,简称"国画",古代无确定名称,一般称之为丹青。国画历史悠久,宋代以前绘图在绢上,题材多见王官贵族肖像或生活记录等;宋、元代后,推广纸材,兴士大夫文人画,技法多元。在画作上题诗,为"书画同源"之始,明代后绘画成了市民生活的一部分。国画题材多为山水、花鸟及梅兰竹菊一类,画与茶,都象征和宣彰淡泊宁静的隐逸生活、纯正敦厚的君子之风、清高坚贞的人格精神。

自古善画者至善至美,美伦美奂,"以茶入画,以画释茶"。世代丹青有大家,虫鱼鸟,竹菊岁寒花。笔动山川乾坤大,妙笔下,更生灵秀花。锦绣河山藏笔下,墨彩间,风情传万家。

画·宋代马远山水图

SUNDAY. JAN 29, 2023
2023年1月29日
农历癸卯年·正月初八

1月29日

星期日

🐰 **今日生命叙事**

早起＿＿点，午休＿＿点，晚安＿＿点，体温＿＿，体重＿＿，走步＿＿

今日喝茶：绿□　白□　黄□　青□　红□　黑□　花茶□

正能量的我

八方茶席·诗与茶

诗·宋理宗书"山含秋色近,燕渡夕阳迟"

诗是"心志的流露"。《诗经》,是中国古代诗歌的开端,是中国第一部诗歌总集,收集了西周初年至春秋中叶的诗歌。中国古代不合乐的称为诗,合乐的称为歌。中国是茶的故乡,中国是诗的家园,茶早已流淌在《诗经》中。诗与茶,诗言志,茶明志,诗与茶的岁月,品吟的是风韵、风格、风度、风采,更有风骨。

自古善诗者韵至心声,"谈话是诗,举动是诗",毕生历程都是诗。仄韵律声赋藻辞,灵言志,更显巧心思。闲赋吟诵心自痴,落笔处,轻收幽雅思。奔放委婉云水间,皆言志,风骨汉魏碑。

MONDAY. JAN 30, 2023

2023 年 1 月 30 日

农历癸卯年·正月初九

1月30日

星期一

🐰 今日生命叙事

早起____点，午休____点，晚安____点，体温____，体重____，走步____

今日喝茶：绿□　白□　黄□　青□　红□　黑□　花茶□

正能量的我

八方茶席·酒与茶

中国是世界上酿酒最早的国家之一。自夏之后,经商周,历秦汉,至唐宋,皆是以果实粮食蒸煮,加曲发酵,压榨后才出酒。史载汉武帝时代张骞出使西域归来,葡萄种植和酿酒技艺开始了规模发展。山径摘花春酿酒,竹窗留月夜品茶。酒与茶,结伴而来,相拥而去。酒暖心,茶醒酒。酒可以解愁,茶可以清心。浅杯茶,满杯酒。无酒何宴席,有茶是敬意。"万丈红尘三杯酒,千秋大业一壶茶""淡酒邀明月,香茶迎故人",家国情怀和人生起落,系在其中。茶的含蓄内敛和酒的热烈奔放代表了品味生命、解读世界的两种不同方式。但是,茶和酒并不是不可兼容的,既可以酒逢知己千杯少,也可以品茶品味品人生。

自古善酒者情逢知己,古有云"茶为忘忧子,酒为忘忧君"。与尔同销万古愁,杯斟满,莫教泪空流。举杯豪饮诗百首,论英雄,煮酒说曹刘。畅饮一壶杜康酒,江湖上,笑傲天涯走。

酒·宋代赵孟頫《兰亭修禊图》(局部)

TUESDAY. JAN 31, 2023
2023 年 1 月 31 日
农历癸卯年·正月初十

1月31日

星期二

🐰 **今日生命叙事**

早起___点，午休___点，晚安___点，体温___，体重___，走步___

今日喝茶：绿☐　白☐　黄☐　青☐　红☐　黑☐　花茶☐

正能量的我

八方茶席·花与茶

花·宋代徽宗《听琴图》仿古铜鼎蓄花

古代的"花"字,从甲骨文、金文到小篆,就像一棵开满花的树,且下面有根;从隶书开始,才变成了我们今天看到的,上面是草字头,下边是"化",表示开在草叶丛中的花儿。

花与茶,花是大自然的笑脸,茶是大自然的信笺。花茶,是花与茶的又一完美结合,是六大茶类中的某一类茶与花的再加工茶,有花的香,亦有茶的醇。花有花语,茶有茶言,衍生出茶艺插花,是花与茶的佳境组合。"品茗谈大地,赏花语人生",唐代吕温《三月三日茶宴序》就记载了茶宴上赏花的雅趣。明代《瓶史》主张烹茶插花,插花品茗,花茶交映:纯真的情,清远的趣。

自古善花者品性怡然,古诗有"芳香清意府,碧绿净心源"。山间桥边翠绿华,随风起,辛苦赴天涯。晓汲清昏到日斜,千愁遣,闭月羞流花。难觅归鸿暮霭霞,百合野,绮丽立天涯。

WEDNESDAY. FEB 1, 2023

2023年2月1日

农历癸卯年·正月十一

2月1日 星期三

🐰 **今日生命叙事**

早起___点,午休___点,晚安___点,体温___,体重___,走步___

今日喝茶:绿☐ 白☐ 黄☐ 青☐ 红☐ 黑☐ 花茶☐

正能量的我

中国茶历

0201

八方茶席·香与茶

春秋战国时期,中国对香料植物已经有了广泛的使用,且使用方法非常丰富,已有熏烧、佩带、煮汤、熬膏、入酒等方法。人们对香木香草不仅取之用之,而且歌之咏之,托之寓之。如屈原《离骚》中就有很多精彩的咏叹。秦汉时,"丝绸之路"活跃,沉香、苏合香、鸡舌香传入中国。闻香品茗,自古就是文人雅集不可或缺的内容,从熏烧香料辅茶事、用于煮茶,到宋人"四雅"——挂画、插花、焚香、煮茶,香与茶,均为人之尚品。香品"清、甘、温、烈、媚",茶品"清、幽、甘、柔、浓、烈、逸、冷、真"。

自古善香者雅致逸韵,"当斯会心境界"有着灵魂的香气。纤指轻扶博山炉,众家聚,香茗谢知己。心沐清香挥逐忧,芬芳烈,千里望清秋。甘温烈媚轻舞时,飞花影,绽笑梅花枝。

香·元代王振鹏《伯牙鼓琴图》中焚香

THURSDAY. FEB 2, 2023

2023年2月2日

农历癸卯年·正月十二

🐰 今日生命叙事

早起＿＿点，午休＿＿点，晚安＿＿点，体温＿＿，体重＿＿，走步＿＿

今日喝茶：绿□　白□　黄□　青□　红□　黑□　花茶□

正能量的我

2月2日

星期四

中国茶历

0202

茶范·清代茶范李渔

李渔(1611—1680年),明末清初文学家、戏剧家、戏剧理论家、美学家。其建筑"芥子园"别业、构筑伊山别业(即伊园)、修筑"层园",并开设书铺,编刻图籍,广交达官贵人、文坛名流。其曾设家戏班,到各地演出,创立了较为完善的戏剧理论体系,成为休闲文化的倡导者、文化产业的先行者,被后世誉为"中国戏剧理论始祖""世界喜剧大师",一生著述500多万字;还批阅《三国志》,改定《金瓶梅》,倡编《芥子园画传》,著作《笠翁对韵》等。

李渔是中国古代文化人中交友最多、结交面最广的,有文字记载的800余人中,上至位高权重的内阁大学士(大臣)、协办大学士、尚书,下至三教九流、手工艺人,遍及17个省,200余州县。他在长期的漫游中,对大自然、风土人情深入观察研究,创作了大量的诗、词、曲、赋,既有写实的、抒情的,也有联想的、议论的,语言精练,韵律优美,深得世人称颂。他还将这些从游历四方获得的素材移植到小说、戏曲创作和造园艺术中。

李渔是真茶客,对茶品、茶具、茶道等方面颇有研究,还创作过以茶为题材的文学作品,并常将茶事作为展开故事情节的重要手段。李渔论饮茶,讲求艺术与实用的统一。《闲情偶寄》中,记述了他的品茶经验和论述,对后人有很大的启发。

李渔以民间文人之身励行清代文化艺术世俗化,他不但是清代有作为的茶人代表,也是推动清代茶德风气和茶美学发展走向的重要人物,还是影响清代社会茶德修行的突出典范。李渔称得上是清代茶范,他的茶魂带着清代的气象和自身的本性——融化。

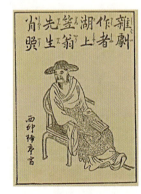

李渔画像

FRIDAY. FEB 3, 2023

2023年2月3日

农历癸卯年·正月十三

2月3日

星期五

🐰 今日生命叙事

早起____点，午休____点，晚安____点，体温____，体重____，走步____

今日喝茶：绿☐　白☐　黄☐　青☐　红☐　黑☐　花茶☐

正能量的我

中国茶历

节气和茶·立春

> 东风解冻冰片游,蛰虫始振茶未醒。
> 迎春樱桃望春花,鞭春咬春祭芒神。
> 远方归雁不等领,咫尺游鱼依然静。
> 银壶煮水闹三江,明月盖碗挂香凝。

今日立春(农历癸卯年正月十四巳时,公历2023年2月4日10时42分)。

立春是农历二十四节气中的首个节气。立春,季节类节气,表示春季的开始。"立"有"见""开始"的意思。春是温暖,鸟语花香;春是生长,耕耘播种;春是意境,春意盎然,春意蓬勃,春意弥漫。农历从立春交节当日一直到立夏前这段时间,都被称为春天。农谚有"一年之计在于春"。

立春物候:初候东风解冻,花信风迎春;二候蛰虫始振,花信风樱桃;三候鱼陟负冰,花信风望春。

尽管茶树还处在冬眠中,天寒地冻茶树不长芽,但随着人们活动日益增多,这更是饮茶的时节。

立春节气里,喝什么茶?立春饮用茶,要顺应立春时节,生气盛旺,此时要助肾补肺,赡养胃气,忌怒护肝,养阳之生气,适宜多饮茉莉花茶,但体内有热毒者不宜饮用。适合这节气饮用的可选茶有:红茶、绿茶、黑茶(包括普洱熟茶、金尖、六堡茶、砖茶,均5年以上)、白茶(白毫银针、白牡丹、寿眉,均3年以上)。

立春·迎春花

SATURDAY. FEB 4, 2023

2023 年 2 月 4 日

农历癸卯年·正月十四

🐰 今日生命叙事

早起＿＿点，午休＿＿点，晚安＿＿点，体温＿＿，体重＿＿，走步＿＿

今日喝茶：绿□　　白□　　黄□　　青□　　红□　　黑□　　花茶□

正能量的我

2月4日

星期六

立春

中国茶历　　　　　　　　　　　　　中国茶历

0204

节日和茶·元宵节

正月是农历的元月,古人称夜为"宵",所以把一年中第一个月圆之夜正月十五称为元宵。元宵节始于汉代,又叫"灯节""上元节",汉代汉文帝开始把正月十五定为元宵节。司马迁提议汉文帝颁布实施《太初历》,又确定元宵节为重大节日。元宵节传统习俗包括出门赏月、燃灯放焰、聚猜灯谜、共吃元宵、拉兔子灯等。此外,不少地方元宵节还增加了耍龙灯、耍狮子、踩高跷、划旱船、扭秧歌、打太平鼓等传统民俗表演。

元宵节时必是家家户户吃元宵。元宵俗称"汤圆""汤团""圆子"或"团子",南方人还称为"水圆""浮圆子"。元宵好吃,但过于甜腻又不易消化,吃元宵喝茶就如同"茶哥米弟"少不了搭配一起。吃元宵喝茶,适宜的有黄茶、白茶(白毫银针、白牡丹、寿眉,均在3年以上)、再加工茶(柑普、茉莉花茶)、凤凰单丛和红茶。

"共吃元宵"的配茶,颇有讲究。芒果、蓝莓、菠萝、山楂等水果馅的元宵,就适宜选择红茶、茉莉花茶;黑芝麻、花生、五仁加糖、巧克力类馅料的元宵,就适宜选择普洱熟茶、六堡茶;菠菜、鲜肉等新鲜馅料的元宵,就适宜选择绿茶、白茶。宜在吃过元宵后,才冲泡和饮用茶。

汤圆

SUNDAY. FEB 5，2023

2023 年 2 月 5 日

农历癸卯年·正月十五

2月5日

星期日 元宵节

🐰 **今日生命叙事**

早起___点，午休___点，晚安___点，体温___，体重___，走步___

今日喝茶：绿☐　白☐　黄☐　青☐　红☐　黑☐　花茶☐

正能量的我

中國茶曆

中国茶历

0205

经典名茶·元宵茶

霞浦元宵茶,绿茶类,原名"福宁元宵绿",产于福建省宁德市霞浦县莲花山,创制于1981年。20世纪70年代末,为纪念其在元宵节前研制成功,创我国元宵节可饮新茶的先例,故又名"福宁元宵绿"。

福宁元宵绿茶叶一般在正月十五采摘(最早在正月初二采摘)。采用霞浦县崇儒乡后溪岭村"春分茶"(早在1935年,崇儒乡后溪岭村民在洞凤山脉东麓的茶树中发现一株特早芽茶树,后采用分株法繁殖2000多株,取名"春分茶")群体品种中单株选种法育成的茶树鲜叶为原料,鲜叶标准是1芽1叶、1芽2叶初展,要求优质芽叶。

霞浦元宵茶

制茶工序是摊放、杀青、摊凉、辉干、分筛、整形。

成品霞浦元宵茶茶叶的外形是扁平光滑,尖削挺直,色泽银绿隐翠;内质汤色黄绿清明,香高味醇,鲜爽生津,叶底黄绿明亮。

冲泡元宵茶时,可每人用一只容量126毫升的盖碗作为饮具,茶水比为1:50,投茶量2克,水100克(毫升),泡茶水温宜水烧开后降温至85~90℃。主要冲泡步骤:温茶碗内凹,投入茶叶后,采用"螺旋形法"注水,水量达到茶碗八分后,再合上茶盖。当茶碗中茶汤的水温降至适口时,趁热品饮。如觉茶汤淡,可用茶盖拨动茶叶使其翻滚后再品饮。

MONDAY. FEB 6,2023

2023年2月6日

农历癸卯年·正月十六

🐰 今日生命叙事

早起____点，午休____点，晚安____点，体温____，体重____，走步____

今日喝茶：绿☐　白☐　黄☐　青☐　红☐　黑☐　花茶☐

正能量的我

2月6日 星期一

中国茶历

0206

节气茶点·立春

春饼

玫瑰花饼

山药红豆糕

紫薯琉璃汤圆

立春节气里喝茶,讲究节气养生,适宜饮茉莉花茶、红茶、绿茶、黑茶、白茶。选用茶点心,讲究对应立春节气养生,留意民俗文化。

立春节气总的饮食原则是宜食甘辛,少吃酸,选用茶点心宜甜宜咸。茶点心可选用:

春饼,以猪肉、韭黄、春菠菜、葱、绿豆芽、粉丝等当季食材为馅,外酥内软。

田艾米籺,食材有新鲜的田艾、糯米粉、米粉、红糖、花生油、花生、椰丝、芝麻、萝卜干等。

山药红豆糕,食材有山药、红豆、白砂糖。

玫瑰花饼,食材有糖玫瑰、芝麻、核桃仁、花生、白糖、熟植物油、盐、糯米粉。

紫薯琉璃汤圆,食材有紫薯、糯米粉,分别用山楂、芝麻馅。

立春茶点心形形色色,选用时,宜留意民俗文化,如迎春、游春、探春、祭春神、吃春饼,元宵节等;茶点心造型少不了:"福"字、"寿"字(鹤图案),还有圆形(圆满)、六角形(六和同春)、"鹿头"形、鱼形(鲤跃龙门等),颜色有白色(如冰雪色)、绿色、紫色等。

TUESDAY. FEB 7, 2023

2023年2月7日

农历癸卯年·正月十七

2月7日

星期二

🐰 **今日生命叙事**

早起___点，午休___点，晚安___点，体温___，体重___，走步___

今日喝茶：绿□　白□　黄□　青□　红□　黑□　花茶□

正能量的我

中国茶历

0207

茶名字·茶的通用名

茶通用名示图

茶名字的趣味,从"茶"字说起,"茶"字由部首"艹"和"人""木"上下结构组成,就是"人在草木间"。人与自然、人与茶就是如此亲切融合,"茶"的字形很贴切也很有意境。悠久的历史和深厚的茶文化,孕育了"茶"的字形、字音、字义、异名、别名和雅号的丰富多彩、妙趣横生,堪称汉字之最。

荼,是"茶"的假借字或古体字。在如今人们生活中,"茶"已经成为极为常见的字眼。但是在唐代以前,少有"茶"的字眼。在古代的"荼"与"茶"是一体的,"荼"即是"茶",但"荼"的涵意特别在《诗经》中要比"茶"广,"荼"字还有"苦菜""荼毒""茅芦白花"等多种释义。直到唐代中期陆羽《茶经》刊印之后,"茶"字才广泛流行起来,"茶"的字形、音、义也就固定下来沿用至今。《说文解字》有:"荼,古茶也,从艹,余声,同都切。"北宋徐铉等校曰:"此即今之茶字。"

书法、碑刻中使用"茶"字在中唐以后,而书籍刻本中使用"荼"字则在中唐以前。唐代以后的宋元明书画,延至晚清民国甚而当代,都有艺术家以"荼"指"茶"。文人学者出于文化传播的准确性,则统一用"茶"。

茶,汉语拼音 chá,意思包括:①茶树,常绿,灌木或乔木,开白花;鲜叶(有带梗也有不带梗)采下经过加工,就是喝的茶叶。②用茶叶沏(泡、煮)成的饮品。茶也引申为不完全是茶叶的某些饮品的名称:果茶、杏仁茶、药茶。

WEDNESDAY. FEB 8，2023
2023年2月8日

农历癸卯年·正月十八

2月8日

星期三

🐰 **今日生命叙事**

早起___点，午休___点，晚安___点，体温___，体重___，走步___

今日喝茶：绿☐　白☐　黄☐　青☐　红☐　黑☐　花茶☐

正能量的我

中国茶历

茶名字·茶的别名

"乳茗"

"茶",还有一个规范的名字,就是"茗"。这是"茶"真正的唯一别名,因为只有"茗"与"茶",既一同用于书面,又用于口语,都使用历史悠久且沿用至今。"茶"是正名,"茗"是别名。

"茗"可单字用。《晏子春秋》中称"茗"指茶芽;《说文解字·艹部》:"茗,茶芽也。从草名声,莫迥切",指茶芽,晚收的茶叶;晋代郭璞《尔雅·释木·槚》注:"今呼早采者为荼,晚取名为茗",指早晚采摘的茶区别;《魏王花木志》:"茶,叶似栀子,可煮可饮,其老叶谓之荈,嫩叶谓之茗",指茶的嫩叶;唐代皎然《陪卢判官水堂夜宴》中写道:"爱君高野意,烹茗钓沦涟。"宋代苏轼有诗云:"从来佳茗似佳人。"这里的"茗"亦是茶。

"茗"也可组合词用。"乳茗",即刚冒出幼芽的茶(清代姚鼐《同秦澹初等游洪恩寺》载:"明朝相忆皆千里,那易僧窗啜乳茗。");"香茗",即对茶的美称,茶为茗,喝之清香解渴(唐代白居易《晚起》有:"融雪煎香茗,调酥煮乳糜。");"茗饮"指茶汤(三国时期魏张辑《广雅》有:"荆巴间采叶作饼,叶老者,饼成以米膏出之。欲煮茗饮,先炙令赤色,捣末置瓷器中,以汤浇覆之。"北魏杨炫之《洛阳伽蓝记》有:"菰稗为饭,茗饮作浆。"唐代杜甫《进艇》有:"茗饮蔗浆携所有,瓷罂无谢玉为缸",指以茶为饮料的简说。宋代苏轼《问大冶长老乞桃花茶栽东坡》有:"周诗记苦荼,茗饮出近世。"宋代陈渊《同魏季脩雪中闲步》有:"携手望春同茗饮,小坊灯火自相亲。");"茗汁"指茶汤[北魏杨炫之《洛阳伽蓝记》有:"(王)肃初入国,不食羊肉及酪浆等物,常饭鲫鱼羹,渴饮茗汁。"];"茶茗"指茶汤(陆羽《茶经·七之事》引《夷陵州图经》:"黄牛、荆山等山,茶茗出焉。"引《茶陵图经》又云:"茶陵者,所谓陵谷生茶茗焉。")。

THURSDAY. FEB 9, 2023

2023 年 2 月 9 日

农历癸卯年·正月十九

2月9日　星期四

🐰 **今日生命叙事**

早起＿＿点，午休＿＿点，晚安＿＿点，体温＿＿，体重＿＿，走步＿＿

今日喝茶：绿□　白□　黄□　青□　红□　黑□　花茶□

正能量的我

茶名字·茶的异名

中国古代"茶"的名称曾出现很多（见诸文献）。槚，蔎，茗，荈，诧，选，与"茶"字一同形成了"茶"的字源。

唐代中期前，槚，蔎，茗，荈，诧，选，基本都是独立使用于指茶。唐代中期陆羽《茶经》的"茶之源"中写道："其名一曰茶，二曰槚，三曰蔎，四曰茗，五曰荈。"陆羽《茶经》刊印之后，"茶"字便广泛流行起来，槚、蔎、荈、诧、选，便成为茶的异名，并极少单独使用，而是以"茶的异名"方式出现。只有"茗"，则成了茶的别名，与"茶"一同使用至今。

"槚"，即楸树，本为一种乔木，后代指茶。《尔雅·释木》："槚，苦荼。"这里的释义是苦茶。晋代王徽的《杂诗》有句："待君竟不归，收领令就槚。"这里的"槚"就是指茶。

"蔎"，茶的古称。古蜀西南方言，古书上说的一种香草，茶的别称。《茶经》引杨雄《方言》："西蜀南人谓茶曰蔎。"

"荈"，茶的古称，本指茶的老叶，即粗茶。唐代陆德明《经典释义·尔雅音韵》曰："荈，尺究反。荈、茗，其实一也。张辑《杂子》云：茗之别名也。"《太平御览》引《魏王花木志》："其老叶谓之荈，嫩叶谓之茗。"

"荈"复合茶名。西汉司马相如《凡将篇》中称"荈诧"。晋代陈寿《三国志·吴书·韦曜传》："密赐茶荈以当酒。"左思《娇女诗》："心为茶荈剧，吹嘘对鼎𬭚。"唐代陆龟蒙《袭美留振文宴龟蒙抱病不赴猥示倡和因次韵酬谢》有："绮席风开照露晴，秖将茶荈代云魷。"元代郭钰《和酬李宪文送茶》："野老锄云种茶荈，年深获利盛农功。"清代顾炎武《唐韵正》载："茶荈之荼与苦菜之荼本是一字。"

"诧"，茶的古称。《尚书·顾命》称"诧"。

"选"，茶的古称。黄奭辑的《神农本草经》云："苦荼，味苦寒，主五脏邪气……一名荼草，一名选，生谷川。"

"瓜芦木"，古谓"茶"。东汉的《桐君录》中谓之"瓜芦木"。

FRIDAY. FEB 10, 2023

2023 年 2 月 10 日

农历癸卯年·正月二十

2月10日

星期五

🐰 今日生命叙事

早起____点，午休____点，晚安____点，体温____，体重____，走步____

今日喝茶：绿☐　白☐　黄☐　青☐　红☐　黑☐　花茶☐

正能量的我

中國茶曆　　　　　　　　　　　　　　　　　　　　　中国茶历

0210

茶名字·茶的雅号（言其色）

茶色

茶也是中国古人雅生活的重要内容，古人言茶，有戏称与美称，讲究风趣和优雅，色、香、味、形、意、神俱全，完美美哉！"云华""云腴""阳芽""金叶""碧霞"都是茶的雅号，此类雅号是言其"色"的。

"云华"生于山巅云雾处为佳，是茶的雅称。唐代皮日休《寒日书斋即事》："深夜数瓯唯柏叶，清晨一器是云华。"唐代张锡《晦日宴高文学林亭》诗："年光开柳色，池影泛云华。"明代李时珍《本草纲目》（集解）引《别录》："云华五色具。"

"云腴"生于山间云雾处，是茶的雅称。唐代皮日休《奉和鲁望四明山九题·青棂子》："味似云腴美，形如玉脑圆。"宋代黄儒《品茶要录》叙："借使陆羽复起，阅其金饼，味其云腴，当爽然自失矣。"宋代黄庭坚《双井茶送子瞻》："我家江南摘云腴，落硙霏霏云不知。"明代贾仲名《金安寿》第三折："瓜分金子，鲙切银丝，茶煮云腴。"

"阳芽"，明亮，春茶，是茶的雅称。宋代梅尧臣《王仲仪寄斗茶》诗："资之石泉味，特以阳芽嫩。"宋代周必大《茶》曰："还向溪边寻活水，闲于竹里试阳芽。"

"金叶"，意思是黄金捶成的薄片，金属簧片，是茶的雅称。宋代朱敦儒《好事近·茶》词："从容言笑醉还醒，争忍便轻别。只愿主人留客，更重斟金叶。"

"碧霞"，意思是高山深处，是茶的雅称。唐代李白《题元丹丘山居》："羡君无纷喧，高枕碧霞里。"宋代程公许《和钟道士若谷投赠韵》："瀛洲醉挥碧霞杯，集云峰前偶此来。"元代耶律楚材《西域从王君玉乞茶因其韵七首》："红炉石鼎烹团月，一碗和香吸碧霞。"

SATURDAY. FEB 11, 2023

2023 年 2 月 11 日

农历癸卯年·正月廿一

2月11日

星期六

 今日生命叙事

早起____点，午休____点，晚安____点，体温____，体重____，走步____

今日喝茶：绿□　白□　黄□　青□　红□　黑□　花茶□

正能量的我

中國茶曆　　　　　　　　　　　　　　　　　　　　中国茶历

0211

茶名字·茶的雅号(言其香)

茶也是中国古人雅生活的重要内容,古人言茶,有戏称与美称,讲究风趣和优雅,色、香、味、形、意、神俱全,完美美哉!"瑞草魁""鸡苏佛"都是茶的雅号,此类雅号是言其"香"的。

"瑞草魁"古人对茶的雅称。瑞草为香草,茶为瑞草之首,极言茶之佳美。唐代杜牧《题茶山》:"山实东吴秀,茶称瑞草魁。剖符虽俗吏,修贡亦仙才。"

"鸡苏佛",鸡苏原为一种植物,其叶淡香,以此喻茶为"鸡苏佛",成茶的雅号。宋代陶彝:"生凉好唤鸡苏佛,回味宜称橄榄仙。"明代张岱《西湖梦寻》:"渴仰鸡苏佛,饥参王版师。"

茶香

SUNDAY. FEB 12, 2023
2023 年 2 月 12 日
农历癸卯年·正月廿二

2月12日 星期日

🐰 今日生命叙事

早起____点，午休____点，晚安____点，体温____，体重____，走步____

今日喝茶：绿☐　白☐　黄☐　青☐　红☐　黑☐　花茶☐

正能量的我

中国茶历　　　中国茶历
0212

茶名字·茶的雅号（言其味）

茶味胜雨露

茶也是中国古人雅生活的重要内容，古人言茶，有戏称与美称，讲究风趣和优雅，色、香、味、形、意、神俱全，完美美哉！"苦口师""橄榄仙""甘露""甘草"都是茶的雅号，此类雅号是言其"味"的。

"苦口师"，浓茶味苦，故茶有"苦口师"的雅号。宋代陶谷《清异录》："皮光业最耽茗事。一日，中表请尝新柑，筵具殊丰，簪绂丛集。才至，未顾尊罍，呼茶甚急。径见一巨瓯，题诗曰：'未见甘心氏，先迎苦口师。'众噱曰：'此师固清高，难以疗饥也。'"（皮光业，五代人也，晚唐诗人皮日休之子）。

"橄榄仙"，喝茶后似食橄榄那样回味久长，故茶有"橄榄仙"的雅号。宋代陶谷《清异录·茗荈》："犹子彝，年十二岁。予读胡峤茶诗，爱其新奇，因令效法。近晚成篇，有云：'生凉好唤鸡苏佛，回味宜称橄榄仙。'"

"甘露"，是赞茶的雅称。唐代陆羽《茶经·七之事》引《宋录》："新安王子鸾、豫章王子尚，诣昙济道人于八公山。道人设茶茗，子尚味之曰：'此甘露也，何言茶茗。'"宋代梅尧臣《和永叔桐花十四韵》："晓枝滴甘露，味落寒泉中。"

"甘草"，形容茶喝之甘甜饴美，是赞茶的雅称。

MONDAY. FEB 13, 2023
2023 年 2 月 13 日
农历癸卯年·正月廿三

2月13日

星期一

🐰 **今日生命叙事**

早起____点，午休____点，晚安____点，体温____，体重____，走步____

今日喝茶：绿☐　白☐　黄☐　青☐　红☐　黑☐　花茶☐

正能量的我

中国茶历

茶名字·茶的雅号（言其形）

古人言茶，讲究风趣和优雅，下文介绍的均为茶的雅号，此类雅号是言其"形"的。

"水豹囊"为一种豹皮制成的鼓风之具，此喻饮茶如其所吹之风，故雅称。宋代陶谷《清异录·水豹囊》："豹革为囊，风神呼吸之具也。煮茶啜之，可以涤滞思而起清风，每引此义称茶为'水豹囊'。"

"仙芽"，茶的雅称。清代胡怀琛《春日寄家兄闽中》："海扇占春信，仙芽问五夷。"

"玉爪"，因茶泡开如鸟爪，故雅称。宋代杨万里《澹庵坐上观显上人分茶》："蒸水老禅弄泉手，隆兴元春新玉爪。"

"玉芽"，对茶的嫩芽的美称。宋代赵汝砺《北苑别录·细色第三纲》："御苑玉芽、小芽，十二水，八宿火，正贡一百斤。"此指上品芽茶。

"鸟嘴"，因茶叶状似鸟嘴，故雅称。唐代郑谷《峡中尝茶》："吴僧漫说鸦山好，蜀叟休夸鸟嘴香。"

"茶枪"，未展的茶嫩芽。唐代陆龟蒙《奉酬袭美先辈吴中苦雨一百韵》："酒帜风外攲斜，茶枪露中撷。"自注："茶荈未展者曰枪，已展者为旗。"宋代宋祁《旬休其一》："茶枪早翠吟魂适，蔗境馀佳渴肺知"。

"茶旗"，茶初展的叶芽，茶叶泡开后如一面面小旗，故雅称。

"雀舌"，是对那些以嫩芽焙制的上等茶的雅称。茶芽似鸟雀的舌头，故雅称。

"花乳"，茶汤的雅称。煎茶时水面浮起的泡沫，如含苞未放的花朵，故雅称。

"月团图饼"，唐宋时茶作团饼状，诗文中常以月喻其形。

"金饼"，对团茶、饼茶的雅称。

"蝉翼"，蝉的翅膀，常用以比喻极轻极薄的事物，用作茶的雅称，指极薄嫩茶叶新制的好散茶，因嫩叶薄如蝉翼而得名。五代蜀人毛文锡《茶谱》："蜀州蝉翼者，其叶嫩薄如蝉翼也，皆散茶之最上也。"明代张谦德《茶经》上篇论茶："蜀州之雀舌、鸟嘴、片甲、蝉翼，其名皆注。"

TUESDAY. FEB 14, 2023
2023年2月14日
农历癸卯年·正月廿四

2月14日 星期二

🐰 今日生命叙事

早起___点，午休___点，晚安___点，体温___，体重___，走步___

今日喝茶：绿□　白□　黄□　青□　红□　黑□　花茶□

正能量的我

中國茶曆　　　　　　　　　　　　　　　中国茶历
0214

茶名字·茶的雅号（言其意）

古人言茶，讲究风趣和优雅，下文介绍的均为茶的雅号，此类雅号是言其"意"的。

"不夜侯"，因茶可提神，饮后夜不能睡。西晋张华《博物志》称："饮真茶，令人少眠，故茶美称'不夜侯'，美其功也。"唐代白居易《赠东邻王十三》："破睡见茶功。"唐代曹邺《故人寄茶》："六腑睡神去，数朝诗思清。"五代胡峤《饮茶》有："沾牙旧姓余甘氏，破睡当封不夜侯。"

"余甘氏"，喝茶甘甜，余味无穷，得雅称。宋代李郛《纬文琐语》："世称橄榄为馀甘子，亦称茶为馀甘子。因易一字，改称茶为馀甘氏，免含混故也。"

"涤烦子"，饮茶可使人神思清明，破除孤闷。古人谓茶能消除烦恼，故雅称。唐代施肩吾《句》："茶为涤烦子，酒为忘忧君。"唐代《唐国史补》载："常鲁公随使西番，烹茶帐中。赞普问：'何物？'曰：'涤烦疗渴，所谓茶也。'因呼茶为涤烦子。"明代潘允哲《谢人惠茶》："泠然一啜烦襟涤，欲御天风弄紫霞。"

"消毒臣"，唐朝《中朝故事》记载，唐武宗时李德裕说天柱峰茶可以消酒肉毒，曾命人煮该茶一瓯，浇于肉食内，用银盒密封，过了一些时候打开，其肉已化为水，因而人们称茶为消毒臣。唐代曹邺饮茶诗云："消毒岂称臣，德真功亦真。"

"晚甘侯"，因茶初入口苦涩，而后生津回甘，故得雅称。宋代陶谷《清异录·晚甘侯》："孙樵《送茶与焦刑部书》云：'晚甘侯十五人，遣侍斋阁。此徒皆乘雷而摘，拜水而和。盖建阳丹山碧水之乡，月涧云龛之品，慎勿贱用之！'"

"酪奴"，对茶汤的戏称。北魏杨炫之《洛阳伽蓝记》载："时给事中刘缟，慕肃之风，专习茗饮。"

"草中英"，对茶的赞称。五代郑邀《茶诗》："嫩芽香且灵，吾谓草中英。夜臼和烟捣，寒炉对雪烹。惟忧碧粉散，常见绿花生。最是堪珍重，能令睡思清。"

"龙芽凤草"，宋代吴潜《谒金门·和韵赋茶》有云："汤怕老，缓煮龙芽凤草。"

WEDNESDAY. FEB 15, 2023

2023 年 2 月 15 日

农历癸卯年·正月廿五

🐰 今日生命叙事

早起____点，午休____点，晚安____点，体温____，体重____，走步____

今日喝茶：绿☐　白☐　黄☐　青☐　红☐　黑☐　花茶☐

正能量的我

2月15日

星期三

中國茶曆

中国茶历

茶名字·茶的雅号（言其神）

古人言茶，讲究风趣和优雅，下文介绍的均为茶的雅号，此类雅号是言其"神"的。

"清友"，茶雅号。唐代姚合《品茗诗》："竹里延清友，迎风坐夕阳。"竹里品茶并陶醉于美好的大自然之中，古人视此为雅事。宋代苏易简《文房四谱》："叶嘉，字清友，号玉川先生。清友，谓茶也。"宋代刘攽《六友诗寄林景云留寿国林道初俞季渊》："清友天赋完，岁晚树独暖。粲此白玉英，瑟彼清庙瓒。香自根中来，冰雪匪压断。一见一回老，殷勤呼茗碗。"

"冷面草"，对茶的戏称。宋代陶谷《清异录·茗荈》："符昭远不喜茶，曰：'此物面目严冷，了无和美之态，可谓冷面草也。'"

"隽永"，唐代用以称呼煮茶时第一泡出来的茶汤，以备提升汤味和止沸，有时也直接用来奉客。唐代陆羽《茶经·五之煮》："第一煮水沸，而弃其沫之上有水膜如黑云母，饮之则其味不正。其第一者为隽永，或留熟（盂）以贮之，以备育华救沸之用。"

"嘉木"，茶树的赞称。唐代陆羽《茶经》载："茶者，南方之嘉木也。一尺、二尺乃至数十尺，其巴山、峡川，有两人合抱者，伐而掇之。"

"先春"，犹早春；早春时茶已吐出嫩芽，故茶得此雅称。唐代卢仝《走笔谢孟谏议寄新茶》："仁风暗结珠琲瓃，先春抽出黄金芽。"宋代沈遘《七言赠杨乐道建茶》诗："建溪石上摘先春，万里封包数数珍。"

"清风使"，宋代陶谷《清异录·茗荈》："大理徐恪见贻卿信铤子茶，茶面印文曰'玉燀膏'，一种曰'清风使'。"

"森伯"，对茶的雅称。宋代陶谷《清异录·茗荈》："汤悦有《森伯颂》，盖茶也。方饮而森然严乎齿牙，既久四肢森然。"

THURSDAY. FEB 16, 2023

2023年2月16日

农历癸卯年·正月廿六

2月16日

星期四

🐰 今日生命叙事

早起＿＿点，午休＿＿点，晚安＿＿点，体温＿＿，体重＿＿，走步＿＿

今日喝茶：绿☐　　白☐　　黄☐　　青☐　　红☐　　黑☐　　花茶☐

正能量的我

中国茶历

0216

茶名字·茶的外语名

茶读音图示

茶是世界三大饮料之首，是全世界家喻户晓的饮品，在全世界范围内有数不清的拥趸。爱喝茶不分国籍。

茶叶最先是由中国输出到世界各地的，所以，时至今日，各国对茶的称谓，大多数是由中国人，特别是由中国茶叶输出口地区人民对茶的称谓直译过去的。英语是Tea，发音是[ti:]；德语是Tee，发音基本和英语的一样；荷兰语是Thee，发音和德语的完全一样，"h"是不发音的；西班牙语是Té，发音是[dei]；法语是Thé，发音基本和西班牙语的一样；葡萄牙语是Chá，发音很像汉语普通话的茶，像"差"的音；意大利语是Tè，发音基本和西班牙语的一样；俄语是Чай，转写成拉丁字母是chai；希腊语是Τσάι，转写成拉丁字母tsai，发音像中文的"猜"；日语写法和中文一样，就是汉字"茶"，发音是"chya"；朝鲜语是차，发音像中文的"擦"，拉丁语是thea。

中国的茶叶传播到西方有两条通道，一条是丝绸之路，经过俄罗斯，到达希腊、土耳其等国家，所以这些国家的"茶"的发音和汉语北方话里的发音是很像的，近似我国华北的发音。而另外一条"海上丝绸之路"是从福建东南沿海出发，到达欧洲，主要是西班牙，因此西班牙语以及同语族的法语、意大利等的发音与我国福建沿海地区的茶发音"te"和"ti"几乎一样，而英语和西班牙语同语系不同语族的发音也比较相似。

FRIDAY. FEB 17, 2023
2023年2月17日
农历癸卯年·正月廿七

🐰 今日生命叙事

2月17日 星期五

早起___点，午休___点，晚安___点，体温___，体重___，走步___

今日喝茶：绿□　白□　黄□　青□　红□　黑□　花茶□

正能量的我

中国茶历

0217

茶名字·茶物种学名

最早给茶物种定学名的时间是1753年。

公元780年，唐代陆羽《茶经》就已经全面地记载了茶的名和茶的形态特征、茶的栽种和采制过程、茶的功效。其中作为药用列入方剂的就有上百种。

1753年，瑞典植物学家林奈在他所著的《植物种志》(*Species plantarum*, 1753)第一卷中最早给茶树定了学名 *Thea sinensis*, L., "L"为林奈的名字缩写，"sinensis"是拉丁文"中国"的意思。1950年，中国植物学家钱崇澍根据国际命名法有关要求，结合茶特性的研究，确定了茶树学名为 *Camellia sinensis* (L.) O. Kuntze.。

茶，灌木、乔木或小乔木，嫩枝无毛。叶革质，长圆形或椭圆形，先端钝或尖锐，基部楔形，上面发亮，下面无毛或初时有柔毛，边缘有锯齿，叶柄无毛。花白色，花柄有时稍长；萼片阔卵形至圆形，无毛，宿存；花瓣阔卵形，基部略连合，背面无毛，有时有短柔毛；子房密生白毛；花柱无毛。蒴果3球形或1～2球形，高1.1～1.5厘米，每球有种子1～2粒。花期10月至翌年2月。

1753年，瑞典植物学家林奈所著的《植物种志》(*Species plantarum*, 1753)

SATURDAY. FEB 18，2023

2023 年 2 月 18 日

农历癸卯年·正月廿八

星期六

🐰 **今日生命叙事**

早起＿＿点，午休＿＿点，晚安＿＿点，体温＿＿，体重＿＿，走步＿＿

今日喝茶：绿□　　白□　　黄□　　青□　　红□　　黑□　　花茶□

正能量的我

中国茶暦

中国茶历

0218

节气和茶·雨水

天地遇水接寿情,驯獭祭鱼添德行。
伊啊一啊鸿雁北,祸兮福兮茶树萌。
丝丝微雨润无声,缕缕茶烟气象鼎。
二月二呀龙抬头,五谷填仓茶园盈。

今日雨水(农历癸卯年正月廿九卯时,公历2023年2月19日6时34分)。

雨水是农历二十四节气中的第2个节气。雨水,降水类节气,表示降雨开始,雨量渐增。雨水节气到来,阳光和煦,春风遍吹,空气湿润,毛毛细雨,大地渐渐开始呈现欣欣向荣的景象。"雨水"节气中的"雨"主要是"遇"水。农谚有"春雨贵如油"。

雨水物候:初候獭祭鱼,花信风菜花;二候鸿雁北,花信风杏花;三候草木萌动,花信风李花。

雨水、惊蛰、春分都是种植茶树的好时节。茶谚语有"雨水春分,种茶伸根""正月栽茶用手捺,二月栽茶用脚踏,三月栽茶用锄夯也夯不活""公惜孙,茶惜根"。(提示:此时节种植茶树或垦复茶园,一定要注意不能伤及茶树的根)

虽然,雨水节气里,嘉木灵芽"借水而发",会有茶农因自家用而零星采摘的雨水茶,但这不是通常所指的"雨前茶"。

雨水节气里,乍暖还寒,湿气重和易风寒是这个节气的主要特点,要特别注意养护脾胃,保持肝气调和顺畅,预防感冒,可多饮用健脾行气之茶。此节气适宜饮黄茶、白茶(白毫银针、白牡丹、寿眉,均在3年以上)、再加工茶(柑普茶、茉莉花茶)、乌龙茶(凤凰单丛)和红茶。

雨水·樱花

SUNDAY. FEB 19, 2023
2023年2月19日
农历癸卯年·正月廿九

2月19日

星期日

雨水

🐰 今日生命叙事

早起____点，午休____点，晚安____点，体温____，体重____，走步____

今日喝茶：绿☐　白☐　黄☐　青☐　红☐　黑☐　花茶☐

正能量的我

中国茶历

0219

节气茶点·雨水

雨水节气里喝茶,讲究节气养生,适宜饮黄茶、白茶、再加工茶、红茶、乌龙茶;选用茶点心,应该讲究对应雨水节气养生,留意民俗文化。

雨水节气总的饮食原则是少吃酸、多甘甜,宜升补。选用茶点心宜清淡甘甜,不酸不油腻,特别留意不选食材含有葡萄、提子、酸枣的点心。可选用:

红茶饼干,食材有玉米油、鸡蛋、白糖、低筋面粉。

蜜茶望春曲奇,食材有黄油、糖粉、淡奶油、抹茶粉、低筋面粉、蜂蜜。

榛子酥,食材有低筋面粉、橄榄油、白砂糖、鸡蛋液、泡打粉、榛子仁。东北榛子(没有开口),果仁上红色的皮不易去掉,于是榛子酥里就有红色的点缀色。

红茶饼干

蜜茶望春曲奇

榛子酥

适宜雨水节气的茶点心形形色色,选用时还应留意民俗文化,如送节(接寿)、占稻色等。点心造型少不了:肥鱼形(成双,吉庆有"鱼",好事成双)、雁图案(雁回头)、水滴形(圆润)。颜色有绿色、黄色等,晶亮多彩。

MONDAY. FEB 20, 2023
2023年2月20日
农历癸卯年·二月初一

2月20日 星期一

🐰 今日生命叙事

早起___点，午休___点，晚安___点，体温___，体重___，走步___

今日喝茶：绿☐　白☐　黄☐　青☐　红☐　黑☐　花茶☐

正能量的我

中國茶曆　　　　　　　　　　　　　　　　　　　　　中国茶历

经典名茶·蒙顶黄芽

蒙顶黄芽

蒙顶黄芽,黄茶类,产于四川省雅安市蒙顶山,为历史名茶。蒙顶茶的栽培始于西汉,距今已有2000多年的历史。

春分时节,当茶树上有10%左右的芽头鳞片展开,即可开园采摘。选用鲜叶标准是独芽和1芽1叶初展,要求芽头肥壮匀齐。采摘时严格做到"五不采",即紫芽、病虫为害芽、露水芽、瘦芽、空心芽不采。采回的嫩芽要及时摊放,及时加工。

制茶工序是杀青、初包、二炒、复包、三炒、堆积摊放、整形提毫、烘焙。包黄是形成蒙顶黄芽品质特点的关键工序。由于芽叶特嫩,要求制工精细。

成品蒙顶黄芽茶叶的外形是条索扁直,芽条匀整,黄毫显露、色泽嫩黄油润,清香浓郁,汤黄明亮,滋味鲜醇回甘,叶底全芽嫩黄匀齐。黄叶黄汤,特点鲜明。

冲泡蒙顶黄芽时,每人可选用一只容量126毫升的盖碗,作泡具和饮具,茶水比为1∶50,投茶量2克,水100克(100毫升),水温宜用沸水静候温度降至85℃。主要冲泡步骤:温茶碗内凹,投入茶,采用"螺旋形法"注水,水量达到茶碗八分后,再合上茶盖。当茶碗中茶汤的水温降至适口时,趁温热品饮。如觉茶汤淡,可用茶盖拨动茶叶使其翻滚后再品饮。

TUESDAY. FEB 21, 2023
2023年2月21日
农历癸卯年·二月初二

2月21日 星期二

🐰 今日生命叙事

早起___点，午休___点，晚安___点，体温___，体重___，走步___

今日喝茶：绿☐　白☐　黄☐　青☐　红☐　黑☐　花茶☐

正能量的我

中国茶历

0221

经典名茶·白毫银针

白毫银针,白茶类,主要产区为福建省福鼎、政和、松溪、建阳等地,创制于1796年,为历史名茶。

白毫银针茶叶于春茶季采摘。采自福鼎大白茶、政和大白茶良种茶树,选用鲜叶标准是春茶嫩梢萌发1芽1叶,将其采下,然后置室内"剥针"(用手指将真叶、鱼叶轻轻地予以剥离),也有直接"摘针"摘下肥壮单芽付制。

制茶工序是萎凋、干燥,以晴天尤其是凉爽干燥的气候所制的银针品质最佳。将剥出的茶芽均匀地薄摊于水筛上,勿使重叠,置微弱日光下或通风阴凉处,晒凉至八九成干,再用焙笼以30~40℃文火达足干即成,也有用烈日代替焙笼晒到全干的,称为毛针。毛针经筛取肥长茶芽,再用手工摘去银针脚,并筛簸拣除叶片、碎片、杂质等,最后再用文火焙干,趁热装箱。

成品白毫银针外形芽头肥壮,挺直如针,银毫显露,嫩香带毫香。福鼎所产芽茸毛厚,色白富光泽,汤色浅杏黄,味清鲜爽口;政和所产汤味醇厚,香气清芬。

冲泡白毫银针时,每人用一只容量126毫升的盖碗作为饮具,茶水比为1:30,投茶量3克,水90克(毫升),水烧至85℃,先温茶碗内凹,投入茶叶,采用"环圈法"注水,水量到茶碗八分,再合上茶盖,3分钟后品饮。

(福鼎)白毫银针

(政和)白毫银针

WEDNESDAY. FEB 22, 2023

2023 年 2 月 22 日

农历癸卯年·二月初三

2月22日

星期三

🐰 **今日生命叙事**

早起＿＿点，午休＿＿点，晚安＿＿点，体温＿＿，体重＿＿，走步＿＿

今日喝茶：绿☐　白☐　黄☐　青☐　红☐　黑☐　花茶☐

正能量的我

中国茶历

0222

经典名茶·福州茉莉花茶

福州茉莉花茶,属再加工茶的花茶,产地在福建省福州市仓山区、晋安区、马尾区、长乐区、福清市、闽侯县、连江县、闽清县、罗源县、永泰县等地,创制于清代,为历史名茶。

福州茉莉花茶选用榕春早、鼓山菜茶、罗源七境菜茶、福云6号、福云7号等适制烘青绿茶的优良品种茶树鲜叶,按标准适时采摘,采取"提手采",采摘规格要求1芽2～3叶及幼嫩的对夹叶,保持芽叶完整、新鲜、匀净,不夹带鳞片、茶果与老枝叶。采下的茶叶,用竹编网眼茶篮或篓筐盛装,并及时运抵茶厂。茉莉花原料主要选自福州市辖区市县近20万亩有机茉莉花园。

福州茉莉花茶制作工序是烘青毛茶初制(鲜叶、杀青、揉捻、干燥、烘青),毛茶精制(选配毛茶原料、筛分、切断、风选、拣剔、干燥),窨制(茶坯处理、鲜花养护、窨花拌和、通花、收堆复窨、起花、烘焙、提花),匀堆装箱。

福州茉莉花茶,分类有按工艺分:窨花技术从一窨至九窨一提;有按茶坯外形分:螺形、条索形、针形、叶珠形、芽珠形、环形、麦穗形。主要品种有茉莉银针、茉莉龙珠、茉莉大白毫、茉莉春毫等。

茉莉银针

茉莉龙珠

茉莉大白毫

茉莉春毫

THURSDAY. FEB 23, 2023

2023年2月23日

农历癸卯年·二月初四

今日生命叙事

早起____点，午休____点，晚安____点，体温____，体重____，走步____

今日喝茶：绿☐　白☐　黄☐　青☐　红☐　黑☐　花茶☐

正能量的我

2月23日

星期四

中国茶历

0223

经典名茶·闽北乌龙

闽北乌龙,乌龙茶(青茶)类,主产区分布于福建省南平的建瓯市、建阳区、延平区、顺昌县等地,地处福建省北部(闽北),为历史名茶。闽北乌龙产区以建瓯东峰一带为中心,著名的北苑遗址位于今建瓯东峰镇境内,北苑是宋元时期著名的宫廷御茶园,在东峰现存有100多年历史的矮脚乌龙茶树,是台湾当家品种青心乌龙的亲缘树,立有"百年乌龙"碑记。

春、夏、秋各茶季皆可采摘茶叶。选用鲜叶的标准是顶芽形成驻芽后采3~4叶(驻芽:当新梢完全成熟时,叶面都展开了,顶芽转入休眠状态,驻停着活而细小的芽),要求鲜叶嫩度适中,匀净、新鲜。

制茶工序是晒青、摇青、杀青、揉捻、烘干。

成品闽北乌龙茶叶外形条索紧细重实,叶端扭曲,色泽乌润;内质熟香清高细长,滋味醇厚带鲜爽,入口爽适,汤色清澈呈金黄色;叶底柔软,肥厚匀整,绿叶红镶边(三分红七分绿)。

冲泡闽北乌龙时,可每人用一只容量126毫升的盖碗作为泡具和饮具,茶水比为1∶35,投茶量3克,水105克(毫升),水烧至100℃。主要冲泡步骤:温茶碗内凹,投入茶叶后,采用"单边定点法"注水,水量达到茶碗八分后,再合上茶盖。当茶碗中茶汤的水温降至适口时,趁温热品饮。如觉茶汤淡,可用茶盖拨动茶叶使其翻滚后再品饮。

闽北乌龙

FRIDAY. FEB 24, 2023
2023年2月24日
农历癸卯年·二月初五

🐰 今日生命叙事

早起____点，午休____点，晚安____点，体温____，体重____，走步____

今日喝茶：绿☐　白☐　黄☐　青☐　红☐　黑☐　花茶☐

正能量的我

2月24日　星期五

中国茶历
0224

经典名茶·滇红

滇红

滇红,红茶类,产于云南省临沧、保山、凤庆、西双版纳、德宏等地,主产在临沧、凤庆、勐海、双江、云县、昌宁等县。滇红包括滇红工夫和滇红碎茶。滇红工夫创制于1939年,为历史名茶。滇红碎茶1958年试制成功。

滇红采用云南大叶种茶树鲜叶为原料,选用鲜叶的标准是1芽2～3叶。

滇红工夫制茶工序是萎凋、揉捻、发酵、干燥。滇红碎茶初制工序是萎凋、揉切、发酵、干燥。

成品滇红外形条索紧结、肥硕,色泽乌润,金毫显露;内质香气鲜郁高长,冲泡后散发出自然果香和蜜香,滋味浓厚鲜爽,富有收敛性;汤色红艳,金圈突出,叶底红匀嫩亮。CTC红碎茶外形颗粒紧、圆实、匀齐、纯净,色泽油润,内质香气甘醇,滋味鲜爽浓强,汤色红艳,叶底红匀明亮。

冲泡滇红时,可每人用一只容量126毫升的盖碗作为泡具和饮具,茶水比为1∶50,投茶量2克,水100克(毫升),泡茶水温宜水烧开后降温至90～95℃。主要冲泡步骤:温茶碗内凹,投入茶叶后,采用"螺旋形法"注水,水量达到茶碗八分后,再合上茶盖。当茶碗中茶汤的水温降至适口时,趁温热品饮。如觉茶汤淡,可用茶盖拨动茶叶使其翻滚后再品饮。

SATURDAY. FEB 25, 2023

2023 年 2 月 25 日

农历癸卯年·二月初六

2月25日

星期六

🐰 **今日生命叙事**

早起＿＿点，午休＿＿点，晚安＿＿点，体温＿＿，体重＿＿，走步＿＿

今日喝茶：绿□　白□　黄□　青□　红□　黑□　花茶□

正能量的我

中國茶曆　　　　　　　　　　　　　　　　　　　　中国茶历

0225

茶典故·吃茶去

吃茶去,是很普通的一句话,但在佛教界,却是一句禅林法语。

唐大中十一年(857年),八十高龄的从谂禅师行脚至赵州,受信众敦请驻锡观音院,弘法传禅达40年,僧俗共仰,为丛林模范,人称"赵州古佛"。其证悟渊深、年高德劭,享誉南北禅林并称"南有雪峰,北有赵州""赵州眼光烁破天下"。从谂禅师住世120年,圆寂后,寺内建塔供奉衣钵和舍利,谥号"真际禅师"。他喜爱茶饮,也喜欢把茶作为机锋语。

宋代《五灯会元》就有记载赵州从谂禅师,师问新来僧人:"曾到此间否?"答曰:"曾到。"师曰:"吃茶去。"又问一新来僧人,僧曰:"不曾到。"师曰:"吃茶去。"后院主问禅师:"为何曾到也云吃茶去。不曾到也云吃茶去?"师召院主,主应诺,师曰:"吃茶去。"

禅宗讲究顿悟,认为何时何地何物都能悟道,极平常的事物中蕴藏着真谛。茶对僧人来说,是每天必饮的日常饮品,因而,从谂禅师以"吃茶去"作为悟道的机锋语,对僧人来说,既平常又深奥,能否觉悟,则靠自己的悟性了。

SUNDAY. FEB 26, 2023
2023 年 2 月 26 日
农历癸卯年·二月初七

2月26日

星期日

🐰 **今日生命叙事**

早起___点，午休___点，晚安___点，体温___，体重___，走步___

今日喝茶：绿□　白□　黄□　青□　红□　黑□　花茶□

正能量的我

中國茶曆　　　　　　　　　　　　　　　　　　中国茶历

茶典故·吃茶会么

扣冰古佛,法名藻光,精于苦修,因"夏着衣褚,冬则扣冰而浴"而被称为扣冰古佛。唐末、五代以茶参禅,北方有赵州古佛(778—897年),南方有扣冰古佛(844—928年)。著名的禅林法语分别是:"吃茶去"和"吃茶会吗"。

928年,闽王三延请而终于把八十五岁的扣冰古佛请进福州城,拜以王师。《五灯会元》记载:"闽王躬迎入城,馆于府沼之水亭。方啜茶,提起橐(tuó)子曰:'大王会吗?'王曰:'不会。'师曰:'人王法王各自照了。'"这里说的是闽王招待古佛时,用上一种奉茶木偶,能自动送茶,"手捧茶橐,自能移步供客。客举瓯啜茗,即立以待。瓯返于橐,即转其身,仍内向而入"。古佛提起奉茶木偶问闽王说:"吃茶会吗?"闽王说:"不会。"古佛说:"人王和法王真是生活在不同的境界啊。"便亲自给闽王奉茶,还一再亲自给闽王倒满茶,并示:"吃茶会吗?吃茶不但要会奉茶,还要知道心正如这茶盅一样,茶已经满盅了,要喝空,一空万有,真空妙有。"

在古佛眼里,茶已经不单单是一盅茶,而是古佛"我为法王,于法自在"(《法华经·譬喻品》)的自性流露和宣讲。古佛与闽王以茶参禅后,古佛执意当日回到择善地麒麟山而立的法场(今金钟阁禅寺)。闽王更加崇拜古佛,倡"吃茶"之道,主张"以茶净心,心净则国土净",并在建州(今福建建瓯)设"北苑御茶园"。

扣冰古佛的禅林法语"吃茶会吗",也成了"人生如茶,空杯以对"的出处。

借水澄心,即茶演法。正是:

炉火蛇蛇蛇紫嫣,
茶水深深深几许?

MONDAY. FEB 27, 2023
2023 年 2 月 27 日
农历癸卯年 · 二月初八

2 月 27 日   星期一

🐰 **今日生命叙事**

早起___点，午休___点，晚安___点，体温___，体重___，走步___

今日喝茶：绿☐　白☐　黄☐　青☐　红☐　黑☐　花茶☐

正能量的我

茶馆·闽榕大众茶馆

闽榕大众茶馆（福州茉莉花美学馆），隐于福州上下杭下杭路209号，跨过高高的门槛，走进古色古香的福州茉莉花美学馆，领略福州茉莉花与茶的千年碰撞、蜕变，来这里，点上一盏茉莉好茶，听评话，看闽剧，品味不一样的茶馆文化。

扬州大众茶馆

TUESDAY. FEB 28，2023
2023 年 2 月 28 日
农历癸卯年·二月初九

2月28日 星期二

🐰 **今日生命叙事**

早起____点，午休____点，晚安____点，体温____，体重____，走步____

今日喝茶：绿☐　白☐　黄☐　青☐　红☐　黑☐　花茶☐

正能量的我

中国茶历

0228

茶用水·传世最有名的泉

"天下第一泉"的称谓有多处,其中:庐山康王谷谷帘泉、镇江扬子江中冷泉、北京玉泉山玉泉,这三个泉最著名。

"茶圣"陆羽很讲究泡茶用水,他遍游名山大川,品尝碧水清泉,将泉水排了名次,确认庐山的谷帘泉为"天下第一泉"。

谷帘泉在庐山主峰大汉阳峰南面康王谷中(今庐山市境内),康王谷距陶渊明故里仅5000多米,陶渊明的名作《桃花源记》的原型就在康王谷,相传陶渊明晚年时曾在此度过一段清苦而恬静的生活。《星子县志》记载说:"昔始皇并六国,楚康王昭为秦将王翦所窘,逃于此,故名。"康王谷深山有泉,发源于汉阳峰,中道因被岩山所阻,水流呈数百缕细水纷纷散落而下,远望似亮丽晶莹的珠帘悬挂谷中,因名谷帘泉。

晚唐张又新《煎茶水记》说:元和九年(814年)春,张又新在荐福寺楚僧囊中发现一篇《煮茶记》,此文所云,唐代宗时期(762—779年),陆羽为李季卿评论天下宜茶之水,他将水分为二十等,其中"庐山康王谷水帘水第一"。自此后,庐山谷帘泉为"天下第一泉"之美名流传千古,其中虽有疑难,但未能撼动其第一之地位。

宋代学者王禹偁考究了谷帘泉水后,在《谷帘泉序》中说到此泉水:"其味不败,取茶煮之,浮云散雪之状,与井泉绝殊。"宋代名士王安石、朱熹、秦少游、白玉蟾等都饶有兴趣地游览品尝过谷帘泉,并留下了绚丽的诗章。

WEDNESDAY. MAR 1, 2023
2023年3月1日

农历癸卯年·二月初十

3月1日

星期三

🐰 **今日生命叙事**

早起____点，午休____点，晚安____点，体温____，体重____，走步____

今日喝茶：绿☐　白☐　黄☐　青☐　红☐　黑☐　花茶☐

正能量的我

茶用水·古人"以石养水"

古代茶人深感"水者,茶之母"。

明代许次纾《茶疏》说:"精茗蕴香,借水而发,无水不可与论茶也。"说的就是茶性借水而发,水质对茶汤的色、香、味、韵有明显的影响,好水更能激发出好茶的品质。古人的感官审验得出沏茶的理想用水,水质应该为"清、活、轻",水味"甘、洌"。比较后,古人认为理想用水的顺序是:泉水、溪水、雨水、雪水、江河湖水、井水。

但在古代交通不便,真可谓"汲泉远道,必失原味"。为了保有泉水、溪水的水质水味,古人想出"以石养水"方法。

明代高濂在《遵生八笺》中提到了"凡水泉不甘,能损茶味",故他对梅雨水、雪水提出"以石养水"的蓄存方法:"大瓮收藏黄梅雨水、雪水,下放鹅子石十数石,经年不坏。用栗炭三四寸许,烧红投淬水中,不生跳虫。"清代袁枚《随园食单》载:"然天泉水、雪水力能藏之。水新则味疏,陈则味甘。"

古人还常常在水坛里放入白石等石子,既养水味又澄清水中杂质。明代田艺蘅《煮泉小品》说:"移水取石子置瓶中,虽养其味,亦可澄水,令之不淆……择水中洁净白石,带泉煮之,尤妙,尤妙!"

"以石养水"图示

"以石养水"是保持其山泉之味之质,带石而煮,更是增添了煮茶的清幽之趣。古人主要是选取名泉之石子,通过"以石养水"的方法来解决"居家,苦泉水难得"的求水难题,这也足见古人为了泡茶用水,真是费尽了苦心。"以石养水",也不失为陶冶情操、增加品茶乐趣的一种途径。

THURSDAY. MAR 2, 2023

2023 年 3 月 2 日

农历癸卯年·二月十一

3月2日

星期四

🐰 **今日生命叙事**

早起___点，午休___点，晚安___点，体温___，体重___，走步___

今日喝茶：绿□　白□　黄□　青□　红□　黑□　花茶□

正能量的我

中國茶曆　　　　　　　　　　　　　　　　　　　中国茶历

0302

茶用水·皇帝评水第一例的天下第一泉

玉泉

清乾隆皇帝好茶,对泡茶的水也很有研究,对于泉水的优劣,乾隆有自己独到的品鉴方法,他认为好的泉水不仅要清凉、甘甜、洁净,水的质量还要越轻越好。

清乾隆十六年(1751年)前后,乾隆皇帝特意命内务府制作了一个银斗,亲自对天下各地的泉水进行称重。经过测量,乾隆发现,济南的珍珠泉,斗重一两二厘;镇江的中泠泉,斗重一两三厘;杭州的虎跑泉,斗重一两四厘;只有北京的玉泉山水,水质最轻,斗重仅有一两。经此量泉评水,他评出了京西玉泉山玉泉为天下第一泉。乾隆皇帝御笔写下了《玉泉山天下第一泉记》,还亲笔题写了"天下第一泉"碑,碑文写道:"水味贵甘,水质贵轻,玉泉每斗重一两,他处名泉无此轻者。"刻于石,立于泉旁。此后,乾隆非玉泉山水不饮,出京巡幸在外,也要随身运载玉泉水,以供饮用。

后来,乾隆巡幸江南,莅临趵突泉。品了趵突泉,曰:"古人评水,讲什么'香、清、甘、活',其实水之品相,还看其德。譬如漭泉,远有贤舜汲水灌地,教化生民,是为有古贤之德。世间佳泉,水美且有古贤之德,惟趵突泉也。"言毕,乾隆再饮漭水一杯,复言:"此等佳泉,何不常饮?"遂传旨,将随身携带供路上饮用的玉泉水全部换成趵突泉水。

FRIDAY. MAR 3, 2023
2023年3月3日
农历癸卯年·二月十二

🐰 今日生命叙事

早起____点，午休____点，晚安____点，体温____，体重____，走步____

今日喝茶：绿☐　白☐　黄☐　青☐　红☐　黑☐　花茶☐

正能量的我

3月3日

星期五

中国茶历
0303

茶用水·泡茶用水

水是由氢、氧两种元素组成的无机物,在常温常压下为无色无味的透明液体。茶人喻"水是茶之母"。用什么水泡茶最好?陆羽《茶经》说:"其水,用山水上,江水中,井水下。其山水,拣乳泉、石池漫流者上。"也有茶人说,用茶产地的山泉水泡该产地的茶最好。

泡好一杯茶,需要了解泡茶用水的特性,也就是水质。

山泉水(天然泉水),终日处于流动状态,经过沙石的自然过滤,通常比较干净,味略带甘美;自采山泉水,应到曾被汲取使用过的山泉水域。井水,悬浮物含量少,透明度较高;宜汲取活水井的水(就是《茶经》中说的"井取汲多者",明代陆树声讲的"井取多汲者,汲多则水活")。雨水和雪水,古人称为"天泉"。可取乡村高山上的第二场雨或雪之后的雨水、雪水。自来水,通常含有用来消毒的氯气等,在水管中滞留较久的,还含有较多的铁质,用自来水沏茶,最好用无污染的容器,先贮存一天,待氯气散发后再煮沸沏茶,或者采用净水器将水净化。纯净水,现代科学的进步,采用多层过滤和超滤、反渗透技术,可以将一般的饮用水变成不含有任何杂质的纯净水,并使水的酸碱度达到中性。用这种水泡茶,不仅因为净度好、透明度高,沏出的茶汤晶莹透彻,而且香气滋味纯正,无异杂味,鲜醇爽口。除纯净水外,还有质地优良的瓶装矿泉水也是较好的泡茶用水。

山泉

SATURDAY. MAR 4，2023

2023 年 3 月 4 日

农历癸卯年 · 二月十三

3月4日

星期六

🐰 **今日生命叙事**

早起___点，午休___点，晚安___点，体温___，体重___，走步___

今日喝茶：绿☐　白☐　黄☐　青☐　红☐　黑☐　花茶☐

正能量的我

经典名茶·竹叶青

3月5日采摘（制）

3月25日采摘（制）

4月10日采摘（制）

竹叶青，绿茶类，产于四川省峨眉山，创制于1964年，因茶叶形似嫩竹叶，得名"竹叶青"。

茶叶于3月上旬开始采摘。采用四川中小叶群体种、福鼎大白茶、福选9号、福选12号等无性系良种茶树鲜叶为原料，选用鲜叶标准是单独芽至1芽1叶初展，要求不采病虫叶，不采雨水叶，不采露水叶。制茶工序是杀青、初烘、理条、压条、辉锅。

成品竹叶青茶叶外形条索紧直扁平，两头尖细，形似竹叶，色泽翠绿油润；清香气雅细长，汤色黄绿明亮，滋味鲜爽回甘；叶底鲜绿嫩匀。

冲泡竹叶青时，可每人用一只容量126毫升的盖碗作为饮具，茶水比为1:50，投茶量2克，水100克（毫升），泡茶水温为水烧开后降温至80～85℃。主要冲泡步骤：温茶碗内凹，投入茶叶后，采用"环圈法"注水，水量达到茶碗八分后，再合上茶盖，3分钟后品饮。如觉茶汤淡，可用茶盖拨动茶叶使其翻滚后再品饮。

SUNDAY. MAR 5, 2023

2023年3月5日

农历癸卯年·二月十四

3月5日 星期日

🐰 **今日生命叙事**

早起＿＿点，午休＿＿点，晚安＿＿点，体温＿＿，体重＿＿，走步＿＿

今日喝茶：绿☐　白☐　黄☐　青☐　红☐　黑☐　花茶☐

正能量的我

中国茶历

0305

节气和茶·惊蛰

春雷掀动天地纱,草木纵横虫欲爬。
枝头跳跃仓庚鸣,满园生机桃始华。
惊蛰一到芽脱壳,春分过后抽萌丫。
苍鹰化鸠翔天隅,借雨消声乐戏茶。

今日惊蛰(农历癸卯年二月十五寅时,公历 2023 年 3 月 6 日 4 时 36 分)。

惊蛰是农历二十四节气中的第 3 个节气。惊蛰,物候类节气,表示春雷乍动,惊醒冬眠的动植物。蛰,是藏的意思,动物入冬藏伏土中,不饮不食,称为"蛰"。"春雷响,万物生",惊蛰时分,天气转暖,渐有春雷,是万物复苏萌芽初始的时节。惊蛰还是种植茶树的好时节。茶树,大多在"惊蛰"期间开始萌芽,进入萌发生长期。茶谚语有"万物长,惊蛰过,茶脱壳"。对于自然生长三年以上的茶树而言,通常再过 20 天左右就可以采摘鲜茶芽。

惊蛰物候:初候桃始华,花信风桃花;二候仓庚鸣,花信风棠梨;三候鹰化为鸠,花信风蔷薇。

惊蛰节气里,喝什么茶?惊蛰时节阳气上升但还弱,气温冷暖变幻不定,"暖和和""倒春寒""春困"都令人生燥,应顺春天阳气之生,助肾补肝,力促微汗散发出冬季蕴藏的寒气。此节气适宜多饮白茶(白牡丹、寿眉,均 3 年以上)。适合此节气饮用的可选茶还有:武夷岩茶、黑茶(包括普洱熟茶、金尖、六堡茶、砖茶,均 5 年以上)、红茶、再加工茶(柑普茶、茉莉花茶)。

惊蛰·月秀

MONDAY. MAR 6, 2023
2023年3月6日
农历癸卯年·二月十五

🐰 今日生命叙事

早起____点，午休____点，晚安____点，体温____，体重____，走步____

今日喝茶：绿□　白□　黄□　青□　红□　黑□　花茶□

正能量的我

3月6日　星期一　惊蛰

中国茶历　　　中国茶历
0306

节气茶点·惊蛰

"惊蛰"节气里喝茶,讲究节气养生,适宜饮白茶(白牡丹、寿眉),还可饮武夷岩茶、黑茶、红茶、再加工茶(柑普茶、茉莉花茶);选用茶点心,应该讲究对应惊蛰节气养生,留意民俗文化。

惊蛰节气总的饮食原则是清淡甘辛,少吃酸,宜升补。选用茶点心宜清淡香甜,不腻。可选用:

盘龙糕,惊蛰节气的时令茶点。相传经过冬眠的龙,在惊蛰那天也被隆隆的春雷惊醒,便抬头而起,因此惊蛰节气前后也正值"二月二,龙抬头"之日。盘龙糕,选用桂花山药入馅,饼面雕刻成一条盘龙,祈龙赐福。

桃花酥,食材有中筋面粉、猪油、低筋面粉、红曲粉、猪油、红豆沙、蛋液。

紫薯奶酪萌慕斯,食材有奶油奶酪、紫薯泥、牛奶、淡奶油、砂糖、吉利丁片、消化饼干、黄油。

香梨慕斯,食材有蛋黄、牛奶、糖、梨子、吉利丁片、淡奶油。

适宜惊蛰节气的茶点心形形色色,选用时,还应留意民俗文化,如花朝节吃团圆福饼、盘龙糕习俗,还有吃梨等;茶点心造型少不了:桃花(红)、李花白、春花盛开、五朵花形(牡丹、芍药、莲花、紫茉莉、木芙蓉),有表达"四季团圆、五福富贵"的花形或花纹,还有春鸟(黄鹂)形及虫条形。

盘龙糕

桃花酥

紫薯奶酪萌慕斯

香梨慕斯

TUESDAY. MAR 7, 2023

2023年3月7日

农历癸卯年·二月十六

3月7日

星期二

🐰 **今日生命叙事**

早起___点，午休___点，晚安___点，体温___，体重___，走步___

今日喝茶：绿□　白□　黄□　青□　红□　黑□　花茶□

正能量的我

中国茶历

0307

茶画之最·最早有仕女奉茶内容的画

最早有仕女奉茶内容的画,是唐代周昉《调琴啜茗图》(又名《听琴图》)。

《调琴啜茗图》以工笔重彩描绘园林中贵妇品茗听琴的优雅情调。画面上桃花灼灼,春天的大自然里,唐代女子们听琴品茗雅集,生动活现。画中描绘了以三位贵族妇女为主角的五位女性。一位贵妇坐在桃树旁的磐石上操琴;她的右侧立着一位奉完茶的侍女,手还奉托着漆盘;另一位贵妇坐在圆凳上,面向着弹琴女,一边啜茗,一边沉浸在那琴乐雅音中;第三位贵妇坐在高凳上,欲言又止,自在回想茶和乐的韵味;她的左侧站立的侍女,为这贵妇捧着茶碗,注视着主人。

画中人物,曲眉润肌、雅艳明丽,体态丰腴华贵,反映了唐代的审美观;画中,人物神念娴静端庄,有坐有立,人物景致疏密得体,富有变化和交融,轻松舒展出唐代贵族妇女悠闲自得的生活情景。画家把品茶与听琴这不同的雅生活内容集于同一画面,生动表明了茶饮在当时的文化娱乐生活中,已经有相当重要的位置。

周昉(约745—804年),又名景玄,字仲朗,唐代著名画家,善画仕女、肖像和佛像。

唐代周昉《调琴啜茗图》《听琴图》(台北故宫博物院收藏)

WEDNESDAY. MAR 8，2023
2023年3月8日
农历癸卯年·二月十七

3月8日

星期三

🐰 **今日生命叙事**

早起____点，午休____点，晚安____点，体温____，体重____，走步____

今日喝茶：绿☐　白☐　黄☐　青☐　红☐　黑☐　花茶☐

正能量的我

中国茶历　　　　　　　　　　　　　　　　　中国茶历
0308

茶画之最·最早有煮茶内容的画

《萧翼赚兰亭图》

中国茶画的出现大约在盛唐时期。陆羽作《茶经》最后一章就叫"十之图",但从内容看,还是表现烹制过程,以便使人对茶有更多的了解。但这些图画没有传世至今。

唐阎立本《萧翼赚兰亭图》,是最早有煮茶内容的茶画。原本已佚,现存三本宋代摹本,其中北宋摹本藏于辽宁省博物馆,南宋摹本藏于台北故宫博物院,还有一本宋代摹本藏于北京故宫博物院。

图画的场景,右侧两僧一儒,一边在谈佛论经,一边在等待香茶奉上。老僧面目清癯,手持拂尘,坐于禅榻藤椅上前倾其身,正侃侃而谈。萧翼恭恭敬敬袖手躬身坐于长方凳上,正凝神倾听。一侍僧立于两者间,神态惟妙惟肖。画面左下角一老一少两个侍者正在煮茶调茗,老者手执茶夹正搅动茶釜中刚刚放入的茶末,精心调致,一旁童子正弯腰捧碗以待。此画人物形象生动,场景布局精致,笔墨高古,充满浓重的寺院氛围。这是极为典型的唐代寺院茶事礼仪图,是唐人茶事的传神写照。

THURSDAY. MAR 9, 2023
2023年3月9日
农历癸卯年·二月十八

3月9日 星期四

🐰 **今日生命叙事**

早起＿＿点，午休＿＿点，晚安＿＿点，体温＿＿，体重＿＿，走步＿＿

今日喝茶：绿☐　白☐　黄☐　青☐　红☐　黑☐　花茶☐

正能量的我

中国茶历
0309

古代雅集·玉山雅集

元末,在东南吴中地区(今苏州一带)具有极大影响的文人雅集活动,是在昆山的顾瑛玉山草堂,在元末持续十多年,参与人数上百。据堂主顾瑛《玉山草堂名胜集》记载,凡大小雅集50多次,首次玉山雅集时间是在"至正戊子二月一十九日之会为诸集冠"。以其才子佳茗、诗酒风流的宴集唱和,被清代永瑢、纪昀主编的《四库全书总目提要》赞为"文采风流,照映一世"。

清代钱谦益《列朝诗集小传》中"玉山草堂留别寄赠诸诗人"包括柯九思、黄公望、倪瓒、杨维桢、熊梦祥、顾瑛、袁华、王蒙等37人,《草堂雅集》中所收的唱咏诗人有80位,这些诗人不单会写诗赋曲,还兼琴棋书画花香茶诸艺,绘画元四家中的黄、倪、王三家先后都出入过玉山草堂,元末江南文人画家中的重要代表如张渥、王冕、赵元,都留下过诗书画合璧的佳作。据统计,元至正年间的诗作,有1/10竟是写于小小草堂"玉山佳处"。玉山之会与金谷、兰亭、西园雅集的区别是后者几乎都是官僚与贵族士大夫的雅集,而玉山之会是真正的文人之会,尤其是玉山主人顾瑛无论是读书习儒和广结朋友,都纯粹是出于兴趣爱好和精神生活的需要,无任何功利目的,既不打算应举出仕,也没有走终南捷径的念头,是一种以文学至上、艺术至上的人生态度。

FRIDAY. MAR 10, 2023

2023年3月10日

农历癸卯年·二月十九

3月10日

星期五

🐰 **今日生命叙事**

早起＿＿点，午休＿＿点，晚安＿＿点，体温＿＿，体重＿＿，走步＿＿

今日喝茶：绿☐　白☐　黄☐　青☐　红☐　黑☐　花茶☐

正能量的我

中國茶曆

中国茶历

0310

古代雅集·惠山茶会

明代文徵明《惠山茶会图》（北京故宫博物院收藏）

明正德十三年（1518年）二月十九，文徵明同书画好友蔡羽、汤珍、王守、王宠等游览无锡惠山，汇集惠山山麓"竹炉山房"，在"天下第二泉"亭下，"注泉于王氏鼎，三沸而三啜之"，饮茶赋诗。对这次茶会的记叙，文徵明作有《惠山茶会图》，画前引首处有蔡羽书的"惠山茶会序"，后纸有蔡明、汤珍、王宠各书记游诗。诗画相应，抒性达意。惠山茶会的时间，在蔡羽书的"惠山茶会序"有"戊子为二月十九清明日"字样。

茶会在一片高大的松树林间举行。青山绿水，草亭泉井，苍松翠柏，枝叶浓密，文徵明同书画好友蔡羽、汤珍、王守、王宠四位文士，游玩在其间，或围井而坐，展卷论泉；或散步林间，赏景交谈；或观看童子煮茶，吟哦起兴。草地上置有两方茶事用的桌几，桌上摆着多种精致的茶事用具，包括有插花用的花瓶；桌边有一方形的风炉正在烧泡茶的泉水。两位侍童忙着烹茶和布置茶具。刚来到的一位文士拱手而立，向草亭中两文士致意。草亭中有一口井，井旁有两个文士倚靠井栏而坐，凝神思索，闲谈论诗。草亭后一条小径通向密林深处，也有两位文士一路交谈，漫步而来。前面有一书童沿石阶而下，前行引路。

闲适淡泊，幽静从容，这是一次文人的露天茶会。

SATURDAY. MAR 11, 2023

2023年3月11日

农历癸卯年·二月二十

3月11日

星期六

 今日生命叙事

早起___点，午休___点，晚安___点，体温___，体重___，走步___

今日喝茶：绿□　白□　黄□　青□　红□　黑□　花茶□

正能量的我

中国茶历

0311

节日和茶·植树节

树木，代表着生命与希望，《礼记》有言："孟春之月，盛德在木"，意在春天种下希望。孟子云："五亩之宅，树之以桑，五十者可以衣帛矣。"故在古代就倡导植树。

植树节是国家用法律规定的以宣传保护森林，并动员群众参加植树造林的节日。1979年2月23日，第五届全国人民代表大会常务委员会第六次会议决定每年3月12日为中国的植树节，以鼓励全国各族人民植树造林，绿化祖国，改善环境，造福子孙后代。

陆羽在《茶经》里的"茶之源"中写道："茶者，南方之嘉木也。"一棵棵茶树，凝集着劳动者的辛劳和智慧，也正是这一棵棵的茶树，才孕育出我们杯中的片片茶叶。

今年的植树节在农历二月廿一，茶谚语有"正月栽茶用手捺，二月栽茶用脚踏，三月栽茶用锄夯也夯不活"。农历二月廿一，正处种植茶树的最佳时期，要注重种植和保护优质茶树。

种植茶树

SUNDAY. MAR 12, 2023

2023 年 3 月 12 日

农历癸卯年·二月廿一

3月12日

星期日

 今日生命叙事

早起＿＿点，午休＿＿点，晚安＿＿点，体温＿＿，体重＿＿，走步＿＿

今日喝茶：绿□　白□　黄□　青□　红□　黑□　花茶□

正能量的我

中國茶曆　　　　　　　　　　　　　　　　　　中国茶历

0312

茶谚语·高山云雾出好茶

茶树具有喜温、喜湿、耐阴的生活习性,需要充足的水分,靠的主要是雨水。茶树生长在高山,雨水充足,光合作用形成的糖类化合物缩合困难,纤维素不易形成,使得茶树上的叶片能在较长时期内保持鲜嫩而不粗老。所以,高山茶新梢肥壮,色泽翠绿,茸毛多,节间长,鲜嫩度好。由此加工而成的茶叶,往往具有特殊的香味,而且香气高,滋味浓,耐冲泡,条索肥硕、紧结,白毫显露。

茶树生长在高山,常常雾锁闭日,由于光线受到雾珠的影响,使得红橙黄绿蓝靛紫七种可见光中的红黄光得到加强,从而使茶树芽叶中的氨基酸、叶绿素和水分含量明显增加;加上茶树接受光照时间短、强度低、漫射光多,有利于茶叶中含氮化合物,诸如叶绿素含量增加。

高山的气温能改善茶叶的内质。海拔每升高100米,气温大约降低0.6℃,而温度决定着茶树中酶的活性。茶树新梢中茶多酚、儿茶素的含量,会随着海拔的升高使气温相应降低而减少,从而使茶叶的浓涩味减轻;而茶叶中氨基酸和芳香物质的含量,却会随着海拔升高使气温相应降低而增加,这就为茶叶滋味的鲜爽甘醇提供了物质基础。

茶山云雾

MONDAY. MAR 13, 2023

2023年3月13日

农历癸卯年·二月廿二

3月13日

星期一

🐰 **今日生命叙事**

早起____点，午休____点，晚安____点，体温____，体重____，走步____

今日喝茶：绿□　白□　黄□　青□　红□　黑□　花茶□

正能量的我

中國茶曆　　　　　　　　　　　　　　　　　　中国茶历

0313

茶谚语·嫩叶老杀,老叶嫩杀

"嫩叶老杀,老叶嫩杀"是"炒青法"茶叶制作过程"杀青"环节的茶谚语。

杀青,是绿茶、黄茶、黑茶、乌龙茶、普洱茶、红茶(部分)的初制工序之一。主要目的是通过高温破坏和钝化鲜叶中的氧化酶活性,抑制鲜叶中的茶多酚等酶促氧化,蒸发鲜叶的部分水分,防止叶子变红,使茶叶变软,便于揉捻,同时散发青臭味,促进良好香气的形成。

"嫩叶老杀,老叶嫩杀"是制茶"杀青"的要领,因为嫩叶中的水分含量相对较多,老叶中的内质积累丰富,所以杀青时"嫩叶老杀"能充分蒸干水分,"老叶嫩杀"能保证茶味鲜爽,不会因杀青太老导致茶味变苦。嫩叶含水率高、酶活性强、纤维素含量低,要领是"老杀"。"老杀"杀青的时间长些、脱水程度重些,"杀"青叶使含水量控制低些,利于保持叶色和做形。老叶含水率低,杀青的要领应与"老杀"相反,称为"老叶嫩杀",以利于成条和减少碎末茶。

制茶工序

TUESDAY. MAR 14, 2023

2023 年 3 月 14 日

农历癸卯年·二月廿三

3月14日

星期二

🐰 **今日生命叙事**

早起___点，午休___点，晚安___点，体温___，体重___，走步___

今日喝茶：绿☐　白☐　黄☐　青☐　红☐　黑☐　花茶☐

正能量的我

中國茶曆　　　　　　　　　　　　　　　　中国茶历

0314

茶旅·养生古镇喝第一早春茶旅

古镇映像

过水必有桥,有桥必有亭,有亭必有联,有联必有匾,这构成了一道独特的古镇风景线。

这条线路位于广西壮族自治区贺州市昭平县。昭平县黄姚古镇发祥于宋朝开宝年间,距今1000多年的历史,这千年古镇是中国历史文化名镇、中国最美十大古镇、中国最具旅游价值古城镇。"峰丛古镇梦境黄姚",昭平春茶被誉为"中国大陆早春第一茶"。

早春茶旅线路:昭平县—南山茶海—故乡茶博园—东潭岭—黄姚古镇。具体安排如下:

上午:抵达南山茶海(4A级景区),游南山茶海、赏万亩茶园、品中国大陆第一早春茶(南山茶海6D玻璃天桥,体验高空观赏万亩茶园美景),再到故乡茶博园(3A级景区),体验采茶、制茶,观光及品尝茶宴。

下午:到达东潭岭品茶,欣赏高山茶景,鸟瞰整个黄姚古镇喀斯特地貌美景,再到黄姚古镇(4A级景区)。其中特色的建筑:古戏台、龙爪榕、宝珠观、鲤鱼街、八仙睡榕、岭南第一石板街等。晚上在黄姚就餐后返程。

WEDNESDAY. MAR 15, 2023
2023年3月15日
农历癸卯年·二月廿四

🐰 今日生命叙事

早起____点，午休____点，晚安____点，体温____，体重____，走步____

今日喝茶：绿□　白□　黄□　青□　红□　黑□　花茶□

正能量的我

3月15日

星期三

中国茶历
0315

节气茶·明前茶

明前茶,是源于古代中国长江流域的江南茶区,是按照节气对清明节气前采制春茶的称呼。

春茶,也称"头茶",泛指春季和立夏、小满节气里采制的茶叶,用春季和立夏、小满节气里采制的茶叶沏泡的茶(水、汤)。春茶一般由越冬后茶树第一次萌发的芽叶采制而成的茶叶(约3月中下旬萌芽),按节气分,春分、清明、谷雨、立夏、小满采制的茶为春茶;按时间分,3月中旬(华南茶区为2月或3月)至5月下旬采制的茶为春茶。而在4月上旬及之前采制的茶属于"早春茶"。

明前茶,是指清明节前采制的茶叶。清明节前采制的茶叶,由于受到虫害的侵扰少,芽叶细嫩,色翠香幽,味醇形美,是茶中佳品。同时,由于清明节前气温普遍较低,发芽数量有限,生长速度较慢,能达到采摘标准的茶叶产量很少,所以在江南茶区又有"明前茶,贵如金"之说。古老中国的农业生产依循节气指导农事。茶叶生产也是一样,早发品种的茶树往往在"惊蛰"和"春分"时开始萌芽,清明前就可采茶。

中国古代的贡茶是"求早为珍",唐代皇宫"清明宴"上所用的紫笋贡茶,是春分时节采制的,是明前茶中的社前茶。社前,是指春社前,大约是清明节气前半个月,这种春分时节采制的茶叶,更加细嫩和珍贵。

明前茶树

THURSDAY. MAR 16, 2023

2023年3月16日

农历癸卯年·二月廿五

3月16日

星期四

🐰 **今日生命叙事**

早起___点，午休___点，晚安___点，体温___，体重___，走步___

今日喝茶：绿□　白□　黄□　青□　红□　黑□　花茶□

正能量的我

古代雅集·境会亭茶会

唐代"啄木岭"上的"境会亭",是为皇帝递送"急程茶"的驿站,贡茶的始发站。唐代"啄木岭"属宜兴,宜兴是常州府(包括毗陵郡、晋陵郡)的辖县。唐代,从唐肃宗始,每年早春,当春茶开摘、焙造之时,常州、湖州刺史都要坐镇"境会亭",举行新茶开采仪式,以保义兴(现宜兴)、长兴贡茶开采和生产;广邀重点茶农、茶人和达官雅士共同品尝,共同选定优质贡茶标准,协商运呈贡茶应急宫廷"清明宴"的相关事宜,形成一年一次的境会亭茶会。

在颜真卿的积极帮助和推动下,唐代宗大历五年(770年),中国历史上第一座规模宏大的官焙贡茶院——顾渚山贡茶院诞生。

唐代白居易《夜闻贾常州崔湖州茶山境会亭欢宴因寄此诗》中,生动描述了当时茶宴上官民同乐的盛景"遥闻境会茶山夜,珠翠歌钟俱绕身。盘下中分两州界,灯前合作一家春。青娥递舞应争妙,紫笋齐尝各斗新"。虽然境会亭是以品鉴新季春茶为主,但是宾朋满座,歌舞相伴,热闹非凡,非一般文人聚会可比。

南宋常州地方志《咸淳毗陵志》有云:"啄木岭,在县(宜兴)东南七十里,唐湖常二守贡茶相会之地。"如今,唐代境会亭遗存的古石墩还在,它们用残缺的身躯仿佛还在诉说着1200多年前境会亭雅集的往事片段。

FRIDAY. MAR 17, 2023
2023 年 3 月 17 日

农历癸卯年·二月廿六

3月17日

星期五

🐰 **今日生命叙事**

早起___点，午休___点，晚安___点，体温___，体重___，走步___

今日喝茶：绿☐ 白☐ 黄☐ 青☐ 红☐ 黑☐ 花茶☐

正能量的我

中国茶历

0317

经典名茶·阳羡雪芽

阳羡雪芽,绿茶类,产于江苏省宜兴市南部阳羡,创制于1984年。阳羡雪芽的茶名,由苏轼"雪芽我为求阳羡"诗句得来。

茶叶于谷雨前后采摘。选用无性系福鼎大白茶、大毫品种茶树鲜叶为原料,选用鲜叶标准是1芽1叶初展、半展,长约2.0~3.0厘米,要求进行严格拣剔,剔除单叶、鱼叶、紫芽、霜冻芽、伤芽和虫芽等,保证芽叶完整。鲜叶摊凉3~6小时即可付制。

阳羡雪芽

制茶工序是摊青、杀青、揉捻、整形干燥和割末贮藏等。

成品阳羡雪芽茶叶的外形是条索纤细挺秀,银毫披覆,汤色润绿明亮,香气清鲜,滋味醇厚,回味甘甜,叶底嫩匀完整。

冲泡阳羡雪芽时,可每人用一只容量126毫升的盖碗作为泡具和饮具,茶水比为1∶50,投茶量2克,水100克(毫升),泡茶水温宜水烧开后降温至85℃。主要冲泡步骤:温茶碗内凹,投入茶叶后,采用"环圈法"注水,水量达到茶碗八分后,再合上茶盖。当茶碗中茶汤的水温降至适口时,趁温热品饮。如觉茶汤淡,可用茶盖拨动茶叶使其翻滚后再品饮。

SATURDAY. MAR 18, 2023

2023 年 3 月 18 日

农历癸卯年·二月廿七

3月18日

星期六

🐰 **今日生命叙事**

早起____点，午休____点，晚安____点，体温____，体重____，走步____

今日喝茶：绿□　白□　黄□　青□　红□　黑□　花茶□

正能量的我

经典名茶·碧螺春

特级碧螺春

一级碧螺春

碧螺春,绿茶类,产于江苏省苏州市太湖洞庭山,创制于明末清初,为历史名茶。

春分开始采摘鲜叶至谷雨结束,采摘标准是1芽1叶初展。对采摘下来的芽叶要进行严格拣剔,除去鱼叶、老叶和过长的茎梗。

制茶工序杀青、炒揉、搓团、焙干,在同一锅内一气呵成。炒制特点是炒揉并举,关键在提毫,即搓团焙干工序。

成品碧螺春茶叶的外形是条索纤细紧结,卷曲成螺,白毫显露,色泽银绿碧翠相间;冲泡后白云翻滚,雪花飞舞,汤绿水澈,香气清高持久,茶香中带有果香味醇,回味无穷,叶底细匀嫩。

陆羽《茶经》茶叶产地有"苏州长洲县生洞庭山"。相传,洞庭东山的碧螺峰,石壁长出几株野茶。有一年,茶树长得特别茂盛,勤劳的农家少妇争相采摘,竹筐装不下,只好放在怀中,鲜叶受到怀中热气熏蒸,奇异香气忽发,茶人惊呼"吓煞人香",此茶由此得名。有一次,清朝康熙皇帝游览太湖,巡抚宋公进"吓煞人香"茶,康熙品尝后觉香味俱佳,但觉名称不雅,遂赐名为"碧螺春"。

冲泡碧螺春时,可每人用一只容量126毫升的盖碗作为泡具和饮具,茶水比为1:50,投茶量2克,水100克(毫升),泡茶水温宜水烧开后降温至80℃。主要冲泡步骤:温茶碗内凹,投入茶叶后,采用"环圈法"注水,水量达到茶碗八分后,再合上茶盖。当茶碗中茶汤的水温降至适口时,趁温热品饮。如觉茶汤淡,可用茶盖拨动茶叶使其翻滚后再品饮。苏州有句民谚"冷水泡茶慢慢浓"。

SUNDAY. MAR 19, 2023

2023 年 3 月 19 日

农历癸卯年·二月廿八

3月19日

星期日

🐰 **今日生命叙事**

早起____点，午休____点，晚安____点，体温____，体重____，走步____

今日喝茶：绿☐　白☐　黄☐　青☐　红☐　黑☐　花茶☐

正能量的我

中国茶历

0319

经典名茶·蒙顶甘露

蒙顶甘露

蒙顶甘露,绿茶类,卷曲型绿茶的代表,产于四川省雅安市邛崃山脉之中的蒙山。相传西汉吴理真在蒙山首开种茶,"灵茗之种,植于五峰之中,高不盈尺,不生不灭,迥异寻常",当时被人们称为"仙茶"。五代毛文锡《茶谱》记载:"蒙山有五峰,环状如指掌曰上清,曰玉女,曰井泉,曰菱角,曰甘露,仙茶植于中心蟠根石上,每岁采仙茶七株为正贡。"蒙顶茶作为贡茶,一直延续到清朝,达千年之久,是历史名茶。

蒙顶甘露春分时节采摘,采摘标准要求是单芽或1芽1叶初展。

制法工艺沿用明朝"三炒三揉"的制法。鲜叶采回后,经过摊放、杀青,杀青后需经过三次揉捻和三次炒青,再经过初烘、匀小堆和复烘达到足干,匀拼大堆后,入库收藏。由于在加工过程中加入了揉捻工艺,与普通的绿茶相比,滋味更加鲜嫩醇爽。

蒙顶名茶种类繁多,有甘露、上清、菱角、蒙顶黄芽、石花、玉叶长春、万春银针等,其中蒙顶甘露品质最佳。其品质特征是:外形美观,叶整芽全,紧卷多毫,嫩绿色润,内质香高而爽,味醇而甘,汤色黄中透绿,透明清亮,叶底匀整,嫩绿鲜亮。

冲泡蒙顶甘露时,可每人用一只容量126毫升的盖碗作为泡具和饮具,茶水比为1:50,投茶量2克,水100克(毫升),泡茶水温宜水烧开后降温至80~85℃。主要冲泡步骤:温茶碗内凹,投入茶叶后,采用"环圈法"注水,水量达到茶碗八分后,再合上茶盖。当茶碗中茶汤的水温降至适口时,趁温热品饮。如觉茶汤淡,可用茶盖拨动茶叶使其翻滚后再品饮。

MONDAY. MAR 20, 2023

2023 年 3 月 20 日

农历癸卯年·二月廿九

3月20日

星期一

🐰 **今日生命叙事**

早起＿＿点，午休＿＿点，晚安＿＿点，体温＿＿，体重＿＿，走步＿＿

今日喝茶：绿□　　白□　　黄□　　青□　　红□　　黑□　　花茶□

正能量的我

中國茶曆

中国茶历

0320

节气和茶·春分

春社日祭谢百花,太阳糕快春菜奢。
新燕戏扰竖蛋娃,响雷喊来嘉木丫。
狮峰山边夕阳斜,虎跑泉畔晚霞华。
春风十里添夜火,家家有客竞试茶。

今日春分(农历癸卯年二月三十卯时,公历2023年3月21日5时24分)。

春分是农历二十四节气中的第4个节气。春分,天文类节气,表示昼夜平分。分,平分的意思。

春分物候:初候元鸟至,花信风海棠;二候雷乃发声,花信风梨花;三候始电,花信风木兰。

此时节,阳光明媚,春意融融,雨霁风光,万物竞生,"春色惹人醉""茶芽万种情"。我国四大茶区的茶树已经从惊蛰节气里的萌芽,进入了春分节气的抽芽。这时茶树春梢芽叶肥壮,嫩度好,持嫩性强,色泽翠绿,叶质柔软,富有光泽,幼嫩芽叶茸毛多。正常达标采摘制作的茶,是属"明前茶"中的"社前"茶。社前,是指春社前,古代在立春后的第五个戊日祭祀土神,称之为社日。社日一般在"立春"后的41~50天,大约在春分时节,也就是比清明早半个月。

春分节气里,喝什么茶?自春分之日起,阳气将逐渐生发胜过阴气,应当遵循少阳初生之气的规律,在春分时节更要注意养阳气,补肝益肾,润燥祛火(南方若是湿冷则要注意祛湿保暖)。适宜多饮再加工茶(茉莉花茶)、黑茶(包括普洱熟茶、金尖、六堡茶、砖茶,均5年以上)、白茶(白牡丹、寿眉,均3年以上)、红茶。在南方湿冷地区生活工作的人,不宜喝新上绿茶。

春分·白玉兰

TUESDAY. MAR 21, 2023

2023 年 3 月 21 日

农历癸卯年 · 二月三十

3月21日

星期二

春分

🐰 **今日生命叙事**

早起____点，午休____点，晚安____点，体温____，体重____，走步____

今日喝茶：绿□　白□　黄□　青□　红□　黑□　花茶□

正能量的我

中国茶坊

0321

节气茶点·春分

"春分"节气里喝茶,讲究节气养生,宜多饮茉莉花茶、黑茶、白茶、红茶。选用茶点心,应该讲究对应春分节气养生,留意民俗文化。

春分节气总的饮食原则是禁忌大热大寒,宜升补。选用茶点心宜省酸增甘。可选用:

太阳糕,太阳糕既是春分祭日的贡品,也是春分节气的时令茶点。太阳糕,谐音"太阳高",以糯米制皮,内包枣泥馅,馅中还加入了白瓜仁及秘制桂花,有五谷丰登、阳光普照的寓意。

太阳糕

驴打滚,老北京有习俗,春分吃驴打滚,能辟邪祈福。驴打滚又叫豆面糕,豆面糕毫无疑问,以黄豆面为主要原料,辅以红豆沙、白糖、香油、桂花、青红丝和瓜仁作为内馅。

适宜春分节气的茶点心有形形色色,选用时,应留意民俗文化,如春社,竖蛋,祭花神;点心造型少不了:花形、花纹、春燕形、柳树(条)形、蛋形、卷圆圈圈形,还有的为双色(分为白昼)。

驴打滚

WEDNESDAY. MAR 22, 2023

2023 年 3 月 22 日

农历癸卯年·闰二月初一

3月22日

星期三

🐰 **今日生命叙事**

早起____点，午休____点，晚安____点，体温____，体重____，走步____

今日喝茶：绿☐　白☐　黄☐　青☐　红☐　黑☐　花茶☐

正能量的我

中国茶历

中国茶历
0322

经典名茶·西湖龙井

西湖龙井,绿茶类,产于浙江省杭州市西湖西南的秀山峻岭之间,一级产区包括传统的"狮(峰)、龙(井)、云(栖)、虎(跑)、梅(家坞)"五大核心产区,二级产区是除了五大核心产区外西湖区所产的西湖龙井。"狮"字号为龙井狮峰一带所产,"龙"字号为龙井、翁家山一带所产,"云"字号为云栖、五云山一带所产,"虎"字号为虎跑一带所产,"梅"字号为梅家坞一带所产。唐代陆羽《茶经》中,就有杭州天竺、灵隐二寺产茶的记载,为历史名茶。

茶叶于3月中下旬开始采摘。采用龙井群体种、龙井43和龙井长叶茶树品种鲜叶为原料,选用鲜叶标准是:特级采1芽1叶初展,一级采1芽1叶至1芽2叶初展(量10%内),二级采1芽1叶至1芽2叶(量30%内),三级采1芽2叶至1芽3叶初展(量30%内),四级采1芽2叶至1芽3叶(量50%内)。西湖龙井在特制的龙井锅中炒制。西湖龙井茶叶以其"色翠、香郁、味醇、形美"四大特点驰名中外。

西湖龙井

冲泡西湖龙井时,可每人用一只容量126毫升的盖碗作为泡具和饮具,茶水比为1:50,投茶量2克,水100克(毫升),泡茶水温宜水烧开后降温至85～90℃。主要冲泡步骤:温茶碗内凹,投入茶叶后,采用"螺旋形法"注水,水量达到茶碗八分后,再合上茶盖。当茶碗中茶汤的水温降至适口时,趁温热品饮。如觉茶汤淡,可用茶盖拨动茶叶使其翻滚后再品饮。

THURSDAY. MAR 23, 2023
2023 年 3 月 23 日
农历癸卯年·闰二月初二

3月23日

星期四

🐰 **今日生命叙事**

早起____点，午休____点，晚安____点，体温____，体重____，走步____

今日喝茶：绿☐　白☐　黄☐　青☐　红☐　黑☐　花茶☐

正能量的我

中国茶历

茶典故·乾隆的《观采茶作歌》

清代乾隆皇帝六次南巡到杭州，曾四次到过西湖茶区。他在西湖狮峰山下胡公庙前饮龙井茶时，赞赏茶叶香清味醇，遂封庙前18棵茶树为"御茶"，并派专人看管，年年岁岁采制茶进贡。乾隆皇帝不仅关心"御茶"，也关心体察茶农。

乾隆十六年，他第一次南巡到杭州，在天竺寺看了茶叶采制的过程，颇有感受，写了《观采茶作歌》："火前嫩，火后老，唯有骑火品最好。西湖龙井旧擅名，适来试一观其道。村男接踵下层椒，倾筐雀舌还鹰爪。地炉文火续续添，干釜柔风旋旋炒。慢炒细焙有次第，辛苦工夫殊不少。王肃酪奴惜不知，陆羽茶经太精讨。我虽贡茗未求佳，防微犹恐开奇巧。防微犹恐开奇巧，采茶揭览民艰晓。"

诗中描述了茶农采摘、炒制龙井茶的经过，通过对茶农的"辛苦工夫"的切身认知，体恤民情，表达其已享有贡茶，反对地方官再"开奇巧"采制茶，劳民伤财。

这诗中的"火"就是指"寒食"禁火的火，但又是借这"火"指清明节，"骑火"就是清明茶。

遂封庙前18棵茶树

FRIDAY. MAR 24,2023

2023 年 3 月 24 日

农历癸卯年·闰二月初三

3月24日

星期五

🐰 **今日生命叙事**

早起___点，午休___点，晚安___点，体温___，体重___，走步___

今日喝茶：绿☐　白☐　黄☐　青☐　红☐　黑☐　花茶☐

正能量的我

中国茶历

0324

经典名茶·古丈毛尖

古丈毛尖,绿茶类,产于湖南省湘西土家族苗族自治州古丈县,故名"古丈毛尖"。据《桐君录》记载,古丈栽种茶叶始于西汉,古丈在东汉时就成为著名的产茶地之一。唐代杜佑《通典》记载:"溪州(今古丈县罗依镇会溪坪)等地均有茶芽入贡。"

古丈毛尖的鲜茶叶原料的采摘在清明前后15天以内完成,专采1芽1叶,芽叶要鲜嫩、匀称、洁净。

制茶工序是杀青、清风、初揉、炒二青、复揉、炒三青、做条、提毫收锅8道工序。

古丈毛尖成品茶叶条索紧结,锋苗挺秀,色泽翠润,白毫显露,嫩香高悦、香气持久,汤色清澈,滋味醇爽,叶底嫩绿。

品饮古丈毛尖时,可每人用一只容量126毫升的盖碗作为泡具和饮具,茶水比为1∶50,投茶量2克,水100克(毫升),泡茶水温宜水烧开后降温至85℃。主要冲泡步骤:温茶碗内凹,投入茶叶后,采用"环圈法"注水,水量达到茶碗八分后,再合上茶盖。当茶碗中茶汤的水温降至适口时,趁温热品饮。如觉茶汤淡,可用茶盖拨动茶叶使其翻滚后再品饮。

古丈茶园

古丈毛尖

SATURDAY. MAR 25, 2023

2023 年 3 月 25 日

农历癸卯年·闰二月初四

3月25日

星期六

🐰 **今日生命叙事**

早起___点，午休___点，晚安___点，体温___，体重___，走步___

今日喝茶：绿☐　白☐　黄☐　青☐　红☐　黑☐　花茶☐

正能量的我

中國茶曆　　　　　　　　　　　　　　　　　　　中国茶历

0325

茶范·现代茶范林语堂

林语堂（1895—1976年），中国现代著名作家、学者、翻译家、语言学家。他曾在清华大学、北京大学、厦门大学任教，后赴新加坡筹建南洋大学任校长；曾任联合国教科文组织美术与文学主任；先后两度获得诺贝尔文学奖提名。

林语堂夫妻茶叙

林语堂写《苏东坡传》，在苏轼身上完成了自身某些特质的投射：诗人、乐天派、作家、工程师，是政治上的坚持己见者、生性诙谐的人。

林语堂身体力行，双语齐发，通过多种题材的文字，试图促进东西方文化的交流，他身处两种文化环境中，向世界说"捧着一把茶壶，中国人把人生煎熬到最本质的精髓""只要有一壶茶，中国人到哪里都是快乐的"。林语堂还具有：人望、才情高和传播力强的特点，自然成了那个时代中国茶向世界传播的"大使"。

林语堂直面人生，并不缀以惨淡的笔墨；讲改造国民性，但并不攻击任何对象，而以观者的姿态把世间纷繁视为一出戏，书写其滑稽可笑处；品茶，进而追求一种心灵的启悟，以冲淡心境。他称得上是现代茶范，他的茶魂带着现代的气象和自身的本性——诙谐。

SUNDAY. MAR 26, 2023

2023年3月26日

农历癸卯年·闰二月初五

3月26日 星期日

🐰 **今日生命叙事**

早起____点，午休____点，晚安____点，体温____，体重____，走步____

今日喝茶：绿☐　白☐　黄☐　青☐　红☐　黑☐　花茶☐

正能量的我

中国茶历

0326

经典名茶·五峰毛尖

五峰毛尖,绿茶类,也称采花毛尖,产于湖北省五峰土家族自治县,创制于1991年。陆羽《茶经》记载:"峡州山南出好茶",即今五峰土家族自治县地域。

五峰毛尖茶原料为福鼎大白茶及本地良种,一般在清明前10天开始采摘。选用鲜叶标准:极品鲜叶原料为长2.5厘米单芽,单芽无露水、无紫色、无空心、无冻伤、无虫害的;特级鲜叶原料为1芽1叶初展;一级鲜叶原料为1芽1叶;二级鲜叶原料为1芽2叶初展。

制茶工序是鲜叶在竹席上摊放6~8小时后,杀青、摊凉、揉捻、毛火、摊凉、整形、摊凉、足干、提香。

成品五峰毛尖茶叶的外形是紧、细、秀,毫显不露,色泽深绿油润;内质嫩香持久,滋味清新鲜爽回甘;汤色嫩绿清澈明亮;叶底嫩绿,匀齐。

冲泡五峰毛尖时,可每人用一只容量126毫升的盖碗作为泡具和饮具,茶水比为1∶50,投茶量2克,水100克(毫升),泡茶水温宜水烧开后降温至85℃。主要冲泡步骤:温茶碗内凹,投入茶叶后,采用"螺旋形法"注水,水量达到茶碗八分后,再合上茶盖。当茶碗中茶汤的水温降至适口时,趁温热品饮。如觉茶汤淡,可用茶盖拨动茶叶使其翻滚后再品饮。

五峰毛尖

MONDAY. MAR 27, 2023

2023 年 3 月 27 日

农历癸卯年·闰二月初六

3月27日 星期一

🐰 **今日生命叙事**

早起___点，午休___点，晚安___点，体温___，体重___，走步___

今日喝茶：绿□　白□　黄□　青□　红□　黑□　花茶□

正能量的我

0327

经典名茶·紫阳毛尖

紫阳毛尖,绿茶类,产于陕西省紫阳县,始创于清代,为历史名茶。

茶叶于清明前10天开始采摘至谷雨前结束。选用鲜叶标准是1芽1叶,鲜叶采自紫阳种和紫阳大叶泡茶,芽肥壮,茸毛多。

制茶工序是杀青、初揉、炒坯、复揉、初烘、理条、复烘、提毫、足干、焙香。

成品紫阳毛尖茶叶的外形是条索圆紧壮结、略曲,较匀整,色泽翠绿,毫显;内质香气嫩香持久,汤色嫩绿清亮,滋味鲜爽回甘;叶底肥嫩较完整,嫩绿明亮。

冲泡紫阳毛尖时,可每人用一只容量126毫升的盖碗作为泡具和饮具,茶水比为1∶50,投茶量2克,水100克(毫升),泡茶水温宜水烧开后降温至85℃。主要冲泡步骤:温茶碗内凹,投入茶叶后,采用"环圈法"注水,水量达到茶碗八分后,再合上茶盖。当茶碗中茶汤的水温降至适口时,趁温热品饮。如觉茶汤淡,可用茶盖拨动茶叶使其翻滚后再品饮。

紫阳毛尖

紫阳茶树

TUESDAY. MAR 28, 2023
2023 年 3 月 28 日
农历癸卯年·闰二月初七

3月28日

星期二

🐰 **今日生命叙事**

早起＿＿点，午休＿＿点，晚安＿＿点，体温＿＿，体重＿＿，走步＿＿

今日喝茶：绿☐　白☐　黄☐　青☐　红☐　黑☐　花茶☐

正能量的我

中国茶历

0328

经典名茶·都匀毛尖

都匀毛尖,绿茶类,产于贵州省黔南布依族苗族自治州首府都匀一带,创制于明清年间,1968年恢复生产,为历史名茶。据传都匀毛尖在明代已成为"贡茶"。

清明前3~5日采摘第一批为上品。都匀毛尖选用当地的苔茶良种,具有发芽早、芽叶肥壮、茸毛多、持嫩性强、内含物成分丰富的特性。选用鲜叶标准是1芽1叶初展。通常炒制500克高级毛尖茶,约需5.3~5.6万个芽头。

制茶工序是杀青、锅揉、搓团提毫、焙干。

成品都匀毛尖茶叶的特点是"三绿透三黄",即干茶色泽绿中带黄,汤色绿中透黄,叶底绿中显黄。外形匀整,条索紧卷似螺,绿润显毫,色泽隐绿,汤色黄绿清澈,嫩香清纯高长,滋味鲜醇回甘,叶底黄绿、明亮。

冲泡都匀毛尖时,可每人用一只容量126毫升的盖碗作为泡具和饮具,茶水比为1:50,投茶量2克,水100克(毫升),泡茶水温宜水烧开后降温至80℃。主要冲泡步骤:温茶碗内凹,投入茶叶后,采用"环圈法"注水,水量达到茶碗八分后,再合上茶盖。当茶碗中茶汤的水温降至适口时,趁温热品饮。如觉茶汤淡,可用茶盖拨动茶叶使其翻滚后再品饮。

都匀毛尖

WEDNESDAY. MAR 29, 2023
2023 年 3 月 29 日
农历癸卯年·闰二月初八

3月29日

星期三

🐰 **今日生命叙事**

早起＿＿点，午休＿＿点，晚安＿＿点，体温＿＿，体重＿＿，走步＿＿

今日喝茶：绿□　白□　黄□　青□　红□　黑□　花茶□

正能量的我

0329

经典名茶·信阳毛尖

信阳毛尖,绿茶类,又称豫毛峰,产于河南省信阳市,主要产地在信阳市和新县、商城县及境内大别山一带,驰名产地是五云(车云、集云、云雾、天云、连云五座山)、两潭(黑龙潭、白龙潭)、一山(震雷山)、一寨(何家寨)、一寺(灵山寺),为历史名茶。

特级信阳毛尖

茶叶于清明前开始采摘。选用鲜叶标准:特级采1芽1叶初展,一级1芽2叶初展,二级1芽2~3叶初展为主兼有2叶对夹叶,三级1芽2~3叶兼采较嫩的2叶对夹叶,四、五级采摘1芽3叶及2~3叶对夹叶。

制茶工序是生锅、熟锅、初烘、摊凉、复烘、拣剔、再复烘。

一级信阳毛尖

成品信阳毛尖茶叶外形条索细、圆、紧、直,色泽翠绿,白毫显露;内质汤色嫩绿明亮,熟板栗香高长,滋味鲜浓,鲜爽回甘;叶底嫩绿匀整。

信阳毛尖,春茶、夏茶、秋茶采三季。明前茶,清明前采制的茶叶,全是春天刚刚冒出的嫩芽头,细小多毫,汤色明亮,有淡淡的香。谷雨茶,谷雨前采制的茶,茶叶含苞的1芽1叶,味道稍微加重。冲泡信阳毛尖时,每人用盖碗作为饮具,茶水比为1:50,投茶量2克,水100克(毫升)。泡茶水温为85~90℃。

THURSDAY. MAR 30, 2023

2023年3月30日

3月30日 星期四

农历癸卯年·闰二月初九

🐰 今日生命叙事

早起___点，午休___点，晚安___点，体温___，体重___，走步___

今日喝茶：绿☐　白☐　黄☐　青☐　红☐　黑☐　花茶☐

正能量的我

经典名茶·君山银针

君山银针,黄茶类,产于湖南省岳阳城西洞庭湖中的君山岛,为历史名茶。君山岛唐代就已产茶。

茶叶于清明前3天开始采摘。选用鲜叶标准是没有开叶的肥壮嫩芽,芽头长约2.5～3.0厘米,芽蒂长约0.2厘米,要求"九不采":雨天不采、露水芽、紫色芽、空心芽、开口芽、冻伤芽、虫伤芽、瘦弱芽、过长过短的芽不采。

君山银针

制茶工序是杀青、摊放、初烘、初包、复烘、摊放、复包、干燥。

成品君山银针茶叶的外形芽头壮实挺直,茶芽大小长短均匀,形如银针,芽身金黄,黄毫显露,嫩香带毫香,享有"金镶玉"之誉;冲泡时,叶尖向水面悬空竖立,恰似群笋破土而出,又如刀枪林立,茶影汤色交相辉映,蔚成趣观,继而又徐徐下沉,随冲泡次数而三起三落;茶汤色泽杏黄明澈,入口滋味甘醇,香气清鲜,叶底明亮。

冲泡君山银针时,茶水比为1:50,投茶量3克,水150克(毫升);主要茶具宜用无色透明的玻璃杯(杯子高度10～15厘米,杯口直径4～6厘米);适宜把水烧开后静候,待水温降至80℃时冲泡茶叶。利用水的冲力,先快后慢冲入茶杯至1/2的水量时,暂停等茶芽湿透后,再冲至八分杯止,注意给水杯加上盖。泡好后通过公道杯均分茶盏品饮。

FRIDAY. MAR 31, 2023
2023 年 3 月 31 日
农历癸卯年·闰二月初十

3月31日

星期五

🐰 **今日生命叙事**

早起____点，午休____点，晚安____点，体温____，体重____，走步____

今日喝茶：绿☐　白☐　黄☐　青☐　红☐　黑☐　花茶☐

正能量的我

中国茶历

0331

经典名茶·雨花茶

雨花茶

雨花茶,绿茶类,产于江苏省南京市中山陵和南京雨花台风景名胜区,创制于1958年,成品茶"形如松针,翠绿挺拔",以此寓意革命烈士忠贞不屈、万古长青,并定名为"雨花茶",盼人饮茶思源,表达对雨花台革命烈士的崇敬与怀念。产区已扩大到栖霞、浦口、江宁、江浦、六合、溧水、高淳各区。

茶叶于清明节前10天左右开始采摘。雨花茶鲜叶主要采自祁门槠叶种、宜兴小叶种、鸠坑种和龙井43。选用鲜叶标准是半开展的1芽1叶,当新梢萌发至1芽2~3叶时采下1芽1叶。要求嫩度均匀长度一致,芽叶长度2~3厘米。

制茶工序是杀青、揉捻、整形、干燥。

成品雨花茶茶叶的外形是条索犹似松针,细紧圆直,两端略尖,锋苗挺秀,色呈墨绿,白毫隐露;香气浓郁高雅,汤色新绿清澈明亮,滋味鲜爽甘醇,叶底嫩绿匀亮。

冲泡雨花茶时,可每人用一只容量126毫升的盖碗作为泡具和饮具,茶水比为1∶50,投茶量2克,水100克(毫升),泡茶水温宜水烧开后降温至85℃。主要冲泡步骤:温茶碗内凹,投入茶叶后,采用"环圈法"注水,水量达到茶碗八分后,再合上茶盖。当茶碗中茶汤的水温降至适口时,趁温热品饮。如觉茶汤淡,可用茶盖拨动茶叶使其翻滚后再品饮。

SATURDAY. APR 1, 2023

2023 年 4 月 1 日

农历癸卯年·闰二月十一

4月1日 星期六

🐰 **今日生命叙事**

早起___点，午休___点，晚安___点，体温___，体重___，走步___

今日喝茶：绿☐　白☐　黄☐　青☐　红☐　黑☐　花茶☐

正能量的我

中国茶历

0401

节气茶·清明茶

"清明茶"是清明时节采制的嫩芽茶叶,新春季上量的"第一波"茶叶,是早春茶。清明茶色泽绿翠,叶质柔软,香高味醇,奇特优雅,且春茶中的"清明茶",一般无病虫危害,无须使用农药,茶叶无污染,是一年之中的佳品。

清明茶

清明茶之说源于古代祭天祀祖用茶。清代王士禛《陇蜀余闻》记载:"每茶时,叶生,智矩寺僧輙报有司往视,籍记其叶之多少,采制才得数钱许。明时贡京师仅一钱有奇。"蒙顶贡茶从唐代至清代,一千多年岁岁入宫,年年进贡,以供皇室"清明宴"祭天祀祖之用。

清明节前一天是寒食节,因为古人在寒食节有禁火三日的习俗,三日内没生火做饭,故称"寒食",因此,"火前茶"也是明前茶。清乾隆皇帝下江南在杭州观看龙井茶采制时,曾作诗《观采茶作歌》有句云:"火前嫩,火后老,唯有骑火品最好。"这里诗中的"火"就是指"寒食"禁火的火,但又是借这"火"指清明节,"骑火品"就是清明茶。

SUNDAY. APR 2, 2023

2023年4月2日

农历癸卯年·闰二月十二

4月2日 星期日

🐰 **今日生命叙事**

早起___点，午休___点，晚安___点，体温___，体重___，走步___

今日喝茶：绿□ 白□ 黄□ 青□ 红□ 黑□ 花茶□

正能量的我

古代雅集·清明宴和顾渚山贡茶院

唐代宫廷茶宴,最豪华的当属一年一度的"清明宴"。唐朝皇宫在每年清明节这一天,要举行规模盛大的"清明宴"。这之前,在千里之外的顾渚山焙制成的贡品"阳羡茶"和"紫笋茶",日夜兼程送往京城长安。皇帝在收到贡茶后,先以新到的顾渚贡茶祭祀祖宗。茶宴中要向皇帝敬茶,相互敬茶,皇帝还会把顾渚贡茶,奖给有功之臣,以资鼓励。

唐代宗大历五年(770年),中国历史上第一座规模宏大的官焙贡茶院——顾渚山贡茶院,在吴兴(湖州)建立,专门制作贡茶供皇官使用,而且规定采制的新茶,在清明节之前一定要送到长安。从吴兴到长安有一千多里路程,必须提早采摘制作才能不误期限。李郢的《茶山贡焙歌》就描写了赶制赶运贡茶的紧张情景:

> 蒸之馥之香胜梅,研膏架动声如雷。
> 茶成拜表贡天子,万人争啖春山摧。
> 驿骑鞭声砉流电,半夜驱夫谁复见。
> 十日王程路四千,到时须及清明宴。

当贡茶运到京城之后,整个皇宫都忙碌起来:

> 凤辇寻春半醉归,仙娥进水御帘开。
> 牡丹花笑金钿动,传走吴兴紫笋来。

唐代宴会上常带有宫廷茶艺,场面宏大、礼仪烦琐、气氛庄严、茶具侈丽、等级森严,对茶会、茶宴之风的兴盛产生极大的影响。

MONDAY. APR 3, 2023

2023年4月3日

农历癸卯年·闰二月十三

4月3日

星期一

🐰 **今日生命叙事**

早起____点，午休____点，晚安____点，体温____，体重____，走步____

今日喝茶：绿□　白□　黄□　青□　红□　黑□　花茶□

正能量的我

中國茶曆　　　　　　　　　　　　　　中国茶历
0403

节日和茶·寒食节

清明节的前一日为寒食节,寒食节是汉族传统节日中唯一以饮食习俗来命名的节日。

寒食节是春秋时的名君晋文公为纪念忠臣介之推而设的节日,距今已有2600多年的历史。这一天,禁烟火,只吃冷食,以寄哀思。寒食节的文化内涵是尊崇先贤介之推的忠诚为国的坚定信念,功成身退的奉献精神,清正廉明的政治抱负,隐不违亲的孝道品德,发展为聚民心、凝国魂,传承中华文化优秀传统的重要节日。

寒食节食品包括寒食粥、寒食面、寒食浆、青精饭及饧(饧:用麦芽或谷芽熬成的饴糖)等;寒食供品有面燕、蛇盘兔、枣饼、细稞、神馓等;饮料有春酒、新茶、清泉甘水等数十种之多。

寒食饮用的茶叶,首选新茶,绿茶特别是蒸青绿茶,白茶中的白毫银针;也可以选用去年的绿茶、白茶白毫银针(散茶)。

采用冷泡法泡茶:取未开封的新鲜矿泉水一瓶,按照茶叶与水1∶150的比例,约相当于7克茶兑1000克(毫升)水,将茶叶投入矿泉水瓶中,盖好放置室内常温下3小时以上可以品饮,每人饮用量不超过260毫升为宜(一瓶500多毫升的矿泉水冷泡的茶可供2人喝)。

冷泡茶

TUESDAY. APR 4, 2023

2023年4月4日

农历癸卯年·闰二月十四

4月4日 星期二

🐰 **今日生命叙事**

早起___点，午休___点，晚安___点，体温___，体重___，走步___

今日喝茶：绿☐　白☐　黄☐　青☐　红☐　黑☐　花茶☐

正能量的我

中国茶历

0404

节气和茶·清明

> 桐花恬淡杜鹃啼,清明祭墓礼源周。
> 禁火寒食雨见虹,曲水流殇盏为舟。
> 蹴鞠拔河荡秋千,戴柳鸣莺踏春游。
> 重熙累盛家国事,精行俭德必同修。

今日清明(农历癸卯年闰二月十五巳时,公历2023年4月5日9时13分)。

清明是农历二十四节气中的第5个节气。清明,物候类节气,表示天气晴朗、草木繁茂。茶谚语有"三月三,茶出山"。

清明物候:初候桐始华,花信风桐花;二候田鼠化为鴽,花信风麦花;三候虹始见,花信风柳花。

"清明时节雨纷纷",我国江南、华南开始出现较大的降水,时阴时晴,又有充沛的雨量,满足了茶树茶芽生长的需要。茶园里,"明前茶、两片芽",一片片、一丛丛的茶树正是生长旺季。

从春分到清明采摘的茶叶,叫作"明前茶",从清明往后一周时间内采摘制作的茶叶,被称为"明后茶"。明前茶与明后茶,通常是茶叶的第一次采摘(头采)、第二次采摘(二采),头采与二采的茶叶,可以统称为"早春茶",早春茶好,明前茶尤甚。

清明·杜鹃

清明节气里,喝什么茶?清明时节,勿大汗,令神气清,更要注意养脏气,养血柔肝,健脾补肺;适宜饮再加工茶(茉莉花茶)、绿茶、红茶、白茶;喝适宜口感温度的茶水,避免因饮烫茶、急茶,导致大汗淋漓。

清明,采茶、喝茶、论茶时,茶人往往也会忆及茶圣陆羽,那就再翻翻《茶经》。

WEDNESDAY. APR 5，2023

2023 年 4 月 5 日

农历癸卯年·闰二月十五

4月5日

星期三

清明

🐰 今日生命叙事

早起＿＿点，午休＿＿点，晚安＿＿点，体温＿＿，体重＿＿，走步＿＿

今日喝茶：绿□　白□　黄□　青□　红□　黑□　花茶□

正能量的我

节气茶点·清明

清明节气里喝茶,宜饮茉莉花茶、绿茶、红茶、白茶;选用茶点心,讲究对应清明节气养生,留意民俗文化。

清明节气总的饮食原则是多食甘味稍微偏甜,宜升补。选用茶点心的眼光宜放在"天然甜"上。可选用:

青团,清明最有特色的节令食品。青团就是将艾草汁和糯米粉一起融合做成馅盒,然后包上豆沙、枣泥等馅料(喜欢吃咸的,另包上萝卜丝、肉丁笋丁等馅料),用芦叶垫底,放到蒸笼内。蒸熟出笼的青团油绿如玉,糯韧绵软、清香扑鼻,肥而不腴,从色彩到口感都有着春天独特的气味。

油炸馓子,同样也是清明著名时令美食,明代李时珍的《本草纲目·谷部》中,就十分清楚地交代说:"寒具即食馓也,以糯粉和面,入少盐,牵索纽捻成环钏形……入口即碎脆如凌雪。"可见馓子的历史是相当悠久了。北方馓子以麦面为主料,南方馓子多以米面为主料。在少数民族地区,馓子的品种繁多,风味各异,尤以维吾尔族、东乡族、纳西族以及宁夏回族的馓子最为有名。

青团

香糯地瓜饼,香甜地瓜加糯米粉制作香糯地瓜小饼。

适宜清明节气的茶点心形形色色,选用时应留意民俗文化,如祭祖扫墓、踏青、放风筝等;点心造型少不了:圆形、柳条(丝雨)形,桐花形,还有虹彩色的。

馓子

THURSDAY. APR 6, 2023

2023年4月6日

农历癸卯年·闰二月十六

4月6日

星期四

🐰 **今日生命叙事**

早起____点，午休____点，晚安____点，体温____，体重____，走步____

今日喝茶：绿☐　白☐　黄☐　青☐　红☐　黑☐　花茶☐

正能量的我

经典名茶·长兴紫笋

长兴紫笋又名湖州紫笋茶、顾渚紫笋茶,绿茶类,产自浙江省湖州市长兴县顾渚山区,为历史名茶。

茶叶于4月上旬开始采摘,选用鸠坑种茶树鲜叶,特级原料为1芽1叶初展。

制茶工艺包括摊青、杀青、揉捻、烘干。

长兴紫笋

成品紫笋茶叶的外形是细嫩紧结,芽叶微紫,芽形似笋,色泽绿润;香气清高,高档茶还有兰香扑鼻;茶汤清澈,碧绿如茵;滋味鲜醇,甘味生津,叶底芽头肥壮成朵。

长兴紫笋茶名,源于陆羽《茶经》:"阳崖阴林,紫者上,绿者次;笋者上,芽者次。"唐代在湖州长兴设贡茶院。陆羽《茶经》于湖州问世。长兴茶文化史迹尚存、发掘、恢复、重建的有:顾渚山贡茶院、紫笋贡茶摩崖石刻碑林、抒山三癸亭、陆羽墓、皎然塔、韵海楼、青塘别业等。唐代白居易诗"遥闻境会茶山夜,珠翠歌钟俱绕身。盘下中分两州界,灯前合作一家春。青娥递舞应争妙,紫笋齐尝各斗新。"该诗生动描绘了湖、常两州的太守在境会亭茶会的盛况。

冲泡长兴紫笋时,可每人用一只容量126毫升的盖碗作为泡具和饮具,茶水比为1∶50,投茶量2克,水100克(毫升),泡茶水温宜水烧开后降温至85℃。主要冲泡步骤:温茶碗内凹,投入茶叶后,采用"环圈法"注水,水量达到茶碗八分后,再合上茶盖。当茶碗中茶汤的水温降至适口时,趁温热品饮。如觉茶汤淡,可用茶盖拨动茶叶使其翻滚后再品饮。

FRIDAY. APR 7, 2023

2023年4月7日

农历癸卯年·闰二月十七

4月7日

星期五

🐰 **今日生命叙事**

早起____点，午休____点，晚安____点，体温____，体重____，走步____

今日喝茶：绿☐　白☐　黄☐　青☐　红☐　黑☐　花茶☐

正能量的我

中国茶历

0407

经典名茶·径山茶

径山茶

径山茶,绿茶类,产于浙江省杭州市余杭区的径山,是被恢复的历史名茶。

径山茶清明后谷雨前采摘,采用发芽早的无性系良种茶树鲜叶,鲜叶标准是1芽1叶或1芽2叶初展。一般只采春茶,谷雨节气前采摘结束,这一段时间气温较低,湿度大,茶山中云雾多,茶叶生长缓慢、均匀,芽叶细嫩、整齐。谷雨节气后也采一部分径山茶,但一般在4月底结束。

制茶工序是小锅杀青、扇风摊凉、轻轻解块、初烘摊凉、文火烘干。

成品径山茶的茶叶外形条索纤细稍卷曲,芽锋显露略带白毫,色泽绿翠;内质嫩香持久;茶汤呈鲜明绿色,口感鲜爽回甘;叶底细嫩成朵且嫩绿明亮。

冲泡径山茶时,茶水比为1∶50,投茶量2克,水100克(毫升);主要泡茶具首选盖碗,也可用玻璃杯;适宜烧开水,静待水温降至85℃时冲泡茶叶,也可用上投法冲泡径山茶。

陆羽曾在径山植茶、制茶、研茶、写《茶经》。径山万寿禅寺从建寺起便盛行饮茶之风,唐宋时期佛教《百丈清规》《禅苑清规》,将僧侣的饮茶列入日常行为,并规定一种仪式,称为茶礼,并加以提炼以宴请上宾,成为茶宴。这就是著名的"径山茶宴"。

SATURDAY. APR 8, 2023

2023 年 4 月 8 日

农历癸卯年·闰二月十八

4月8日

星期六

🐰 今日生命叙事

早起____点，午休____点，晚安____点，体温____，体重____，走步____

今日喝茶：绿☐　白☐　黄☐　青☐　红☐　黑☐　花茶☐

正能量的我

中国茶历

中国茶历
0408

经典名茶·安吉白茶

安吉白茶,绿茶类,产于浙江省安吉县,创制于20世纪90年代。

茶叶于4月上旬至5月初这一特定的时间采摘。这期间的叶呈现玉白色,叶脉翠绿色,形如凤羽,远望似雪,近看似兰的特殊性状。采摘标准是1芽2叶初展。

制茶工序摊青、杀青理条、初烘、焙干。

成品安吉白茶茶叶的外形是翠绿鲜活,略带金黄色,细秀、匀整;内质香气清高鲜爽;冲泡后汤色嫩绿鲜亮,清澈明亮,其香气馥郁,氤氲在杯面,如浮云不散;鲜爽甘醇,齿颊生香。叶底舒展,张叶玉白,观之如春水浮雪,新秀清润。

安吉白茶

冲泡安吉白茶时,可每人用一只容量126毫升的盖碗作为泡具和饮具,茶水比为1∶50,投茶量2克,水100克(毫升),泡茶水温宜水烧开降温至85℃。主要冲泡步骤:

安吉白茶茶王树

温茶碗内凹,投入茶,采用"螺旋形法"注水,水量达到茶碗八分后,再合上茶盖。当茶碗中茶汤的水温降至适口时趁热品饮。如觉茶汤淡,可用茶盖拨动茶叶使其翻滚后再品饮。

SUNDAY. APR 9, 2023

2023年4月9日

农历癸卯年·闰二月十九

🐰 今日生命叙事

早起____点，午休____点，晚安____点，体温____，体重____，走步____

今日喝茶：绿□　白□　黄□　青□　红□　黑□　花茶□

正能量的我

4月9日　星期日

中国茶历

0409

经典名茶·松萝茶

松萝茶,绿茶类,产于安徽省黄山市休宁县休歙边界黄山余脉的松萝山,为历史名茶。松萝茶创制于明初,明代闻龙《茶笺》记载:"茶初摘时,须拣去枝梗老叶,惟取嫩叶,又须去尖与柄,恐其易焦,此松萝法也。"

松萝茶

松萝茶以当地松萝群体种茶树鲜叶为主要原料,于谷雨前后采摘。选用鲜叶标准是1芽2～3叶。鲜叶采回后要经过验收,不能夹带鱼叶、老片、梗等,并做到现采现制。

制茶工序是杀青、揉捻、烘干。加工方法与屯绿炒青基本相同,但技术要求更加严格。

成品松萝茶茶叶的外形是条索紧卷匀壮,色泽绿润;香气高爽,滋味浓厚,带有橄榄香;汤色绿明,叶底绿嫩。

冲泡松萝茶时,可每人用一只容量126毫升的盖碗作为泡具和饮具,茶水比为1∶50,投茶量2克,水100克(毫升),泡茶水温宜水烧开后降温至85～90℃。主要冲泡步骤:温茶碗内凹,投入茶叶后,采用"螺旋形法"注水,水量达到茶碗八分后,再合上茶盖。当茶碗中茶汤的水温降至适口时,趁温热品饮。如觉茶汤淡,可用茶盖拨动茶叶使其翻滚后再品饮。

MONDAY. APR 10, 2023
2023年4月10日
农历癸卯年·闰二月二十

4月10日 星期一

今日生命叙事

早起＿＿点，午休＿＿点，晚安＿＿点，体温＿＿，体重＿＿，走步＿＿

今日喝茶：绿□　白□　黄□　青□　红□　黑□　花茶□

正能量的我

中国茶历

中国茶历
0410

经典名茶·黄山毛峰

黄山毛峰，绿茶类，主产区位于安徽黄山风景区和黄山市黄山区的汤口、冈村、芳村、三岔、谭家桥、焦村；徽州区的充川、富溪、杨村、洽舍；歙县的大谷运、辣坑、许村、黄村、璜蔚、璜田；休宁县的千金台等地，创制于清末，为历史名茶。

清明前后采摘特级黄山毛峰原料，采摘标准为1芽1叶初展；谷雨前后采摘1～3级黄山毛峰原料，采摘标准分别为1芽1叶、1芽2叶初展、1芽1～3叶初展。采制黄山毛峰的茶树品种主要为黄山大叶种。

制茶工序是杀青、揉捻、烘焙等工序。

成品特级黄山毛峰茶叶的外形是形似雀舌，匀齐壮实，色如象牙，鱼叶金黄，白毫显露，嫩香带毫香，清香高长；汤色清澈，滋味鲜浓、醇厚、甘甜；叶底嫩黄，肥壮成朵。其中"金黄片"和"象牙色"是不同于其他毛峰的两大明显特征。

冲泡黄山毛峰时，可每人用一只容量126毫升的盖碗作为泡具和饮具，茶水比为1:50，投茶量2克，水100克(毫升)，泡茶水温宜水烧开后降温至85～90℃。主要冲泡步骤：温茶碗内凹，投入茶叶后，采用"螺旋形法"注水，水量达到茶碗八分后，再合上茶盖。当茶碗中茶汤的水温降至适口时，趁温热品饮。如觉茶汤淡，可用茶盖拨动茶叶使其翻滚后再品饮。

黄山毛峰

TUESDAY. APR 11, 2023

2023 年 4 月 11 日

农历癸卯年·闰二月廿一

4月11日

星期二

🐰 今日生命叙事

早起____点，午休____点，晚安____点，体温____，体重____，走步____

今日喝茶：绿☐　白☐　黄☐　青☐　红☐　黑☐　花茶☐

正能量的我

中国茶历

0411

经典名茶·天山绿茶

天山山脉茶树

天山绿茶

天山绿茶,绿茶类,产于福建省天山山脉的洋中、霍童等乡镇,为历史名茶。

天山绿茶鲜叶于4月上旬开园采摘。选用鲜叶标准是1芽2叶、1芽3叶。

制茶工序是摊放、杀青、揉捻、烘焙,制成毛茶。

成品天山绿茶的外形有针、圆、扁、曲,形状各异,品系有:天山毛尖、四季春、清水绿、迎春绿、白玉螺、毫芽、翠芽、银针、银芽、松针、雀舌、螺茗、松子茶、龙珠、绣球、明前早、雨前绿等20个产品,具有香高、味浓、色翠、耐泡四大特点。尤其是里、中、外天山所产的绿茶品质更佳,称之"正天山绿茶"。由于天山有七座山峰,故有"七峰茶"之称。

冲泡天山绿茶时,可每人用一只容量126毫升的盖碗作为泡具和饮具,茶水比为1∶50,投茶量2克,水100克(毫升),泡茶水温宜水烧开后降温至85~90℃。主要冲泡步骤:温茶碗内凹,投入茶叶后,采用"螺旋形法"注水,水量达到茶碗八分后,再合上茶盖。当茶碗中茶汤的水温降至适口时,趁温热品饮。如觉茶汤淡,可用茶盖拨动茶叶使其翻滚后再品饮。

WEDNESDAY. APR 12, 2023

2023年4月12日

农历癸卯年·闰二月廿二

4月12日

星期三

🐰 **今日生命叙事**

早起___点，午休___点，晚安___点，体温___，体重___，走步___

今日喝茶：绿☐ 白☐ 黄☐ 青☐ 红☐ 黑☐ 花茶☐

正能量的我

经典名茶·狗牯脑茶

狗牯脑茶,也被称为玉山茶,绿茶类,产于江西省遂川县汤湖乡狗牯脑山。创制于清代嘉庆年间,为历史名茶。

狗牯脑茶鲜叶于4月初开始采摘。选用鲜叶标准是1芽1叶初展。要求鲜叶采自当地茶树群体小叶种,做到不采露水叶,雨天不采叶,晴天的中午不采叶。鲜叶采回后还要进行挑选,剔除紫芽叶、单片叶和鱼叶。

制茶工序是拣青、杀青、初揉、二青、复揉、整形、提毫、炒干等。

成品狗牯脑茶茶叶的外形紧结秀丽,芽端微勾,白毫显露,香气清高,略有花香;冲泡水后茶叶速沉,液面无泡,汤色清明,滋味醇厚,回味甘甜;叶底黄绿。

冲泡狗牯脑茶时,可每人用一只容量126毫升的盖碗作为泡具和饮具,茶水比为1:50,投茶量2克,水100克(毫升),泡茶水温宜水烧开后降温至85℃。主要冲泡步骤:温茶碗内凹,投入茶叶后,采用"环圈法"注水,水量达到茶碗八分后,再合上茶盖。当茶碗中茶汤的水温降至适口时,趁温热品饮。如觉茶汤淡,可用茶盖拨动茶叶使其翻滚后再品饮。

狗牯脑山茶树

狗牯脑茶

THURSDAY. APR 13, 2023

2023 年 4 月 13 日

农历癸卯年·闰二月廿三

4月13日

星期四

🐰 **今日生命叙事**

早起＿＿点，午休＿＿点，晚安＿＿点，体温＿＿，体重＿＿，走步＿＿

今日喝茶：绿☐　白☐　黄☐　青☐　红☐　黑☐　花茶☐

正能量的我

中国茶历

0413

经典名茶·鸠坑毛峰

鸠坑毛峰，绿茶类，烘青类绿茶，产于浙江省淳安县境内。鸠坑茶为历史名茶。唐代李肇《唐国史补》记载当时的主要名茶："剑南有蒙顶石花，或小或方或散芽，号称第一。湖州有顾渚紫笋……婺州有东白，睦州有鸠坑……"位于鸠坑乡常青村鸠岭山自然村的鸠坑古茶树群，树龄从100～800年不等，是一个野生型、过渡型、栽培型保存完整的古茶树群，是茶树的"活化石"。

鸠坑毛峰鲜叶一般在4月中旬开始采摘鲜叶，采摘标准为1芽1叶初展。青叶采后应适度摊放3～6小时，即可杀青。

制茶工序是杀青、揉捻、烘焙。

成品鸠坑毛峰茶叶外形肥壮成条，匀整多毫，色泽绿翠显毫；内质香气清高持久，汤色清澈明亮，滋味浓厚甘醇，叶底肥软嫩绿。

冲泡鸠坑毛峰时，可每人用一只容量126毫升的盖碗作为泡具和饮具，茶水比为1∶50，投茶量2克，水100克（毫升），泡茶水温宜水烧开后降温至85℃。主要冲泡步骤：温茶碗内凹，投入茶叶后，采用"环圈法"注水，水量达到茶碗八分后，再合上茶盖。当茶碗中茶汤的水温降至适口时，趁温热品饮。如觉茶汤淡，可用茶盖拨动茶叶使其翻滚后再品饮。

鸠坑茶王树

鸠坑毛峰

FRIDAY. APR 14, 2023

2023年4月14日

农历癸卯年·闰二月廿四

4月14日 星期五

🐰 **今日生命叙事**

早起____点，午休____点，晚安____点，体温____，体重____，走步____

今日喝茶：绿☐　白☐　黄☐　青☐　红☐　黑☐　花茶☐

正能量的我

中国茶历

0414

经典名茶·庐山云雾

汉阳峰国营茶

汉阳峰私茶

小天池处茶

庐山云雾,绿茶类,产于江西省九江市庐山,为历史名茶。据载,东晋时,名僧慧远,在山上居住三十余年,聚集僧徒,讲授佛学,在山中将野生茶改造为家生茶。唐代诗人白居易,曾在庐山峰挖药种茶,写下:"长松树下小溪头,斑鹿胎巾白布裘,药圃茶园为产业,野麋林鹤是交游。"庐山云雾茶古称"闻林茶",从明朝起始称庐山云雾。

庐山的茶树萌发多在谷雨后,谷雨后至立夏之间开始采摘。选用鲜叶标准是1芽1叶初展,长3厘米。

制茶工序是杀青、抖散、揉捻、炒二青、理条、搓条、拣剔、提毫、烘干。

成品庐山云雾茶叶的外形是条索粗壮尚结,匀整多毫,色泽绿翠;内质香气清鲜持久,汤色清澈明亮,滋味醇厚回甘,叶底肥软嫩绿、匀齐。通常用"六绝"来形容庐山云雾茶,即"条索粗壮、青翠多毫、汤色明亮、叶嫩匀齐、香凛持久、醇厚味甘"。

冲泡庐山云雾时,可每人用一只容量126毫升的盖碗作为泡具和饮具,茶水比为1:50,投茶量2克,水100克(毫升),泡茶水温宜水烧开后降温至85~90℃。主要冲泡步骤:温茶碗内凹,投入茶叶后,采用"螺旋形法"注水,水量达到茶碗八分后,再合上茶盖。当茶碗中茶汤的水温降至适口时,趁温热品饮。如觉茶汤淡,可用茶盖拨动茶叶使其翻滚后再品饮。

SATURDAY. APR 15, 2023

2023年4月15日

农历癸卯年·闰二月廿五

4月15日

星期六

🐰 **今日生命叙事**

早起___点，午休___点，晚安___点，体温___，体重___，走步___

今日喝茶：绿□　白□　黄□　青□　红□　黑□　花茶□

正能量的我

中國茶曆　　　　　　　　　　　　　　　　　　中国茶历

0415

经典名茶·老竹大方

老竹大方,绿茶类,产于安徽省黄山市歙县老竹铺、三阳坑、金川一带,历史上称为竹铺大方、拷方和竹叶大方,为历史名茶。老竹大方由大方和尚于明隆庆年间(1567—1572年)在歙县南乡老竹铺创制,故取名老竹大方。

谷雨前采摘"顶谷大方"原料鲜叶,选用鲜叶标准是1芽2叶初展新梢,长度约3厘米左右,

老竹大方

每斤鲜叶约有3000~4000个芽头;谷雨到立夏之间采摘一般大方的原料鲜叶,选用鲜叶标准是1芽2~3叶。鲜叶加工前要进行选剔和薄摊。

制茶工序是手工杀青、做坯、整形、辉锅等。

成品老竹大方茶叶的外形是形似竹叶、扁伏匀齐、挺秀光滑,色泽墨绿微黄,芽藏不露,披满金色茸毫;汤色清澈微黄,香气高长有板栗香,滋味浓醇爽口;叶底嫩匀、芽显、叶肥壮。老竹大方外形老竹大方茶外形和品质特征都与龙井茶极为相似。

冲泡老竹大方时,可每人用一只容量126毫升的盖碗作为泡具和饮具,茶水比为1:50,投茶量2克,水100克(毫升),泡茶水温宜水烧开降温至85~90℃。主要冲泡步骤:温茶碗内凹,投入茶,采用"螺旋形法"注水,水量达到茶碗八分后,再合上茶盖。当茶碗中茶汤的水温降至适口时趁温热品饮。如觉茶汤淡,可用茶盖拨动茶叶使其翻滚后再品饮。

SUNDAY. APR 16, 2023

2023年4月16日

农历癸卯年·闰二月廿六

4月16日

星期日

🐰 **今日生命叙事**

早起___点，午休___点，晚安___点，体温___，体重___，走步___

今日喝茶：绿☐　白☐　黄☐　青☐　红☐　黑☐　花茶☐

正能量的我

中国茶历　　　　　　　　　　　　　　　　　　　　　中国茶历
0416

节气茶·雨前茶

雨前茶

雨前茶,即谷雨前(4月5日至4月20日左右)采摘茶树的鲜细嫩芽尖芽叶制成的茶叶称雨前茶。雨前茶虽不及明前茶(清明前采摘的茶)那么细嫩,但由于这时气温回暖趋高,芽叶生长相对较快,积累的内含物也较丰富,因此,雨前茶滋味鲜浓而耐泡。

明代许次纾《茶疏》中谈到采茶时节时说:"清明太早,立夏太迟,谷雨前后,其时适中。"清明后,谷雨前,正是江南茶区的大宗炒青绿茶,最适宜的采制时节。

春茶的特征:干看(冲泡前)成品茶,凡红茶、绿茶条索紧结,珠茶颗粒圆紧;红茶色泽乌润,绿茶色泽绿润;茶叶肥壮重实,或有较多毫毛;且香气馥郁。湿看(冲泡后)成品茶,冲泡时茶叶下沉较快,香气浓烈持久,滋味醇厚;绿茶汤色绿中透黄,红茶汤色红艳显金圈;茶底柔软厚实,正常芽叶多;叶张脉络细密,叶缘锯齿不明显。

MONDAY. APR 17, 2023

2023 年 4 月 17 日

农历癸卯年·闰二月廿七

4月17日

星期一

🐰 **今日生命叙事**

早起___点，午休___点，晚安___点，体温___，体重___，走步___

今日喝茶：绿☐　白☐　黄☐　青☐　红☐　黑☐　花茶☐

正能量的我

中国茶历

0417

古代雅集·三月三"兰亭雅集"和"茶宴"

历史上的昨天,东晋永和九年(353年)三月初三"上巳节",时任会稽内史的右军将军、大书法家王羲之,召集筑室东土的一批名士和家族子弟,有谢安、谢万、孙绰、王凝之、王徽之、王献之等42名士参加,在会稽山阴之兰亭举办兰亭雅集。依山傍水,清胘疏笋,"群贤毕至,少长咸集",行修禊事,曲水流觞,诗文吟咏,酒助诗兴,共得诗37首。唱吟这兴象遥远、意味无穷的诗作,时年51岁的王羲之于酒酣之时,用蚕茧纸、鼠须笔乘兴疾书,写下了《兰亭序》这篇享有"天下第一行书"之称、传颂千古的名作。

"茶宴"一词的最早文字记载,是南北朝时山谦之的《吴兴记》,其中提道:"每岁吴兴、毘陵二郡太守采茶宴会于此。"

唐代吕温在《三月三日茶宴序》中写道:"三月三日,上巳禊饮之日也。诸子议以茶酌而代焉。"说"三月三",大家用茶宴的品茶方式代替了像"兰亭雅集"的用酒方式,记叙的茶宴和美好的大自然景象融为一体:花朵盛开,花香撩人,竹林清阴,树丛爽甚,让人置身在绿树成荫闲庭散漫中,清风吹拂心田,春日暖洋洋,有人"卧指青霭",有人"坐攀香枝",人们毫无拘束,黄莺加入进来就近在咫尺,迟迟不肯飞去;再看树枝头上红色花蕊自然飘落,点洒在人们的身上,为茶宴增添了野趣,让人陶醉其中。喝的茶是"香沫,浮素杯,殷凝琥珀之色",这茶与酒相比的特点有"不令人醉,微觉清思",其珍贵程度就连五云仙浆也无法比拟。

三月三,这跨越时空的雅集,诠释茶助修行,酒助诗兴;茶可静人心,酒亦助情怀;君子爱茶,诗人爱酒。

TUESDAY. APR 18, 2023

2023 年 4 月 18 日

农历癸卯年·闰二月廿八

4月18日

星期二

🐰 **今日生命叙事**

早起____点，午休____点，晚安____点，体温____，体重____，走步____

今日喝茶：绿□　白□　黄□　青□　红□　黑□　花茶□

正能量的我

中国茶历

0418

古代雅集·唐代以茶代酒的雅集

唐代吕温在《三月三日茶宴序》中写道:"三月三日,上巳禊饮之日也。诸子议以茶酌而代焉。乃拨花砌,憩庭荫,清风逐人,日色留兴,卧指青蔼,坐攀香枝。闲莺近席而未飞,红蕊拂衣而不散。乃命酌香沫,浮素杯,殷凝琥珀之色。不令人醉,微觉清思,虽五云仙浆,无复加也。"

钱起在《过张成侍御宅》诗中也有"杯里紫茶香代酒"之句,都是描写文人集会"以茶酌而代酒"的情形。

颜真卿、陆士修等人的《五言月夜啜茶联句》也是描写茶会的情形,在品茶之时联句赋诗:(士修)泛花邀过客,代饮引清言。(张荐)醒酒宜华席,留僧想独园。(李萼)不须攀月桂,何暇树庭萱。(崔万)御史秋风劲,尚书北斗尊。(颜真卿)流华净肌骨,流沆涤心原。(皎然)不似春醪醉,何辞绿菽繁。(士修)素瓷传静夜,芳气满闲轩。从"代饮引清言"和"不似春醪醉"看出此次聚会也是只喝茶不饮酒。茶诗又别出心裁,用的都是与茶有关的代名词。陆士修用"代饮"指以饮茶代替饮酒;张荐用的"华宴"借指茶宴;颜真卿用"流华"借指饮茶。因为诗中说的是月夜啜茶,所以还用了"月桂"这个词。用联句来咏茶,这在茶诗中不多见。

WEDNESDAY. APR 19, 2023
2023 年 4 月 19 日
农历癸卯年·闰二月廿九

4月19日

星期三

🐰 **今日生命叙事**

早起＿＿点，午休＿＿点，晚安＿＿点，体温＿＿，体重＿＿，走步＿＿

今日喝茶：绿☐　白☐　黄☐　青☐　红☐　黑☐　花茶☐

正能量的我

中国茶历

节气和茶·谷雨

　　槚葭蒱诧仪礼供，牡丹花会萍雨浮。
　　黄帝仓颉辨荼茶，女娲伏羲识茗枞。
　　功德流芳笃适志，耕读继世戒疏慵。
　　拂羽八千云和路，尝新戴降五老峰。

　　今日谷雨（农历癸卯年三月初一申时，公历2023年4月20日16时13分）。

　　谷雨是农历二十四节气中的第6个节气。谷雨，降水类节气，表示雨量充足而及时，谷类作物茁壮成长。

　　谷雨物候：初候萍始生，花信风牡丹；二候鸣鸠拂其羽，花信风荼蘼；三候戴胜降于桑，花信风楝花。

　　两个月前，雨水节气开始的"雨"是由寒冷冬天转暖后的初春雨，气温低，水雾细绵绵，有时落地过夜即成冰冻。到了谷雨节气的"雨"是渐暖的春天里暮春时的雨，气温稳定上升，雨量充沛，空气湿润，极其适合农作物的播种及生长，这时的雨是"雨生百谷"的意思。

　　茶谚语有"谷雨茶，满地抓""要好茶，谷雨芽""谷雨茶，满把抓"。2012年开始，我国陆续有城市把谷雨日这一天定为"全民饮茶日"，越来越多人追求：一人喝茶，和心；二人喝茶，和气；一家人喝茶，和睦；全国喝茶，和谐；全世界喝茶，和平。

　　谷雨处于春夏之交，此时气温、湿度变化大，要注意寒热调节，避免湿气，喜悦养心，舒展养肝，安眠养肾；适宜饮绿茶、红茶、白茶、黄茶、茉莉花茶、乌龙茶；适量尝新茶。

谷雨·紫藤花

THURSDAY. APR 20, 2023

2023 年 4 月 20 日

农历癸卯年·三月初一

4月20日

星期四

谷雨

🐰 **今日生命叙事**

早起＿＿点，午休＿＿点，晚安＿＿点，体温＿＿，体重＿＿，走步＿＿

今日喝茶：绿□　白□　黄□　青□　红□　黑□　花茶□

正能量的我

中國茶曆

中国茶历

0420

节气茶点·谷雨

椿芽酥

龙井茶糕

茯苓夹饼

谷雨节气里喝茶,宜饮茉莉花茶、绿茶、红茶、白茶;选茶点心,讲究对应谷雨节气养生,留意民俗文化。

谷雨节气总的饮食原则是性凉甘平,少酸辣,宜升补。选用茶点心宜清甜可咸。可选用:

椿芽酥,用优选的最鲜嫩的、大自然最新鲜的味道——香椿芽,制成椿芽馅,最后做成咸香爽口的椿芽酥。谷雨时节,北方的香椿树顶芽初长,正值最嫩时期,谷雨吃香椿的习俗,也因养生而蔓延。

龙井茶糕,出自民间烹饪食谱《浦江吴氏中馈录》,里面记载了一款五香糕的方子"上白糯米和梗米二、六分,芡实干一分,人参、白术、茯苓、砂仁总一分。磨极细,筛过,白砂糖滚汤拌匀,上甑。"龙井茶糕,入口之后,先是清淡的龙井茶香,然后是沙绵的口感,浅浅的米香,细细品味越能享受那股香润清甜。

茯苓夹饼,是北京的一种滋补性传统名点。制作系以茯苓霜和精白面粉做成薄饼,中间夹有用蜂蜜、砂糖熬溶拦匀的蜜饯松果碎仁,其形如薄如纸,白如雪,珍美甘香。茯苓饼的制食法在南宋《儒门事亲》中有记载"茯苓四两,白面二两,水调作饼,以黄蜡煎熟";清初,有人提出"糕贵乎松,饼利于薄",后来的饼就越来越薄。

适宜谷雨节气的茶点心形形色色,选用时应留意民俗文化,如走谷雨,赏牡丹,食香椿等;点心造型少不了:繁花团形、芭蕉(叶)(成就大业'叶'、家大'叶'大、平步青云)、桑树叶(扁薄形)、蝴蝶形、龟形、双鱼形、戴胜鸟形、虫蛹形。

FRIDAY. APR 21, 2023
2023年4月21日
农历癸卯年·三月初二

4月21日

星期五

🐰 今日生命叙事

早起____点，午休____点，晚安____点，体温____，体重____，走步____

今日喝茶：绿☐　白☐　黄☐　青☐　红☐　黑☐　花茶☐

正能量的我

中国茶历

0421

茶祭·祭华夏始祖黄帝

黄帝祭典

传说,农历三月初三是黄帝(轩辕)诞辰日。黄帝是华夏始祖,中华民族人文初祖,古华夏部落首领,是开创中华民族文明的祖先。黄帝首次统一中华民族的伟绩载入史册。

据记载,黄帝在炎帝之后,统一了华夏各部落。他推算历法,作干支以纪时沿用至今(农历);教导播种五谷,实行田亩制;隶首作数,定度量衡之制;军事有风后衍握奇图,始制阵法;制作箫管乐器,定五音十二律,合于今日;令元妃嫘祖始养蚕以丝制衣服;与岐伯讨论病理,作《黄帝内经》;在荆山铸鼎,分华夏为九州;发明水井、舟车、弓矢、房屋等。建立古国体制,以"德"施天下。

传说黄帝领导部落降服炎帝部落后结盟,共同击败了蚩尤,统一华夏。华人(不仅汉族)自称炎黄子孙,将炎帝与黄帝共同尊奉为中华民族人文初祖,成为中华民族团结、奋斗的精神动力。

传说黄帝与炎帝部落结盟后,黄帝也认知了茶。他明白了野生的茶树枝叶不但可以作为裹身遮饰、茶祀上供之用;野生茶树的嫩梢鲜叶,还可以生鲜咀嚼,生煮羹饮,当作医药和充饥用。黄帝生鲜咀嚼尝用,口感到苦,便令仓颉造字"荼",于是最早的"荼"字就诞生了。

黄帝祭典,遵循历史规制,即盛世礼炮,敬献花篮(鲜花和鲜茶枝叶),净手上香,行施拜礼,恭读拜文,高唱颂歌,乐舞敬拜,天地人和,圣火祈福。

2006年5月20日,黄帝陵祭典,经国务院批准列入第一批国家级非物质文化遗产名录。

SATURDAY. APR 22, 2023

2023 年 4 月 22 日

农历癸卯年·三月初三

4月22日

星期六

🐰 今日生命叙事

早起____点，午休____点，晚安____点，体温____，体重____，走步____

今日喝茶：绿☐　白☐　黄☐　青☐　红☐　黑☐　花茶☐

正能量的我

中國茶曆

中国茶历

0422

节气茶·谷雨茶

谷雨茶

古诗有"诗写梅花月,茶煎谷雨春""二月山家谷雨天,半坡芳茗露华鲜"。谷雨茶是谷雨时节采制的春茶,又叫二春茶。春季温度适中,雨量充沛,加上茶树经过了冬季的休养生息,春梢芽叶肥硕,色泽翠绿,叶质柔软,富含多种成分,使谷雨茶滋味鲜活,香气怡人。这时节,江南茶区万里碧绿,千里飘香,一派生机勃勃的景象,也正是采茶、收茶、制茶的重要阶段。

我国绝大部分产茶地区,茶树生长和茶叶采制是有季节性的。按节气分,春分、清明、谷雨、立夏、小满采制的茶为春茶;按时间分,3月中旬(华南茶区为2月或3月)至5月下旬采制的为春茶。而在4月上旬及之前采制的茶属是"早春茶"。

谷雨茶有嫩芽制作的茶,还有1芽1嫩叶或1芽2嫩叶的茶。1芽1嫩叶的茶叶,泡在水里像古代兵器枪和旌旗林立,被称为旗枪;1芽2嫩叶的茶是三春茶,像雀鸟的舌头,被称为雀舌,与清明茶"莲心"同为一年之中的佳品。

在谷雨前一周采制的茶叶,被称为"雨前茶",谷雨之后一周采制的茶叶,被称为"雨后茶"。雨前茶与雨后茶,通常是茶叶的第三次采摘(三采)、第四次采摘(四采),三采与四采的茶叶,可以统称为"正春茶"。再往后约一周,在立夏前采制的茶叶,是春茶的第五次采摘(五采),此时采制的茶叶,被称为"晚春茶"。

春茶,泛指春季和立夏、小满节气里采制的茶叶,用春季和立夏、小满节气里采制的茶叶沏泡的茶(水、汤)。

SUNDAY. APR 23, 2023
2023 年 4 月 23 日
农历癸卯年·三月初四

4月23日　星期日

🐰 **今日生命叙事**

早起____点，午休____点，晚安____点，体温____，体重____，走步____

今日喝茶：绿□　白□　黄□　青□　红□　黑□　花茶□

正能量的我

经典名茶·六安瓜片

六安瓜片

六安瓜片,绿茶类,简称瓜片、片茶,是唯一无芽无梗的茶叶,由单片生鲜叶制成,产自安徽省六安市大别山一带,为历史名茶。唐代称为"庐州六安茶",明代始称"六安瓜片",清代为贡茶。

谷雨前后开始采摘,至小满节气前结束。选用鲜叶标准是1芽2~3叶为主,大家习惯称之为"开面"采摘。采制六安瓜片的茶树品种主要为六安双锋山中叶群体种,俗称大瓜子种。

制茶工序是采摘、板片(除去芽头和茶梗,掰分嫩片、老片)、杀青、生锅与熟锅、烘焙(毛火、小火、老火等)。根据采制季节,分成三种"片",谷雨前采称"提片",其后采制的称"瓜片",进入梅雨季节采制的称为"梅片"。

成品六安瓜片茶叶的外形是似瓜子形的单片,顺直匀整,叶边背卷平展,不带芽梗;色泽宝绿,起霜有润,香气高长;汤色清澈透亮,滋味鲜醇回甘;叶底绿黄匀亮。

冲泡六安瓜片时,根据"片"的老嫩程度,从嫩向老,可以采用中投法或者下头法冲泡。茶水比为1∶50,投茶3克,水150克(毫升);泡茶具宜用无色透明玻璃杯;开水100℃,小量倒入玻璃杯温杯预热后倒去水,水温降至85~90℃时冲泡,注意要给玻璃杯加上杯盖。

MONDAY. APR 24, 2023

2023 年 4 月 24 日

农历癸卯年·三月初五

4月24日

星期一

🐰 **今日生命叙事**

早起____点，午休____点，晚安____点，体温____，体重____，走步____

今日喝茶：绿☐　白☐　黄☐　青☐　红☐　黑☐　花茶☐

正能量的我

中国茶历

0424

经典名茶·望海茶

望海茶,绿茶类,产于浙江省宁波市宁海县,主产于宁海县深甽镇望海岗村一带,是新创名茶,创制于20世纪80年代。宁海产茶早在宋代已有享誉,宋代庄茹芝所撰《续茶谱》引嘉定十六年(1233年)《赤城志》云:"宋公祁答如吉茶诗有'佛天雨露,帝苑仙浆'之语,盖盛称茶美,而未言其所出之处,今紫凝之外,临海言延

望海茶

峰山,仙居言白马山,黄岩言紫高山,宁海言茶山,皆号最珍。而紫高、茶山昔以为日铸之上者也。"

望海茶鲜叶于清明后至谷雨前采摘。采用鸠坑群体种茶树鲜叶为主要原料,选用鲜叶标准1芽1叶初展和1芽1叶为主,要求茶芽紧裹,芽长于叶;紫色芽、虫食芽、霜冻芽不采,并选晴天或露水干后开始采摘。

制茶工序是摊放、杀青、摊凉、揉捻、做形、初烘、摊凉、足烘、筛分、包装。

成品望海茶茶叶的外形条索细紧、挺直、嫩秀,翠绿显毫;香高持久,有嫩栗香;滋味鲜醇爽口回甘,汤色嫩绿清澈明亮;叶底芽叶成朵,嫩绿明亮,具有高山云雾茶的风韵。尤有色泽翠绿、汤色清绿、叶底嫩绿的"三绿"特色。

冲泡望海茶时,可每人用一只容量126毫升的盖碗作为泡具和饮具,茶水比为1∶50,投茶量2克,水100克(毫升),泡茶水温宜水烧开后降温至85℃。主要冲泡步骤:温茶碗内凹,投入茶叶后,采用"环圈法"注水,水量达到茶碗八分后,再合上茶盖。当茶碗中茶汤的水温降至适口时,趁温热品饮。如觉茶汤淡,可用茶盖拨动茶叶使其翻滚后再品饮。

TUESDAY. APR 25, 2023
2023 年 4 月 25 日
农历癸卯年·三月初六

4月25日　星期二

🐰 **今日生命叙事**

早起＿＿点，午休＿＿点，晚安＿＿点，体温＿＿，体重＿＿，走步＿＿

今日喝茶：绿□　白□　黄□　青□　红□　黑□　花茶□

正能量的我

中國茶曆

中国茶历
0425

经典名茶·莫干黄芽

莫干黄芽,黄茶类,产于浙江省德清县莫干山,为20世纪70年代后期恢复的历史名茶。

莫干黄芽鲜叶于4月上中旬开始采摘。清明前后所采称"芽茶",夏初所采称"梅尖",七八月所采称"秋白",十月所采称

制茶工序

"小春";春茶又有芽茶、毛尖、明前及雨前之分,以芽茶最为细嫩,于清明与谷雨间采摘。选用鲜叶标准是1芽1叶、1芽2叶。

制茶工序是采摘(经芽叶拣剔分等)、摊放、杀青、轻揉、理条、微渥堆(闷黄)、烘焙干燥、过筛。

成品莫干黄芽茶叶的外形是条索紧细,形似莲心,茸毫显露,色泽嫩黄绿润;内质高香清鲜芬芳持久;汤色黄绿清澈,滋味鲜爽浓醇;叶底嫩黄成朵。

冲泡莫干黄芽时,可每人用一只容量126毫升的盖碗作为泡具和饮具,茶水比为1:50,投茶量2克,水100克(毫升),泡茶水温宜水烧开后降温至85~90℃。主要冲泡步骤:温茶碗内凹,投入茶叶后,采用"螺旋形法"注水,水量达到茶碗八分后,再合上茶盖。当茶碗中茶汤的水温降至适口时,趁温热品饮。如觉茶汤淡,可用茶盖拨动茶叶使其翻滚后再品饮。

莫干黄芽

WEDNESDAY. APR 26,2023

2023年4月26日

农历癸卯年·三月初七

4月26日

星期三

🐰 **今日生命叙事**

早起____点，午休____点，晚安____点，体温____，体重____，走步____

今日喝茶：绿☐　白☐　黄☐　青☐　红☐　黑☐　花茶☐

正能量的我

中国茶历

0426

经典名茶·太平猴魁

太平猴魁

太平猴魁,绿茶类,产于安徽省黄山市黄山区(原太平县)新民、龙门一带,为历史名茶。

谷雨前后开园采摘鲜叶,到立夏结束。采用柿大茶群体种鲜叶为主要原料,选用鲜叶标准是1芽3叶新梢。

制茶工序是杀青和烘干。杀青选用平口深锅,用木炭作燃料,要求杀青均匀,老而不焦,无黑泡、白泡和焦边现象;烘干又分子烘、老烘和打老火3个过程。

成品太平猴魁茶叶的外形两叶抱芽、平扁挺直、自然舒展、白毫隐伏,有"猴魁两头尖,不散不翘不卷边"之称;芽叶肥硕、重实、匀齐,叶色苍绿匀润,叶脉绿中隐红,俗称"红丝线";兰香高爽、滋味醇厚回甘,香味有独特的"猴韵";汤色明澈,叶底嫩绿匀亮,芽叶肥壮成朵。太平猴魁按品质级为太平猴魁、魁尖和尖茶3个品目。

冲泡太平猴魁时,茶水比为1:50,投茶量3克,水150克(毫升);主要泡茶具首选无色透明玻璃杯,采用下投法;水烧至100℃后取小量倒入玻璃杯,温杯后把水倒出;当烧水壶中的水温降至85~95℃时冲泡茶叶。注意不要给玻璃杯加上杯盖,且通过公道杯均分茶汤到茶盅后品饮。

THURSDAY. APR 27, 2023

2023 年 4 月 27 日

农历癸卯年 · 三月初八

4月27日　星期四

🐰 **今日生命叙事**

早起＿＿点，午休＿＿点，晚安＿＿点，体温＿＿，体重＿＿，走步＿＿

今日喝茶：绿□　白□　黄□　青□　红□　黑□　花茶□

正能量的我

中国茶历

0427

经典名茶·凌云白毫

凌云白毫,绿茶类。原名"白毛茶",又名"凌云白毛茶"。产于广西壮族自治区凌云县和乐业县境内的云雾山中。主产地在凌云岑王老山、青龙山脉一带,创于清代乾隆以前。

凌云白毫是用凌云白毛茶茶树品种的鲜叶加工而成。凌云白毫的茶树品种属有性繁殖系,属小乔木型、大叶类、中生种。植株高大,茶树径粗,芽叶肥壮,叶质柔软,持嫩性强,茸毫长而密,具有天然的清香,自然生长树高达6~9米,树姿半张开,分枝较稀。

凌云白毫鲜叶于清明、谷雨期间采摘,采摘标准:特级茶和一级茶的鲜叶以1芽1叶为主;二级标准为1芽2叶,不采露水叶、紫色叶、病虫叶。

制作工艺工序有摊青、杀青、初揉和复揉、干燥(炒二青和炒三青)四道工序。炒制方法有手炒和机炒两种。高级茶采用手工炒制。

冲泡凌云白毫时,可每人用一只容量126毫升的盖碗作为泡具和饮具,茶水比为1:50,投茶量2克,水100克(毫升),泡茶水温宜水烧开后降温至90℃。主要冲泡步骤:温茶碗内凹,投入茶叶后,采用"环圈法"注水,水量达到茶碗八分后,再合上茶盖。当茶碗中茶汤的水温降至适口时,趁温热品饮。如觉茶汤淡,可用茶盖拨动茶叶使其翻滚后再品饮。

凌云白毫

FRIDAY. APR 28, 2023

2023年4月28日

农历癸卯年·三月初九

4月28日

星期五

🐰 **今日生命叙事**

早起____点，午休____点，晚安____点，体温____，体重____，走步____

今日喝茶：绿□　白□　黄□　青□　红□　黑□　花茶□

正能量的我

中国茶历

0428

茶诗词·临安春雨初霁

（宋）陆游
世味年来薄似纱，谁令骑马客京华。
小楼一夜听春雨，深巷明朝卖杏花。
矮纸斜行闲作草，晴窗细乳戏分茶。
素衣莫起风尘叹，犹及清明可到家。

诗人陆游诗叙：早春，只身于小楼中，听春雨淅淅沥沥，闻深幽小巷卖杏花声，来灵感时吟诗作画，天气好时，隔窗可见成群的人在斗茶点茶，仿佛阵阵茶香飘来。诗句"晴窗细乳戏分茶"把宋代斗茶点茶的活动场面，吟唱得有景、有形、有声、有色、有味，令人称绝！

注释：霁，雨后，天气放晴。世味，人世滋味，社会人情。客，客居。京华，京城之美称。深巷，很长的巷道。明朝（zhāo），明日早晨。矮纸，短纸、小纸。斜行，倾斜的行列。草，指草书。晴窗，明亮的窗户。细乳，沏茶时水面呈白色的小泡沫。分茶，宋元时点茶之法。注汤后用箸搅茶乳，使汤水波纹变幻成种种形状。素衣是诗人对自己的谦称（类似于"素士"）。风尘叹，因风尘而叹息，暗指自己不羡京城奢华，不让不良风气污染自己的高洁品行。

分茶用具

SATURDAY. APR 29, 2023

2023年4月29日

农历癸卯年·三月初十

4月29日

星期六

🐰 **今日生命叙事**

早起____点，午休____点，晚安____点，体温____，体重____，走步____

今日喝茶：绿□ 白□ 黄□ 青□ 红□ 黑□ 花茶□

正能量的我

中国茶历

0429

茶诗词·望江南·超然台作

(宋)苏轼

春未老,风细柳斜斜。

试上超然台上看,半壕春水一城花。

烟雨暗千家。

寒食后,酒醒却咨嗟。

休对故人思故国,且将新火试新茶。

诗酒趁年华。

　　这首词以清明时节登台游春起笔,勾画了一幅细风斜柳、春水鲜花,烟雨下人群涌动在路上的景象。登上超然台远眺,护城河里春水漾漾,城内满目鲜花,烟雨下涌动的人群一家又一家。寒食节后醒悟寻思,故乡、故友、新的人生旅途何在?面对故友,面对往事,还是不要去回首,也不必纠结心间。如同重新生火品尝刚焙制的春茶一般,吟诗创意,趁着大好时光、时机和年富力强,奋力有所作为吧!一句"且将新火试新茶",诗人借它作为点眼之笔,抒发了"游于物外"的超然心境,表达以乐观豁达的人生态度消除心中郁闷的取向。

风细柳斜斜

SUNDAY. APR 30, 2023

2023年4月30日

农历癸卯年·三月十一

4月30日

星期日

🐰 **今日生命叙事**

早起___点，午休___点，晚安___点，体温___，体重___，走步___

今日喝茶：绿☐　白☐　黄☐　青☐　红☐　黑☐　花茶☐

正能量的我

经典名茶·宜红

宜红,红茶类,又称宜昌工夫茶,是我国主要工夫红茶品种之一,创制于19世纪中叶,历史上因由宜昌集散、加工、出口而得名,为历史名茶。产区有湖北宜昌市、恩施土家苗族自治州和湖南常德市的20多个县(市),是我国历史悠久的著名茶区,早在公元3世纪西晋时,《荆州土地记》就记有:"武陵七县通出茶。"唐代陆羽《茶经》载:"巴山峡川有两人合抱者""山南,以峡州上。"

春茶、夏茶、秋茶季均可采摘茶叶。选用鲜叶的标准是1芽2叶、1芽3叶及同等嫩度对夹叶,以夏、秋鲜叶为主。

制茶工序是萎凋、揉捻、发酵、干燥。

成品宜红茶叶条索细紧带金毫,色泽乌润,高香持长;滋味甜香浓醇,汤色红褐,有"冷后浑"乳凝现象特色;叶底红亮。

冲泡宜红时,可每人用一只容量126毫升的盖碗作为泡具和饮具,茶水比为1∶50,投茶量2克,水100克(毫升),泡茶水温宜水烧开后降温至95℃。主要冲泡步骤:温茶碗内凹,投入茶叶后,采用"螺旋形法"注水,水量达到茶碗八分后,再合上茶盖。当茶碗中茶汤的水温降至适口时,趁温热品饮。如觉茶汤淡,可用茶盖拨动茶叶使其翻滚后再品饮。

宜红

MONDAY. MAY 1, 2023

2023年5月1日

农历癸卯年·三月十二

🐰 今日生命叙事

早起____点，午休____点，晚安____点，体温____，体重____，走步____

今日喝茶：绿☐　白☐　黄☐　青☐　红☐　黑☐　花茶☐

正能量的我

5月1日

星期一

劳动节

中國茶曆　　　　　　　　　　　　　　　　中国茶历

0501

茶诗词·幽居初夏

(宋)陆游

湖山胜处放翁家，槐柳阴中野径斜。
水满有时观下鹭，草深无处不鸣蛙。
箨龙已过头番笋，木笔犹开第一花。
叹息老来交旧尽，睡来谁共午瓯茶。

这首诗紧紧围绕"幽居初夏"四字展开，四字中又着重写一个"幽"字，诗的前六句写幽静的景色之美。景是幽景，情亦幽情，但幽情中自有感寂。水满、草深、箨龙（笋）、木笔（辛夷花）、鹭停、蛙鸣，自是典型的初夏景物景色。景之清幽，物之安详，人之闲适，三者交融，构成了恬静深远的意境。尽管万物欣然，诗人却心情衰减，倦而欲睡，睡醒则思茶。忽然想到往日旧交竟零落殆尽，于是一种寂寞之感袭上心头："睡来谁共午瓯茶？"好一个"下午茶"，谁来雅集？这首《幽居初夏》，虽然有陶渊明的恬静，白居易的明浅，但此外另有陶、白所不曾有的幽寂。

茅草屋

TUESDAY. MAY 2，2023

2023 年 5 月 2 日

农历癸卯年·三月十三

5月2日

星期二

🐰 **今日生命叙事**

早起＿＿点，午休＿＿点，晚安＿＿点，体温＿＿，体重＿＿，走步＿＿

今日喝茶：绿□　白□　黄□　青□　红□　黑□　花茶□

正能量的我

中国茶历

茶诗词·采茶诗

　　　　　（明）高启
　　雷过溪山碧云暖，幽丛半吐枪旗短。
　　银钗女儿相应歌，筐中摘得谁最多？
　　归来清香犹在手，高品先将呈太守。
　　竹炉新焙未得尝，笼盛贩与湖南商。
　　山家不解种禾黍，衣食年年在春雨。

　　这首诗浅显通俗，描写的是采茶女劳动情景及茶农生活。
　　一阵春雨过后，茶树丛中，暖气升腾，溪山见有天上的云彩，还有那温暖人心的阳光；茶树丛上的茶芽和初展的叶儿，长短雅致，生机盎然。采茶姑娘们一边相互应答着对唱采茶歌，一边进行采茶比赛，看谁的筐中采的鲜叶最多。茶山归来，茶叶的鲜香，还长久留在手上。这些山村人家以茶为生计，制成的茶叶要分级，把最好的茶叶献给官府，一般的卖给商人，而采茶人自己却舍不得尝新。每年的温饱，就靠这茶，看这春茶的卖价，也看这春茶季的天气吃饭。
　　诗中寄寓了诗人对茶农深深的同情。在民间，勤劳的茶农则在辛苦耕耘之后，以唱歌唱戏的方式来解除疲乏，久而久之，采茶诗、采茶歌便成了当地民俗的一部分。

采茶

WEDNESDAY. MAY 3, 2023

2023 年 5 月 3 日

农历癸卯年·三月十四

5月3日

星期三

🐰 **今日生命叙事**

早起＿＿点，午休＿＿点，晚安＿＿点，体温＿＿，体重＿＿，走步＿＿

今日喝茶：绿□　白□　黄□　青□　红□　黑□　花茶□

正能量的我

中國茶曆　　　　　　　　　　　　　　　中国茶历

0503

茶典故·王船山的《摘茶词》

明末清初的王船山（1619—1692年），今湖南衡阳人。他与顾炎武、黄宗羲并称明清三大思想家。清顺治十六年（1659年），先生居南岳续梦庵，饮"南岳云雾茶"，"贪听姨娘采茶曲"的浪漫怀情，留给了后世他唯一茶诗《摘茶词》十首。

诗一：深山三月雪花飞，折笋禁桃乳雀饥。
　　　昨日刚传过谷雨，紫茸的的赛春肥。

诗二：湿云不起万峰连，云里闻他笑语喧。
　　　一似洞庭烟月夜，南湖北浦钓鱼船。

诗三：晴云不采意如何，带雨掠云摘倍多。
　　　一色石姜叶笠子，不须绿箬衬青蓑。

诗四：一枪才展二旗斜，万簇绿沉间五花。
　　　莫道风尘飞不到，鞠尖队队满洲靴。

诗五：琼尖新炕凤毛毱，玉版兼蒸龙子胎。
　　　新化客迟六峒远，明朝相趁出城来。

诗六：小筑团瓢乞食频，邻僧劝典半畦春。
　　　偿他监寺帮官买，剩取筛馀几两尘。

诗七：丁字床平一足雄，踏云稳坐似凌空。
　　　商羊能舞晴天雨，底用劳劳百脚虫。

诗八：清梵木鱼暂放松，园园锯齿绿阴浓。
　　　揉香按翠三更后，刚打乌啼半夜钟。

诗九：山下秧争韭叶长，山中茶赛马兰香。
　　　逐队上山收晚茗，奈他布谷为人忙。

诗十：沙弥新学唱皈依，板眼初清错字稀。
　　　贪听姨姨采茶曲，家鸡又逐野凫飞。

这一组诗既写采茶姨娘愉快劳动的场面，又揭露清廷官吏对贫苦茶农的勒索、限制导致茶农的困苦，还有山区僧寺沙弥听唱采茶歌而唱经心不在焉的情状。这些诗笔调轻松，语言清新通俗，比喻独特新颖，意境优美，有浓厚的民歌色彩。

THURSDAY. MAY 4, 2023

2023 年 5 月 4 日

农历癸卯年·三月十五

5月4日

星期四

🐰 **今日生命叙事**

早起＿＿点，午休＿＿点，晚安＿＿点，体温＿＿，体重＿＿，走步＿＿

今日喝茶：绿□　白□　黄□　青□　红□　黑□　花茶□

正能量的我

中国茶历

中国茶历

0504

节气茶·立夏茶

立夏茶

立夏至小满前采摘的茶叶为立夏茶。

立夏后,气温大幅度提高,茶树也进入了旺盛的生长期。江南茶区迎来梅雨季节,雨量和降雨频率均有明显的增多。立夏,阳气由"生"向"长"的转化,草木的叶子舒展长肥,茶叶的香味渐浓。立夏茶的茶汤含在口里,既有淡淡茶香,味美不浓,又令人神清气爽。立夏茶汲取的是初夏时节里大自然的时空能量。

"立夏茶"又指立夏这天喝茶的民俗活动。

金国楠《金筑山歌》载诗:"立夏良辰试新茶,为品新茶乞十家。大壶泡出清香味,邻居分饮闲磕牙。"后注云:"立夏日,筑习乞邻给新茶,得十数家之茶叶杂合以大壶泡好,邻舍分饮聊天,谓吃立夏茶。"

早在周朝时,每逢立夏日,天子都会率领文武百官,于南郊用茶祭祀迎接夏季,称为"迎夏"。在民间,人们就以多种多样的民俗活动来迎接夏天的到来。

旧时浙江、江西等地有喝立夏茶的习俗。江浙一带喝"七家茶",即在立夏日,家家烹煮新茶,配上各种果品,于亲友邻里间,互相馈送;小孩子在立夏过七条门槛,吃"七家茶",即可保佑夏天不会得病。江西南昌一带也流行"立夏茶",在立夏这一天,妇女们要聚集七家的茶叶,混同烹饮,说是立夏饮了七家茶,可以保证整个夏天不会犯困;不饮立夏茶,则会一夏苦难熬。贵阳的民国《平坝县志》中也有:"立夏日,煮鸡蛋,遍食家人,每人一枚,意取添气,或各家互相索取茶叶和而烹饮,名曰立夏茶。"

FRIDAY. MAY 5, 2023
2023年5月5日
农历癸卯年·三月十六

5月5日 星期五

🐰 **今日生命叙事**

早起___点，午休___点，晚安___点，体温___，体重___，走步___

今日喝茶：绿☐　白☐　黄☐　青☐　红☐　黑☐　花茶☐

正能量的我

中国茶历

0505

节气和茶·立夏

> 朱旗飘飘启迎夏,蝼蝈鸣砌王瓜甜。
> 祭神供祖称人数,斗蛋乞茶尝三先。
> 梦里云烟锁涧壑,壶中日月出林泉。
> 长风始飘茶野趣,清朗夜气养天年。

今日立夏(农历癸卯年三月十七丑时,公历 2023 年 5 月 6 日 2 时 19 分)。

立夏是农历二十四节气中的第 7 个节气。立夏,季节类节气,从天文学来说,立夏表示即将告别春天,夏天要开始了。而从物候现象看,立夏的"夏"是"大"的意思,立夏解作"宽作万物,使生长也"。明代学者高濂的养生学专著《遵生八笺》中以"孟夏之日,天地始交,万物并秀"来描述立夏的繁茂景象。

立夏物候:初候蝼蝈鸣;二候蚯蚓出;三候王瓜生。

立夏前后,我国只有福州及岭南地区进入物候学上真正的夏季。

立夏时节,茶树生长发育加快,茶叶较易老化,茶谚语有"茶过立夏,一夜粗一夜"。同时,茶园的杂草生长也是极其旺盛,勿用除草剂,锄草的工作量极大,农谚有"(立夏)一天不锄草,三天锄不尽"。加之,病虫害进入高发期,需要做好病虫害防护,应严格依国家标准,限制使用农药化肥。

立夏时节,暑易入心,勿大怒、大汗,应定心气,重在养心。除了宜到茶山茶园,借大自然之景气达到神清气和、心情愉快,适宜饮绿茶、红茶、白茶、黄茶、乌龙茶。

立夏·铃兰花

SATURDAY. MAY 6, 2023

2023年5月6日

农历癸卯年·三月十七

5月6日

星期六

立夏

🐰 今日生命叙事

早起___点，午休___点，晚安___点，体温___，体重___，走步___

今日喝茶：绿☐　白☐　黄☐　青☐　红☐　黑☐　花茶☐

正能量的我

中国茶历

0506

茶祭·祭人文始祖伏羲

伏羲祭典

伏羲是的中华民族人文始祖,相传伏羲人首蛇身,农历三月十八诞生,是中国古籍中记载的最早的王。传说他与女娲兄妹相婚,生儿育女;他根据天地万物的变化,发明创造了占卜八卦,创造文字结束了"结绳记事"的历史;他又结绳为网,用来捕鸟打猎,并教会了人们渔猎的方法;他还造工具,兴农耕,制嫁娶,正姓氏,发明了瑟,创作了曲子。为了纪念和彰扬伏羲的功绩,后人修建了伏羲庙,并进行一年一度的祭祀活动。太昊伏羲祭典是历史悠久的传统民俗及民间祭祀活动。太昊伏羲祭奠,如今主要包括甘肃省天水市的公祭伏羲大典、河南省淮阳县的太昊伏羲陵祭祀等。

传说的伏羲女娲所在的远古时期,我们的祖先只是把野生的茶树当作普通的树,从树上砍下枝条,作为裹身遮饰,祭祀上供之用,那时还未发现茶。后世发现茶,便开始在伏羲祭典中加有敬献花篮(用鲜花和鲜茶枝叶组成)。

2006年5月20日,甘肃省天水市、河南省淮阳县联合申报的"太昊伏羲祭典",经国务院批准列入第一批国家级非物质文化遗产名录。

SUNDAY. MAY 7, 2023

2023年5月7日

农历癸卯年·三月十八

5月7日 星期日

🐰 今日生命叙事

早起___点，午休___点，晚安___点，体温___，体重___，走步___

今日喝茶：绿☐ 白☐ 黄☐ 青☐ 红☐ 黑☐ 花茶☐

正能量的我

中国茶历

0507

节气茶点·立夏

"立夏"节气里喝茶,适宜饮绿茶、红茶、白茶、黄茶、乌龙茶;选用茶点心,讲究对应立夏节气养生,留意民俗文化。

立夏节气总的饮食原则是增酸少苦,宜清补。选用茶点心宜清淡。可选用:

"立夏狗","吃了立夏狗,东西南北走",余杭的民俗中有让孩子在立夏时节吃立夏狗的习惯,长辈们认为,吃了立夏狗的孩子,就能够像狗一样强壮。做立夏狗,第一步,糯米粉兑水手工搓成糯米团,用南瓜汁、艾青作为纯天然染料,将糯米团调成金黄色或是青色。第二步,取一团糯米团,放在手心,左右揉捏手配合有度,十几秒钟,千姿百态、风情万种的立夏狗便诞生了。第三步,为了让它更生动,可以在它的眼睛上按两颗红豆。第四步,将"狗"放在有少量冷水的锅中,蒸上18分钟就可以了。

橘香饼(陈皮饼),外形如橘瓣。食材选用优质陈皮,与红豆或冬瓜蓉入馅,甘甜中微带苦味,橘香幽醇,清润爽口。

脆皮红豆饼,立夏节气的时令食品。

黑米饭糕,最早是宁波传统的立夏点心之一,而后随着时间普及开来。它是将乌树叶捣烂泡水后,用乌树叶汁泡糯米使其染色变黑,再将泡好的黑糯米加糖蒸熟后手工压制成糯米糕,吃起来有一股淡淡的乌树叶香味。

适宜立夏节气的茶点心形形色色,选用时,应留意民俗文化,如斗蛋、住夏、见新等;点心造型少不了:橘瓣形、瓜形、蛋形,还有狗、蜻蜓、蛙等造型。

"立夏狗"

橘香饼(陈皮饼)

脆皮红豆饼

黑米饭糕

MONDAY. MAY 8, 2023

2023年5月8日

农历癸卯年·三月十九

5月8日

星期一

🐰 今日生命叙事

早起____点，午休____点，晚安____点，体温____，体重____，走步____

今日喝茶：绿□　白□　黄□　青□　红□　黑□　花茶□

正能量的我

中国茶历

0508

茶饮法·煮茶

中国古代早有煮茶的记载。西汉王褒《僮约》:"烹茶尽具。"西晋郭义恭《广志》:"茶丛生,真煮饮为真茗茶。"东晋郭璞《尔雅注》:"树小如栀子,冬生,叶可煮作羹饮。"晚唐杨华《膳夫经手录》:"茶,古不闻食之。近晋、宋以降,吴人采其叶煮,是为茗粥。"晚唐皮日休《茶中杂咏》序云:"然季疵以前称茗饮者,必浑以烹之,与夫瀹蔬而啜饮者无异也。"汉代至初唐,主要是直接采茶树生叶烹煮成羹汤而饮,饮茶类似喝蔬茶汤"茗粥"。煮茶,一直流行至今,只是在唐代之前,更多是直接采生叶煮饮,也有以干茶煮饮。

唐代以后,制茶技术日益发展,饼茶(团茶、片茶)、散茶品种日渐增多。唐代饮茶以陆羽式煎茶为主,但煮茶旧习依然难改,特别是在少数民族地区较流行。中唐陆羽《茶经·五之煮》载:"或用葱、姜、枣、橘皮、茱萸、薄荷之等,煮之百沸,或扬令滑,或煮去沫,斯沟渠间弃水耳,而习俗不已。"晚唐樊绰《蛮书》记:"茶出银生成界诸山,散收,无采早法。蒙舍蛮以椒、姜、桂和烹而饮之。"唐代煮茶,往往加盐、葱、姜、桂等佐料。宋代,苏辙《和子瞻煎茶》诗有:"北方俚人茗饮无不有,盐酪椒姜夸满口。"黄庭坚《谢刘景文送团茶》诗有:"刘侯惠我小玄璧,自裁半壁煮琼糜。"宋代北方少数民族地区以盐、酪、椒、姜与茶同煮,南方也偶有煮茶。明代陈师《茶考》载:"烹茶之法,唯苏吴得之。以佳茗入瓷瓶火煎,酌量火候,以数沸蟹眼为节。"清代《竺国记游》载:"西藏所尚,以邛州雅安为最……其熬茶有火候。"

明清以迄今,煮茶,主要在少数民族流行。如:瑶族的打油茶,蒙古族的奶茶,景颇族和德昂族的酸茶,云南白族等多个民族的烤茶(包括"三道茶"),藏族的酥油茶,客家擂茶,甘肃罐罐茶等。

烤茶

TUESDAY. MAY 9, 2023

2023 年 5 月 9 日

农历癸卯年·三月二十

🐰 今日生命叙事

早起____点，午休____点，晚安____点，体温____，体重____，走步____

今日喝茶：绿☐　白☐　黄☐　青☐　红☐　黑☐　花茶☐

正能量的我

5月9日　星期二

中國茶曆　　　　　　　　　　　中国茶历

0509

茶饮法·煎茶

煎茶（釜）

煎茶，主要是指唐代陆羽《茶经》著述的煮茶法和用茶，流行于唐代影响至宋代，宋代流传到日本。

唐代，饮茶渐渐在百姓中流传开来，尤其在中唐之后，饮茶风俗日盛，成为国饮。唐代蒸青饼茶（团茶、片茶）品种日渐增多，饮茶以陆羽式的烹煎为主，将茶饼碾碎成末再饮。唐封演《封氏闻见记·饮茶》："自邹、齐、沧、棣，渐至京邑，城市多开店铺，煎茶卖之。"五代孟贯《赠栖隐洞潭先生》诗："石泉春酿酒，松火夜煎茶。"煎茶这种方式一直延续至宋代，宋代还流行点茶。

煎茶，是取团饼茶经过炙、碾、罗等工序，制成细微粒的茶末，再根据水的煮沸程度，在二沸时投茶煮，然后分饮。煎茶的主要程序：备器、选水、取火、侯汤、炙茶、碾茶、罗茶、煎茶（投茶、搅拌）、酌茶。关键工序：当锅内的水煮到出现鱼眼大的气泡，并微有沸水声时，是"一沸"，这时要根据水量加入适量的盐调味，尝尝水的味道；而当水煮到锅的边缘出现连珠般的水泡往上冒的时候，是"二沸"，这时需舀出一瓢开水，用竹夹在水中搅动使之形成水涡，再用量茶小勺取适量的茶末投入水涡中心；而待水面波浪翻滚时，是"三沸"，这时将原先舀出的一瓢水倒回锅内，使开水停止沸腾。此时，锅内茶汤表面即生成厚厚沫饽，但需及时将茶沫上形成的一层黑水膜去掉，因为它会影响茶汤的味道；最后再将茶汤均匀地舀入3个或者5个茶盏中，而每盏的茶沫要均匀，包括均分"沫饽"。陆羽认为茶汤的精华就是这茶汤上面的沫饽。陆羽在《茶经·六之饮》里强调饮茶一定要趁刚烹好"珍鲜馥烈"时来饮用，只有趁热才能品尝到茶之鲜醇而又十分浓烈的芳香。

WEDNESDAY. MAY 10, 2023

2023 年 5 月 10 日

农历癸卯年 · 三月廿一

5月10日

星期三

🐰 **今日生命叙事**

早起____点，午休____点，晚安____点，体温____，体重____，走步____

今日喝茶：绿□　白□　黄□　青□　红□　黑□　花茶□

正能量的我

茶饮法·点茶

点茶,是居于宋代兴蒸青团饼而流行的饮茶方式。点茶是"分茶"的基础,点茶也常用来在"斗茶"时进行。

点茶

宋代点茶比唐代煎茶法更为讲究,包括将团饼炙、碾、罗,以及候汤、点茶等一整套规范的程序。从蔡襄《茶录》、宋徽宗《大观茶论》等书看来,点茶的主要程序有备器、洗茶、炙茶、碾茶、磨茶、罗茶、择水、取火、候汤、茶盏、点茶(调膏、击拂)。

点茶区别于煎茶之处是,茶末不再是水二沸时投茶煮,不再直接将茶放入釜中熟煮,而是将茶末适量投入盏中待用,再把烧好的水用"汤提点"(煮水瓶)注入盏中,先是调成膏状,再接着注水,用茶筅快速击打,使茶与水充分交融并使茶盏中出现大量白色茶沫上浮为止。

宋代点茶时强调水沸的程度,谓之"候汤"。候汤最难,未熟则沫浮,过熟则茶沉,只有掌握好水沸的程序,才能冲点出茶的色、香、味。宋代点茶,煮水改用肚圆颈细高的汤瓶,由于很难用眼辨认煮水的程度,因此只能依靠水沸的声音来判断煮水的"候汤"。

创造点茶的最佳效果:一要注意调膏,二要有节奏地注水,三是茶筅击拂得视情而有轻重缓急的运用。而这种高超的点茶能干,被称之为"三昧手"。北宋苏轼《送南屏谦师》诗曰:"道人晓出南屏山,来试点茶三昧手",说的就是这个意思。

如果说,唐代的煎茶重于技艺,那么宋代的点茶更重于意境。宋徽宗《大观茶论》中"点"茶的技艺就更为讲究细腻了,要经过七式点注冲泡并搅动击拂乃成。宋代蔡襄《茶录》载:"茶少汤多则云脚散,汤少茶多则粥面聚。钞茶一钱七,先注汤,调令极匀,又添注入,环回去拂,汤上盏可四分则止,视其面色鲜白,着盏无水痕为绝佳。建安开试,以水痕先者为负,耐久者为胜。"又曰:"茶之佳品,皆点啜之。其煎啜之者,皆常品也",表明宋代沏茶,时尚的是点茶。

"点茶"东渡日本,至今遗风不绝。

THURSDAY. MAY 11, 2023

2023 年 5 月 11 日

农历癸卯年·三月廿二

5月11日

星期四

🐰 **今日生命叙事**

早起＿＿点，午休＿＿点，晚安＿＿点，体温＿＿，体重＿＿，走步＿＿

今日喝茶：绿□　白□　黄□　青□　红□　黑□　花茶□

正能量的我

中國茶曆　　　　　　　　　　　　　　　　　　　　　　中国茶历

茶饮法·撮泡茶

元末明初，散茶开始被人们接受，到了明末清初，用沸水冲泡散茶取代了煎茶、点茶，而成为人们饮茶的流行方式。今日的泡茶法也多是明代撮泡茶的延续。

撮泡茶

元代泡茶多用末茶，并且还杂以米面、麦面、酥油等佐料；明代的细茗，则不加佐料，直接投茶入瓯，用沸水冲点，杭州一带称之为"撮泡"，这种泡茶方式是后世泡茶的先驱。

明代开始，朱元璋罢贡团饼茶，遂使散茶（叶茶、草茶）独盛，使得茶叶种类又发展出现了红茶、乌龙茶、白茶、黑茶、黄茶和茉莉花茶，复杂的制茶问题交给制茶人解决，人们只需要将茶叶作简单的冲泡，就能品尝到茶叶"真味"。

撮泡茶讲究备器、选水、取火、候汤、投茶、注水。主要器具有茶炉、汤壶（茶铫）、茶壶、茶盏（杯）等。选水，明清茶书中，也多有择水、贮水、品泉、养水的内容。取火，明代张源《茶录》"火候"条载："烹茶要旨，火候为先。炉火通红，茶瓢始上。扇起要轻疾，待有声稍稍重疾，新文武之候也。"候汤，《茶录》"汤辨"条载："汤有三大辨十五辨。一曰形辨，二曰声辨，三曰气辨。形为内辨，声为外辨，气为捷辨。如虾眼、蟹眼、鱼眼、连珠皆为萌汤，直至涌沸如腾波鼓浪，水气全消，方是纯熟。"投茶，《茶录》提出："投茶有序，毋失其宜。先茶后汤，曰下投。汤半下茶，复以汤满，曰中投。先汤后茶，曰上投。"如今，投茶注水更多是按茶的老嫩程度确定。注水："螺旋形法"注水，这样的水线令盖碗的边缘部分以及面上的茶叶都能直接接触到注入的水，这种注水方式适合红茶、绿茶和白茶，或者泡到后期滋味比较淡了，需要茶汁尽快浸出的；"环圈法"

FRIDAY. MAY 12, 2023

2023 年 5 月 12 日

农历癸卯年·三月廿三

5月12日

星期五

🐰 **今日生命叙事**

早起____点，午休____点，晚安____点，体温____，体重____，走步____

今日喝茶：绿☐　白☐　黄☐　青☐　红☐　黑☐　花茶☐

正能量的我

　　注水，指注水时水线沿壶盖或者杯面旋满一周，收水时正好回归注水点，注水时要注意根据注水速度调整旋转的速度，这样的水线令茶的边缘部分能在第一时间接触到水，适合嫩度比较高的绿茶；"单边定点法"注水，指注水点固定在一个地方，这样的注水方式，让茶仅有一边能够接触到水，适合需要出汤很快的茶，或者碎茶；"正中定点法"注水，正中定点的注水茶底只有中间的一小部分能够和水线直接接触，适合香气比较高的茶。

　　瀹泡法归于撮泡茶，因为都是用散茶为泡的物体。瀹，为浸渍、煮之意，故瀹泡法有浸泡、煮泡之分。

古代雅集·香山九老会

历史上的今天，唐武宗会昌五年（845年）三月二十四，"九老会"在白居易的居处"香山寺"欢聚，这是香山九老会成员隐山遁水、坐禅谈经、品茶饮酒、赋诗作画、吟咏于该寺的林下堂上生活中的一次活动。此处所提的"香山"是古都洛阳城南的香山。

这次与会七老，有原怀州司马胡杲（89岁）、原卫尉卿吉皎（88岁）、原滋州刺史刘真（87岁）、原龙武长史郑据（85岁）、原侍御史内供奉卢真（82岁）、原永州刺史张浑（77岁）、原刑部尚书白居易（74岁）。白居易作《七老会诗》。当年夏天，白居易在洛阳履道坊中与寿星又一次举办逸游文会，与宴者新添2位高寿老人，136岁的李元爽和95岁的僧如满和尚。这群平均年龄约九旬的老人不时游宴于香山龙门寺，诗酒唱酬。为此盛事，白居易写了《九老图诗》，着重描绘李、僧二老的仙姿道骨："雪作须眉云作衣，辽东华表鹤双归。当时一鹤犹稀有，何况今逢两令威！"他还写有《香山九老会诗序》。

香山九老会以禅意为主，由富有诗才的诗人和僧人组成，是古代怡老诗社（指老年文人所结的会社）之祖。香山，这里古松耸立，梅花绽放，假山叠石，祥鹤唳鸣，厅堂楼榭，晨钟暮鼓，环境清幽淡远，实为人间的"桃源仙境"。白居易与成员们在此诗酒唱和，切磋诗艺，挥毫泼墨，评书赏画。围观者，有的若有所思，有的凝神静观；茶僮书僮磨墨陈纸，抱琴侍立，煮茶温酒，备办佳肴，服侍周到。闲适静雅的生活中，创作了大量恬淡静美、富有禅境禅意的"闲适诗"。

SATURDAY. MAY 13, 2023

2023 年 5 月 13 日

农历癸卯年 · 三月廿四

🐰 今日生命叙事

早起___点，午休___点，晚安___点，体温___，体重___，走步___

今日喝茶：绿□　白□　黄□　青□　红□　黑□　花茶□

正能量的我

5月13日

星期六

中国茶历

0513

古代雅集·千叟宴

　　清康熙五十二年（1713年），清圣祖康熙皇帝60岁，布告天下耆老，年65岁以上者，官民不论，均可按时赶到京城参加畅春园的聚宴。这是首次举办"千叟宴"。

　　就在历史上的今天（农历三月二十五），康熙帝在畅春园正门前首宴汉族大臣、官员及士庶，年90岁以上者33人，80岁以上者538人，70岁以上者1823人，65岁以上者1846人。诸皇子、皇孙、宗室子孙凡年纪在10岁以上、20岁以下者，均出来为老人们奉杯敬茶、执爵敬酒、分发食品，扶80岁以上老人到康熙帝面前亲视饮酒，以示恩宠，并赏给外地老人银两不等。

　　"千叟宴"的各种宴会上都要用茶。康熙、乾隆两朝举行过四次规模巨大的"千叟宴"，每次人数多达二三千人，席上也要赋诗，开始时要饮茶，先由御膳茶房向皇帝进献红奶茶一碗，然后分赐殿内及东西檐下王公大臣，连茶碗也赏给他们，其余赴宴者则不赏茶，被赏茶的王公大臣接茶后均行一叩礼，以谢赏茶之恩。之后，始上酒菜正式开宴。此外，皇宫举行的各种宴会开始都要先进奶茶，再摆酒席。

SUNDAY. MAY 14, 2023

2023 年 5 月 14 日

农历癸卯年·三月廿五

5月14日

星期日

今日生命叙事

早起____点，午休____点，晚安____点，体温____，体重____，走步____

今日喝茶：绿☐　白☐　黄☐　青☐　红☐　黑☐　花茶☐

正能量的我

中国茶历

0514

经典名茶·九曲红梅

武夷山九曲溪

九曲红梅,红茶类,简称"九曲红",产于浙江省杭州市西湖区双浦镇的湖埠、双灵、张余、冯家、灵山、社井、仁桥、上阳、下阳一带,尤以湖埠大坞山所产的品质最佳,创制于19世纪70年代,历史名茶。九曲红梅源出自武夷山的九曲,是由于闽北、浙南一带农民北迁,在大坞山一带落户,开荒种粮种茶,并制作九曲红,带动当地茶农生产。

九曲红梅原料鲜茶叶的采摘期,以谷雨前后为优,清明前后开园,品质反居其下。九曲红梅采摘标准要求1芽2叶初展。

制茶工序为萎凋、揉捻、发酵、烘焙。

成品九曲红梅茶的外形条索细若发丝,弯曲细紧如银钩,抓起来互相勾挂呈环状,披满金色的绒毛,色泽乌润,滋味浓郁,香气芬馥,汤色鲜亮,叶底红艳成朵。因其色红香清如红梅,故称九曲红梅。

冲泡九曲红梅时,可每人用一只容量126毫升的盖碗作泡具并为饮具,茶水比为1∶50,投茶量2克,水100克(毫升),泡茶水温宜水烧开后降温至95℃。主要冲泡步骤:温茶碗内凹,投入茶叶后,采用"螺旋形法"注水,水量达到茶碗八分后,再合上茶盖。当茶碗中茶汤的水温降至适口时趁热品饮。如觉茶汤淡,可用茶盖拨动茶叶使其翻滚后再品饮。

九曲红梅

MONDAY. MAY 15, 2023

2023 年 5 月 15 日

农历癸卯年·三月廿六

5月15日

星期一

🐰 **今日生命叙事**

早起___点，午休___点，晚安___点，体温___，体重___，走步___

今日喝茶：绿□　　白□　　黄□　　青□　　红□　　黑□　　花茶□

正能量的我

中國茶曆

中国茶历

0515

茶旅·禅茶休闲养生之旅

始建于东晋的新昌大佛寺，寺内立有一尊1600多年的大佛像，佛寺门前的小屋内有一口井。井里打上来的水，直接冲泡大佛龙井，那滋味难忘。

这条线路位于浙江省绍兴市新昌县。东晋时期，有竺道潜、支遁等18位高僧在新昌的山水间修行讲学，传播般若学。高僧们在修行研学的过程中，常常与茶为伴，发展出独特的禅茶，其中支遁又被称为"禅茶之祖"。在这里旅行，你不仅能体验千年禅茶文化、喝"大佛龙井"、欣赏美丽的茶园风光，而且有机会观赏到新昌特有礼佛仪式、茶祭、茶王大赛等大型茶事活动。

旅游路线：大佛寺（佛寺禅茶）—中国茶市（茶休闲中心）—下岩贝村（云上茶乡），具体安排如下：

第一天上午：出发到大佛寺风景名胜区，仰亚洲第一卧佛，过栈道，礼千佛，穿越地下敦煌般若谷，赏栖光净院禅茶，瞻江南第一大佛，品西厢房佛茶。

第一天下午：出发到中国茶市，品茶、购茶，参观茶市茶文化展览中心、

大佛寺景区

茶文化公园；前往云上茶乡下岩贝村，看千亩茶园，赏穿岩十九峰，体验茶乡民宿。

第二天上午：早起，赏下岩贝云海奇观，体验"白云生处有人家"的诗意景象；穿岩十九峰观景、摄影；现场采摘做茶农，行走或者骑行在千亩茶园间，亲自体验采茶、制茶的全过程。

第二天下午：走进云上茶乡农家，尝大佛龙井，吃原汁原味的农家饭，新昌名小吃炒年糕、东茗特产迷你番薯、手工糍粑、糖麦饼、油焖笋都值得一尝，然后返回新昌县城。

TUESDAY. MAY 16, 2023

2023 年 5 月 16 日

农历癸卯年·三月廿七

5月16日

星期二

🐰 **今日生命叙事**

早起____点，午休____点，晚安____点，体温____，体重____，走步____

今日喝茶：绿□　白□　黄□　青□　红□　黑□　花茶□

正能量的我

中國茶曆　　　　　　　　　　　　　　　　　　　中国茶历

0516

茶旅·四球茶源地文化休闲之旅

茶海绿涛翻涌,茶山笑语欢歌,景区茶香弥漫,茶中有林,林中有茶,山峦起伏,满目苍翠,漫步茶海深处,来一次自由的深呼吸。

这条线路位于贵州省黔西南布依族苗族自治州普安县世界茶源谷景区。这里发现了100万年前的四球茶籽化石,是世界茶源地。发现茶籽化石的云头大山就在景区的南侧,和普安茶海核心区遥遥相望。

线路:普安县—世界茶源谷景区,具体安排如下:

上午:世界茶源谷景区国际山地自行车赛道,全长75千米,骑车沿途穿越峡谷溪流、悬崖栈道、民族村寨、万亩茶海、水库湖泊、深山密林,路面为彩色沥青、砂石、冰片石、水泥等组合,有上坡、急弯、涉水、速降等路段,不仅骑行精彩刺激,沿途风景更是美轮美奂,并且民族风情浓郁。

下午:游览白水溪峡谷、哈丁桥、牛打滚湿地、高升亭、白水冲茶园杨梅山水库、黄金叶茶园、豆

茶源谷景区

角坪知青体验园、山上湿地仙鹤潭、绿壳蛋鸡生态养殖场、爱晚亭与纳利亭、七彩花海情人坡、茶神谷、古驿道边茶神庙、特色客栈福娘茶、世界茶源文化主题公园、"斗弹达吟"叠水广场、神农祠、福娘阁、"清茶竹风"观景台、苗寨垭口茶叶高产示范基地等景点。

WEDNESDAY. MAY 17, 2023

2023 年 5 月 17 日

农历癸卯年·三月廿八

5月17日

星期三

🐰 **今日生命叙事**

早起____点，午休____点，晚安____点，体温____，体重____，走步____

今日喝茶：绿□　白□　黄□　青□　红□　黑□　花茶□

正能量的我

中國茶曆　　　　　　　　　　　　　　　　　　　中国茶历

0517

茶空间·茶博物馆

最早的茶博物馆

中国茶博物馆的数量居世界第一位,54家茶博物馆分布在39个市或县,包括:中国茶叶博物馆(杭州)、北京茶叶博物馆(北京)、云南省茶文化博物馆(昆明)、湖南省茶叶博物馆(长沙)、台湾坪林茶业博物馆(台湾)、香港茶具文物馆(香港)、贵州茶文化生态博物馆中心馆(湄潭)、贵州茶工业博物馆(湄潭)、湖州陆羽茶文化博物馆(湖州)、茶经楼博物馆(天门)、黑茶博物馆(安化)、古茶博物馆(北京)、茯茶文化博物馆(泾阳)、临湘砖茶博物馆(临湘)、云茶历史文化博物馆(昆明)、茶马古道博物馆(丽江)、普洱茶博物馆(普洱)、柏联老茶博物馆(昆明)、茶膏博物馆(昆明)、六堡茶博物馆(苍梧)、天福茶博物院(漳浦)、祁红博物馆(祁门)、黄山松萝茶文化博物馆(黄山)、黄山太平猴魁博物馆(黄山)、黄山徽茶文化博物馆(黄山)、谢裕大茶叶博物馆(黄山)、黄山莫问茶号徽茶博物馆(黄山)、江南茶文化博物馆(苏州)、蒙山世界茶文化博物馆(雅安)、蒙顶山茶史博物馆(雅安)、藏黑茶博物馆(雅安)、青岛崂山茶博物馆(青岛)、青岛万里江茶博物馆(青岛)、鲁西茶文化博物馆(济南)、济南茶叶博物馆(济南)、长清茶文化博物馆(济南)、甘肃省茶博物馆(文县)、硒茶博物馆(恩施)、三和创意茶文化博物馆(安溪)、阳羡茶文化博物馆(宜兴)、鸠坑茶叶博物馆(淳安)、潮州凤凰单丛茶博物馆(潮安)、潮府工夫茶文化博物馆(潮州)、茶宫茶博物馆(深圳)、古丈茶文化博物馆(古丈)、剡溪陶器茶壶博物馆(嵊州)、六安瓜片茶文化博物馆(金寨)、永春古茶器博物馆(永春)、西湖龙井茶博物馆(杭州龙坞)、百茶博物馆(开化)、四龙茶博物馆(梁河)、永安阁茶博物馆(咸宁)、横县茉莉花茶博物馆(横县)、福州茉莉花茶文化博物馆(福州)。

THURSDAY. MAY 18, 2023

2023 年 5 月 18 日

农历癸卯年 · 三月廿九

5月18日

星期四

🐰 **今日生命叙事**

早起___点，午休___点，晚安___点，体温___，体重___，走步___

今日喝茶：绿☐　白☐　黄☐　青☐　红☐　黑☐　花茶☐

正能量的我

中國茶層　　　　　　　　　　　　　　　　　　　　　　中国茶历

0518

节气茶·小满茶

小满茶

　　小满至芒种前采摘的茶叶称为小满茶。小满标志着阳气呈饱满状态，尚未到鼎盛时期，小满茶汲取的是阳气上升而不过的大自然时空能量。

　　每年"立夏"时节，春茶的采制就已接近尾声，到了"小满"节气就逐渐转入夏茶的采摘。小满是采制夏茶的第1个节气。夏茶，泛指夏季采制的茶叶，夏季采制的茶叶沏泡的茶（水、汤）。我国绝大部分产茶地区，茶树生长和茶叶采制是有季节性的。按节气分，小满、芒种、立夏、小暑采制的茶为夏茶；按时间分，6月初至7月上旬采制的为夏茶。

　　夏茶也称"雨水茶"，是因为这时的江南大部分茶产区气温在22℃以上，进入多雨季节。而在云南口语中说"雨水茶"，一般特指乔木型树上出的夏茶。

　　在中国古代，人们取雨水亦称"天水"，泡饮"天水茶"很是享受。最好的"天水"当数小满节气梅雨季节的雨水，梅天的雨水又叫"梅水"，其水质厚，清纯，用梅雨水泡茶叶，茶汤淳厚、色美、味香。"梅水"还适宜长期存贮，梅雨期间的雨水通常是人们收存最多的天水。也有人认为，最好的雨水是时水（时天的雨水），因为时天（芒种时节）里下雨常伴有雷电，雨水中的病毒亦被雷电击灭，雨水中的氧离子则被雷电激活。

FRIDAY. MAY 19, 2023

2023年5月19日

农历癸卯年·四月初一

5月19日

星期五

🐰 **今日生命叙事**

早起___点，午休___点，晚安___点，体温___，体重___，走步___

今日喝茶：绿☐　白☐　黄☐　青☐　红☐　黑☐　花茶☐

正能量的我

中国茶历

0519

节日和茶·国际茶日

2019年11月27日,联合国大会宣布每年5月21日为"国际茶日"。茶,成为世界上唯一的设有"国际日"的植物饮品。

茶是世界的三大软饮料之一。茶起源于中国,世界各国的种茶和饮茶习俗,都是直接或间接从中国传播过去的。全球有60多个国家和地区种植茶叶,160多个国家和地区有茶叶消费习惯。全球茶叶产量2015—2020年分别为528.5万吨、556.1万吨、568.6万吨、585万吨、615万吨、626.9万吨,世界饮茶人口近30亿。中国的茶叶产量2015—2018年分别为227.8万吨、243.3万吨、249.6吨、261.6万吨,居世界第一位,占世界茶叶产量的46.56%。

全球茶叶消费量呈上升趋势,由2006年的357.3万吨增加到了2015年的494.4万吨(增长38.37%),2016年—2020年分别为522万吨、544万吨、567万吨、585.9万吨、587.8万吨。中国国内茶叶年消费量2013—2020年分别为153万吨、160万吨、172万吨、181万吨、193万吨、204万吨、202.56万吨、220.16万吨,人均年消费量1.4千克。

中共中央总书记、国家主席习近平致贺信,对首届中国国际茶叶博览会的举行表示祝贺。习近平指出,中国是茶的故乡。茶叶深深融入中国人生活,成为传承中华文化的重要载体。从古代丝绸之路、茶马古道、茶船古道,到今天丝绸之路经济带、21世纪海上丝绸之路,茶穿越历史、跨越国界,深受世界各国人民喜爱。希望你们弘扬中国茶文化,以茶为媒、以茶会友,交流合作、互利共赢,把国际茶博会打造成中国同世界交流合作的一个重要平台,共同推进世界茶业发展,谱写茶产业和茶文化发展新篇章。

联合国粮农组织2018年发布报告称,全球茶叶生产和消费预计今后10年将进一步增长。

2020年5月21日,国家主席习近平向"国际茶日"系列活动致信表示热烈祝贺。

SATURDAY. MAY 20, 2023

2023 年 5 月 20 日

农历癸卯年·四月初二

5月20日

星期六

 今日生命叙事

早起___点，午休___点，晚安___点，体温___，体重___，走步___

今日喝茶：绿☐　白☐　黄☐　青☐　红☐　黑☐　花茶☐

正能量的我

节气和茶·小满

躅雨煮茶祀神农，忆及上古苦菜丛。
靡草疾风麦秋至，祭神伺蚕三车动。
临池夜莺啼绿柳，凭栏皓月醒长空。
满亦未满七分盏，清正高洁驻心中。

今日小满（农历癸卯年四月初三申时，公历 2023 年 5 月 21 日 15 时 9 分）。

小满是农历二十四节气中的第 8 个节气。小满，物候类节气，表示夏熟作物籽粒开始饱满。在北方，"满"是指夏熟作物籽粒的饱满程度；在南方"满"则是指雨水的丰盈、丰沛程度。

小满物候：初候苦菜秀；二候靡草死；三候麦秋至。

小满时节雨水充沛，阳光充足，温度适宜，江南一带高气温，华南一带多暴雨，植物生长速度快。

茶树从小满开始进入夏茶开采期。夏茶，在云南叫作"雨水茶"，在福建、广东叫作"夏暑茶"。夏茶的采摘期历时最长，从每年的小满开始，一直延续到处暑。夏季茶树的叶芽生长非常迅速，叶片较大，纤维质较为粗硬，叶片颜色较深。

小满节气里，喝什么茶？小满时节，容易因为内郁热外受湿寒而得病，因此要健脾益肾，去湿降热，适宜饮黄茶、白茶（白牡丹）、春茶绿茶、六堡茶、红茶、乌龙茶（台湾乌龙茶）。

小满·虞美人

SUNDAY. MAY 21, 2023

2023 年 5 月 21 日

农历癸卯年·四月初三

🐰 今日生命叙事

早起＿＿点，午休＿＿点，晚安＿＿点，体温＿＿，体重＿＿，走步＿＿

今日喝茶：绿□　白□　黄□　青□　红□　黑□　花茶□

正能量的我

5月21日

星期日

小满

中國茶曆　　　　　　　　　　中国茶历

0521

节气茶点·小满

小满桂圆酥

南瓜蒸蛋糕

松子糕

小满节气里喝茶,适宜饮黄茶、白茶、春茶绿茶、六堡茶、红茶、乌龙茶;选用茶点心,讲究对应小满节气养生,留意民俗文化。

小满节气总的饮食原则是吃苦尝鲜,宜清补。选用茶点心宜清淡。可选用:

小满桂圆酥,以桂圆肉入馅,由传统工艺精制而成。桂圆酥外观色泽淡雅,入口酥软,甘甜爽口,具有桂圆的独特香气。

南瓜蒸蛋糕,食材有鸡蛋、牛奶、南瓜泥、细砂糖、低筋粉、玉米油、柠檬汁、盐。

松子糕,食材有糯米粉、松子仁、糖、香油。

适宜小满节气的茶点心形形色色,选用时应留意民俗文化,如"见三新""动三车"等习俗;点心造型少不了:圆形、丰发,以讨"饱满、丰收"之吉利。

MONDAY. MAY 22, 2023

2023年5月22日

农历癸卯年·四月初四

5月22日

星期一

🐰 今日生命叙事

早起___点，午休___点，晚安___点，体温___，体重___，走步___

今日喝茶：绿☐　白☐　黄☐　青☐　红☐　黑☐　花茶☐

正能量的我

中国茶历

0522

茶游学·茶史游学第一站

了解中国茶历史文化，最好的方式是"游学"。

游学，是一种世界性的、传统性的学习和教育方式。中国古代就很盛行游学，游学对人格养成和知识形成有重要作用。现代教育意义上的游学，是20世纪随着世界和平潮流和全球化发展而产生的一种国际性跨文化或跨地域的历史文化圣地（包括史迹地、文化中心）体验教育模式。

中国茶史游学第一站应在湖州，有十大理由：

中国乃至世界现存最早、最完整、最全面介绍茶的第一部专著《茶经》，就诞生在湖州。

湖州陆羽茶文化博物馆已收藏有100个版本的《茶经》。

中国第一个皇家茶工厂在湖州（顾渚山），唐代及历代在顾渚山留下的摩崖石刻特别珍贵。

唐代湖州文化圈的颜真卿、皎然、陆羽和一大批修贡、修行、修书者的事迹感人，这些事迹从湖州盛传。

当年经陆羽推荐而成大唐贡茶的"顾渚紫笋"，是中国茶叶采制演进的"活化石"。

"茶道"一词最早见于皎然茶诗中，皎然塔在湖州。

鲜为人知的描写有"茶馆"情景的第一首诗，是唐代杜牧在湖州修贡时所作。

江南民间茶坊供奉三尊茶神像的茶俗，茶神像原型茶圣陆羽、茶仙卢仝、茶神裴汶均有在湖州待过的记录。

最早的"喊山拜泉"茶俗也出自湖州，所拜的金沙泉在唐代是贡品。

紫砂壶的创始人是湖州金沙寺的和尚供春，其作为苏州提学副使吴颐山的书童，随侍来到金沙寺，后有了传世的紫砂壶一号"供春壶"。

TUESDAY. MAY 23, 2023

2023 年 5 月 23 日

农历癸卯年·四月初五

5月23日

星期二

🐰 **今日生命叙事**

早起____点，午休____点，晚安____点，体温____，体重____，走步____

今日喝茶：绿□　　白□　　黄□　　青□　　红□　　黑□　　花茶□

正能量的我

中國茶曆　　　　　　　　　　　　　　　　　　　　　　　中国茶历

0523

茶游学·茶馆游学第一站

茶馆游学,专指中华文化茶馆游学。茶馆是我国经济社会和文化融合发展的独特业态,形成于唐代,一直是一扇开放的中华文化之窗。具有代表性的文化茶馆,往往是乡土文化的缩影,是城市的文化名片。

茶馆游学,属于"营地教育"范畴,是一种体验式学习方式,以多样化的形式和广泛的内容,激发知识、联想、运用和创造力。

北京是中国的首都,有最丰富的中华文化遗产,中华文化茶馆游学第一站设在北京,有十大理由:

唐代边远的北方涿郡(今北京),随着隋唐大运河开通而繁荣,与唐代长安和唐代的东方、南方同样,有着发达的茶馆业态。

北京有全国门类最多的茶馆形态。

中国"茶人精神"在北京有着最丰富的群体能量。

北京的代表性文化茶馆,拥有中国茶馆之"最"最多,如最多的国际交流典范,最具茶修内含和体验高度,最受商务人士喜爱,最丰富陈列贵重收藏品,最具清茶馆标杆,最具讲茶空间美学,最富有茶素食美等。

北京具有中国最强体系、师资的茶馆全方位教育资源。

北京具有最丰富的服务人才。

北京具有最多的能在全国连锁经营的茶馆母体。

北京的文化茶馆对中华文化运用和传播最为广泛。

北京已经形成最大规模的茶馆圈人脉群。

北京是"中华文化茶馆游学"的发起和策源地。

WEDNESDAY. MAY 24, 2023

2023 年 5 月 24 日

农历癸卯年·四月初六

5月24日

星期三

🐰 今日生命叙事

早起____点，午休____点，晚安____点，体温____，体重____，走步____

今日喝茶：绿☐　白☐　黄☐　青☐　红☐　黑☐　花茶☐

正能量的我

中國茶曆　　　　　　　　　　　　　　　　　　　中国茶历

0524

茶游学·茶禅游学第一站

禅茶游学，始于唐代。唐代封演在《封氏见闻录》中记录北宗禅习茶的情景，《景德传灯录》记载有禅宗历史上著名的"赵州吃茶去"公案。宋代著名禅师圆悟克勤，在夹山（今湖南省石门县夹山）著就禅宗第一书《碧岩录》并悟出"茶禅一味"之道，其曾手书"茶禅一味"四字馈赠于来宋朝参学（游学）的日本弟子荣西。

"茶禅一味"，可以理解为是通"明德"的一种大智。茶禅，有固定的仪轨、仪式，茶禅游学非常重视在祖庭"营地教育"中的仪轨、仪式的体验学习。

禅茶游学第一站设在夹山，有十大理由：

石门夹山，位于古称"神仙窟宅"的澧阳平原。

晚唐时代的高僧善会，受其师船子德诚的偈语"猿抱子归青嶂后，鸟衔花落碧岩前"影响，在澧州夹山住持参禅。"夹山境"遗址尚有夹山寺、碧岩泉。

宋代高僧圆悟克勤，在夹山寺住持参禅十年，著成《碧岩录》，奠定了夹山寺"茶禅祖庭"的地位。

圆悟克勤禅师所宣导的茶禅融合观念，形成蔚为壮观的茶禅体系，营造了殊胜的因缘。

圆悟克勤奉诏迁金陵、镇江等地，于东南沿海名刹传碧岩宗法，授碧岩茶道，使石门夹山的茶风禅光得以熏沐吴、越、闽大地，后又传播远及于朝鲜、日本。

日本茶道传人，奉夹山寺为其茶道源流原始地。

中国茶禅研究会原理事长吴立民有诗赞："茶禅一味夹山寺，茶道源头《碧岩录》"。

夹山茶禅，被认定为湖南省非物质文化遗产传承项目。

政府批准的茶禅文化研究院设在夹山寺。

夹山寺，不但有茶禅仪轨、茶禅教程，还设有夏令营。

THURSDAY. MAY 25, 2023

2023 年 5 月 25 日

农历癸卯年·四月初七

5月25日

星期四

🐰 **今日生命叙事**

早起____点，午休____点，晚安____点，体温____，体重____，走步____

今日喝茶：绿☐　　白☐　　黄☐　　青☐　　红☐　　黑☐　　花茶☐

正能量的我

中国茶历

0525

茶游学·茉莉花茶游学第一站

茉莉花茶游学第一站在福州。

茉莉花茶,让人一年四季都有"春天的味道",根据产地可以分为:福州茉莉花茶、广西茉莉花茶、苏州茉莉花茶、金华茉莉花茶、四川茉莉花茶、湖南茉莉花茶。福州是茉莉花茶的原创地。茉莉花在西汉时经"海上丝绸之路"从佛国古印度传入福州,并被广泛种植,福州也成了茉莉花之都。领衔《重纂福建通志》的进士陈寿祺,故居就在福州"三坊三巷"的黄巷小黄楼东落花厅。当年,陈总纂亲手种植的白兰树上摘得的白兰花,自家窨制花茶,并与文士、学生和坊巷邻里分享。如今这棵百年白兰树王,乃新枝奋发。

道光年间,玉兰花、茉莉花窨制的花茶开始兴盛,不但出口贸易,还成了朝廷贡茶。

中国著名作家冰心老人,曾经生活在福州"三坊三巷",她的散文《茶的故乡和我故乡的茉莉花茶》《我家的茶事》飘荡着永远的茉莉花茶香。

2013年"福州茉莉花与茶文化系统",被农业部列为首批"中国重要农业文化遗产"。

2014年"福州茉莉花茶与茶文化系统",被列为联合国粮食及农业组织"全球重要农业文化遗产"保护项目。

茉莉花茶游学营地有:福州"三坊七巷"(福州茉莉花茶博物馆、黄巷小黄楼东落花厅百年白兰树、冰心故居)、鼓山花茶园、春伦茉莉文化创意园、马尾船政文化主题公园、仓山近代茉莉花茶厂遗址、茉莉花主题公园、浦口茉莉花湿地公园、鹤上古茉莉花公园。

FRIDAY. MAY 26, 2023
2023年5月26日
农历癸卯年·四月初八

5月26日

星期五

今日生命叙事

早起____点，午休____点，晚安____点，体温____，体重____，走步____

今日喝茶：绿☐　白☐　黄☐　青☐　红☐　黑☐　花茶☐

正能量的我

中国茶历

0526

茶范·明代茶范朱权

朱权（1378—1448年），明太祖朱元璋第十七子，明朝第一代宁王。永乐元年被改封南昌后，朱权于南昌郊外构筑精庐隐居，多与文人学士往来，潜心戏曲、古琴、茶道和著述以寄情。其平生撰述纂辑见于著录者约70余种，存世约30种。

朱权多才多艺，且戏曲、历史方面的著述颇丰，有《汉唐秘史》等书数十种，堪称戏曲理论家和剧作家，所做杂剧今知有12种。

朱权善古琴，编有古琴曲集《神奇秘谱》和北曲谱及评论专著《太和正音谱》（中国现存最早杂剧曲谱，是中国戏曲史上重要的理论著作）。其所制作得"中和"琴，号"飞瀑连珠"，即宁王琴，历史上被称为明代第一旷世宝琴。

朱权耽乐清虚，悉心茶道，借茶来表明自己的志向和内心世界，以达到修身养性；他主张保持茶叶的本色，提倡饮茶方式要方便、简单，顺应茶本身的自然之性，推动了叶茶（散茶）发展；他将饮茶经验和体会写成《茶谱》传世。

朱权以隐士之力参与促进明代文化艺术呈现世俗化趋势，他不但是明代茶人杰出代表，而且是推动明代茶德风气走向的重要人物，也是影响明代社会茶德修行的突出典范。朱权称得上是明代茶范，他的茶魂带着那个朝代的气象和自身的本性——清真。

朱权

SATURDAY. MAY 27, 2023

2023 年 5 月 27 日

农历癸卯年·四月初九

5月27日

星期六

🐰 今日生命叙事

早起____点，午休____点，晚安____点，体温____，体重____，走步____

今日喝茶：绿☐　白☐　黄☐　青☐　红☐　黑☐　花茶☐

正能量的我

茶物哲语·舍得

茶境

茶桌上的茶叶说道:"主人在茶桌上做学习笔记时,让我懂得'舍得'一词,最早出自《易经》有一个'屯'卦。'屯'的意思是聚集、储存。此卦告诫人们,困难重重,条件不备,动则遇险。这就'不如舍'。'舍得'二字,在佛教中得就是舍。'舍得'者,实无所舍,亦无所得,是谓'舍得'。道教中舍就是无为,得就是有为。正所谓'无为而不为'。儒教中舍恶以得仁,舍欲以得圣。在现代人眼里,舍就是付出,是贡献,是投入,得就是产出。"

茶叶听后重复了"'舍得'者,实无所舍,亦无所得,是谓'舍得'"这句,并说:"此句值得觉悟。问茶桌,此句何解?"

茶桌又对茶叶解说道:"比如,主人用你(茶叶),免费招待茶人、茶客,而想着多卖茶叶,这是'商业模式',舍小本谋大利,'实无所舍'而又求有'所得',不是'舍得'。"

茶叶又问道:"茶人、茶客想通过喝茶达到夏季养心,咱主人推荐适宜夏季每日饮用的茶并教其泡饮法,结果没成交买卖。这是'舍得'?"

茶桌答说:"这种情形,没成交,是'舍得';成交了,也是'舍得'。没成交,主人把茶知识给了茶客,让茶客所求满足了,这'舍'让客人有用,双方都得有'交心'。如果成交,主人的'舍得'无增无减,至于卖出了茶叶并收钱,这是买卖范畴,与'舍得'不沾边呀。"

这则茶物哲语陈明:"实无所舍,亦无所得",是"舍得"的动因和结果,才称"舍得"。

SUNDAY. MAY 28, 2023

2023年5月28日

农历癸卯年·四月初十

5月28日 星期日

🐰 **今日生命叙事**

早起___点，午休___点，晚安___点，体温___，体重___，走步___

今日喝茶：绿□　白□　黄□　青□　红□　黑□　花茶□

正能量的我

中国茶历

0528

茶馆·福州永泰正泰大众茶馆

　　福州永泰正泰大众茶馆用平价服务大众、以文化拉动消费,努力营造休闲好环境、引领茶饮新风尚,让大众茶馆真正散发着茶味、烟火味、人情味!

永泰正泰大众茶馆

MONDAY. MAY 29, 2023

2023年5月29日

农历癸卯年·四月十一

5月29日 星期一

🐰 **今日生命叙事**

早起___点，午休___点，晚安___点，体温___，体重___，走步___

今日喝茶：绿☐　白☐　黄☐　青☐　红☐　黑☐　花茶☐

正能量的我

中国茶暦　　　　　　　　　　　　　　　　　中国茶历

0529

茶馆·汉服天下大众茶馆

汉服天下大众茶馆融汇品茶与文化体验于一体,以福州茉莉花茶为代表的茶品,配上以汉服为代表的传统文化体验,汇聚于烟台山老洋房之中,共同呈现中西合璧之美。

汉服天下大众茶馆

TUESDAY. MAY 30, 2023

2023 年 5 月 30 日

农历癸卯年·四月十二

5月30日

星期二

🐰 今日生命叙事

早起＿＿点，午休＿＿点，晚安＿＿点，体温＿＿，体重＿＿，走步＿＿

今日喝茶：绿☐　白☐　黄☐　青☐　红☐　黑☐　花茶☐

正能量的我

中国茶历

0530

茶馆·壶山林氏中医药特色大众茶馆

福建省非遗、老字号"壶山林氏中医内科",将中医药文化特色融入大众茶馆,成为福州又一网红打卡地。

壶山林氏中医特色大众茶馆

WEDNESDAY. MAY 31, 2023

2023 年 5 月 31 日

农历癸卯年·四月十三

5月31日 星期三

🐰 **今日生命叙事**

早起＿＿点，午休＿＿点，晚安＿＿点，体温＿＿，体重＿＿，走步＿＿

今日喝茶：绿□ 白□ 黄□ 青□ 红□ 黑□ 花茶□

正能量的我

经典名茶·祁门红茶

祁门红茶,红茶类,主产于安徽省祁门县及毗邻的石台县、东至县、贵池(今池州市)、黟县和黄山区(旧称太平县)以及江西省浮梁县等地,创制于清代末期,为历史名茶。其原产地祁门县,陆羽《茶经》中记载:"歙州茶,且素质好。"祁门古隶属歙州。

春茶、夏茶、秋茶季均可采摘茶叶。采用槠叶群体种茶树鲜叶为原料,选用鲜叶的标准是1芽2叶、1芽3叶及同等嫩度的对夹叶。

制茶工序是萎凋、揉捻、发酵、烘干。

成品祁门红茶条形紧细匀秀,锋苗毕露,色泽乌润,金毫显露;入口醇和,香中带甜(玫瑰花清新持久的甜香),汤色红艳明亮,回味厚美,叶底亮柔。

冲泡祁门红茶时,可每人用一只容量126毫升的盖碗作为泡具和饮具,茶水比为1:50,投茶量2克,水100克(毫升),泡茶水温宜水烧至100℃。主要冲泡步骤:温茶碗内凹,投入茶叶后,采用"螺旋形法"注水,水量达到茶碗八分后,再合上茶盖。当茶碗中茶汤的水温降至适口时,趁温热品饮。如觉茶汤淡,可用茶盖拨动茶叶使其翻滚后再品饮。

祁门茶园茶树

祁门红茶

THURSDAY. JUN 1, 2023

2023年6月1日

农历癸卯年·四月十四

6月1日　星期四

🐰 **今日生命叙事**

早起___点，午休___点，晚安___点，体温___，体重___，走步___

今日喝茶：绿☐　白☐　黄☐　青☐　红☐　黑☐　花茶☐

正能量的我

中国茶暦　　　　　　　　　　　　　　　　　　中国茶历

0601

茶谚语·茶瓶用瓦，如乘折脚骏登高

最早的茶谚语，文字记载见于唐代苏广的《十六汤品》，其中有谚曰："茶瓶用瓦，如乘折脚骏登高。"

这里的"瓦"是粗陶材质，无釉之瓦，透气性过于强，易渗水又有土沁味，用此材质制作存放茶叶的瓶罐，茶叶容易受潮，造成茶叶变质。"骏"是品质拔尖的马。

这条茶谚语是说用瓦来存放茶叶，容易受潮，造成茶叶变质。就像乘骑着品质拔尖但

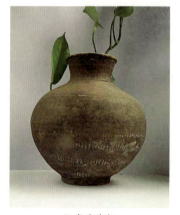

汉代瓦陶瓶

跛脚的马去登山一样，空有主物体的原生好品（本）质，但没能达到希望的效果，甚至会有危害。

注：《十六汤品》，亦称《十六汤》《汤品》。书中在"掌握茶的生杀予夺大权的是汤（开水）"这一认识的基础上，评论了冷热程度不同的汤 3 种、注水时缓急程度不同的汤 3 种、用不同茶具盛装的汤 5 种、用不同薪柴加热的汤 5 种，共计 16 种汤的得失。

FRIDAY. JUN 2, 2023

2023年6月2日

农历癸卯年·四月十五

6月2日 星期五

🐰 今日生命叙事

早起____点，午休____点，晚安____点，体温____，体重____，走步____

今日喝茶：绿☐　白☐　黄☐　青☐　红☐　黑☐　花茶☐

正能量的我

茶诗词·山泉煎茶有怀

（唐）白居易
坐酌泠泠水，看煎瑟瑟尘。
无由持一碗，寄与爱茶人。

诗人静坐，对着鼎釜里那汲自深山的清凉泉水，看着鼎中正在煎煮的茶，那碧色茶粉细末，在汤面飘荡，发出瑟瑟响声，享受着音乐般的美妙。当好茶出汤了，手捧着一碗茶，爱茶无须说明理由，只将这份情感寄予爱茶之人。

这首诗是中国古代茶诗的典范之一，诗中浮现出一个煎茶、奉茶、分享茶的爱茶人形象。唐代名茶尚不易得，官员、处士常相互以茶为赠品或邀友人饮茶，表示友谊。诗人得茶后常邀好友共同品饮，也常赴雅集茶宴，如湖州茶山境会亭茶宴，是庆祝贡焙完成的官方茶宴，又如太湖舟中茶宴，则是文人湖中雅会。可见中唐以后，文人以茶叙友情已是寻常之举。

"坐酌泠泠水，看煎瑟瑟尘"，是白居易眼里的煎茶有声有韵，是美妙的乐动。"雪沫乳花浮午盏，蓼茸蒿笋试春盘"，是苏轼眼里的人间有味是清欢。"山中何事？松花酿酒，春水煎茶"，是张可久笔下的诗眼倦天涯。"被酒莫惊春睡重，赌书消得泼茶香"，是纳兰性德心中的当时只道是寻常。无论是哪一种，都与茶有说不尽的欢心、哀愁和解不开的缘分。一盏清茶，或许陪伴的是一蓑烟雨任平生的诗词客，或许是一生一世一双人的爱情，又或许是兴亡千古繁华梦的倦客。

煎茶

SATURDAY. JUN 3, 2023

2023 年 6 月 3 日

农历癸卯年·四月十六

6月3日

星期六

🐰 **今日生命叙事**

早起＿＿点，午休＿＿点，晚安＿＿点，体温＿＿，体重＿＿，走步＿＿

今日喝茶：绿☐　白☐　黄☐　青☐　红☐　黑☐　花茶☐

正能量的我

中國茶曆　　　　　　　　　　　　　　　　　　中国茶历
0603

茶范·新时代茶范张天福

张天福（1910—2017年），中国近现代十大茶叶专家之一，也是首部《中国农业百科全书》中十大茶叶类专家之一。八十多年如一日，他长期从事茶叶教育、生产和科研工作，特别在培养茶叶专业人才、创制制茶机械、提高乌龙茶品质等方面有很大成绩，对福建省茶叶的恢复和发展作出重要贡献，被誉为当代中国茶学泰斗。

张天福

张天福晚年致力于审评技术的传授和茶文化的倡导。他主张中和陆羽《茶经》中的"茶最宜精行俭德之人"和赵佶《大观茶论》中的"致清导和""韵高致静"，提升以"俭、清、和、静"为内涵的中国茶礼（俭就是勤俭朴素，清就是清正廉明，和就是和衷共济，静就是宁静致远）。

张天福不但倡导中国茶礼，而且身体力行。他倡导、宣传、组织、协办以宣传茶文化为主要内容的"茶人之家""茶艺馆""茶苑"，以清香的茶叶、优雅的琴声、高雅的茶艺，为人们提供一个个安静祥和的美好生活空间。

张天福坚持养成良好的生活习惯，黎明即起，清茶一杯……美好生活靠自己努力创造。"一叶香茗伴百载，俭清和静人如茶"，张天福老人是古今唯一寿享108岁的茶人。张天福当之无愧是新时代茶范，他的茶魂带着中国新时代的气象和自身的本性——中和。

SUNDAY. JUN 4, 2023

2023年6月4日

农历癸卯年·四月十七

6月4日 星期日

🐰 今日生命叙事

早起____点，午休____点，晚安____点，体温____，体重____，走步____

今日喝茶：绿□　白□　黄□　青□　红□　黑□　花茶□

正能量的我

中国茶历

0604

节气茶·芒种茶

芒种茶

芒种后夏至前采摘的茶叶称为芒种茶。

芒种是采制夏茶的重要时节和大忙时节。由于芒种气温更高,芽头长得快,容易粗老,需要及时采摘。芒种是阳气接近鼎盛前的状态,芒种后气温更高,雨量增大,此时茶树芽叶的生长接近鼎盛,茶叶的绿色逐渐加深,茶味浓而不涩,饮后令人阳气上行而头脑清净。芒种茶汲取的是朝气蓬勃向上的盛夏大自然时空能量。

湿看(冲泡后)成品茶,绿茶汤色青绿飘毫,叶底中夹有铜绿色芽叶,茶汤入口稍淡薄,苦底较重,口腔收敛性强;红茶滋味平和带涩,汤色红暗,叶底较红亮;不论红茶还是绿茶,叶底均显得薄而较硬,对夹叶较多,叶脉较粗,叶缘锯齿明显。

MONDAY. JUN 5, 2023

2023 年 6 月 5 日

农历癸卯年·四月十八

6月5日

星期一

🐰 **今日生命叙事**

早起___点，午休___点，晚安___点，体温___，体重___，走步___

今日喝茶：绿☐　白☐　黄☐　青☐　红☐　黑☐　花茶☐

正能量的我

节气和茶·芒种

田间麦芒秧苗青,接天莲叶鸟投林。
螳螂破壳鹏鸣悦,高山流水百舌静。
月明波影品茗香,风细弄玉和萧歌。
佳人煮梅多逸趣,饯花躅雨涤尘襟。

今日芒种(农历癸卯年四月十九卯时,公历2023年6月6日6时18分)。

芒种是农历二十四节气中的第9个节气。芒种,物候类节气,表示麦类等有芒作物成熟。"芒"字,是指麦类等有芒植物的收获;"种"字,是指谷黍类作物播种的节令。"芒种"两字谐音"忙种",农谚有"芒种芒种,忙收又忙种"也表明一切植物都在"忙种"了,所以古时"芒种"也称"忙种",但作为节令名词则是不可将"芒种"写成"忙种"的。

芒种物候:初候螳螂生;二候鹏始鸣;三候反舌无声。

芒种是一年中降水量最多的时节,长江流域经常是连绵雨水的"梅雨季节",此时的雨水有助于茶树生长。

芒种节气里,喝什么茶?芒种时节,天气开始进入炎热之夏,"肝脏气休,心正旺",要照顾脏气平衡,预防暑热上火,讲究"心神静""肚腹温""嗜欲少"。南方开始了梅雨季,需防蚊防湿。本节气适宜饮白茶(白毫银针)、春茶绿茶、红茶、黄茶、乌龙茶(白芽奇兰、安溪铁观音、台湾乌龙)。

芒种·金银花

TUESDAY. JUN 6, 2023

2023年6月6日

农历癸卯年·四月十九

6月6日 星期二 芒种

🐰 **今日生命叙事**

早起＿＿点，午休＿＿点，晚安＿＿点，体温＿＿，体重＿＿，走步＿＿

今日喝茶：绿□　白□　黄□　青□　红□　黑□　花茶□

正能量的我

节气茶点·芒种

"芒种"节气里喝茶,适宜饮白茶、绿茶、红茶、黄茶、乌龙茶;选用茶点心,讲究对应芒种节气养生,留意民俗文化。

芒种节气总的饮食原则是减酸增苦,祛暑益气,宜清补。选用茶点心宜清爽、微苦生津,不宜油腻。可选用:

桑椹果饼,以桑椹入馅,精巧外形的酥松糕饼皮里加入醇香紫薯及莲子,细品可以感受清爽夏日的气息。

桑椹果

乌梅酥饼,食材有乌梅肉、杏仁粒、低筋面粉、糖粉、杏仁粉、玉米淀粉、黄油、蛋白。

乌梅酥饼

绿豆糕,食材有绿豆(去皮)、白糖粉、橄榄油、红豆沙、新鲜薄荷、蜂蜜。

适宜芒种节气的茶点心形形色色,选用时应留意民俗文化,如送花神、栽秧、会安苗等;点心造型少不了:圆形、团花形、四方形、八角形、六角形等。

绿豆糕

WEDNESDAY. JUN 7, 2023

2023 年 6 月 7 日

农历癸卯年·四月二十

6月7日

星期三

🐰 今日生命叙事

早起____点，午休____点，晚安____点，体温____，体重____，走步____

今日喝茶：绿☐　白☐　黄☐　青☐　红☐　黑☐　花茶☐

正能量的我

中國茶曆　　　　　　　　　　　　　　　　中国茶历

0607

古代雅集·邺下雅集

三国时期,曹操定都邺城,他与儿子曹丕、曹植都喜欢名士的文化郊游,因此文士云集邺下,以曹氏父子(特别是曹丕)为中心,经常集宴云游,诗酒酬唱。曹丕在《又与吴质书》中回忆当时的盛况说:"昔日游处,行则连舆,止则接席,何曾须臾相失。每至觞酌流行,丝竹并奏,酒酣耳热,仰而赋诗,当此之时,忽然不自知乐也。"当时文风极盛,文人雅集成一时风气。所以后人评价说:"诗酒唱和领群雄,文人雅集开风气。"邺下聚会,开创了文人雅集的先河。文学上形成"建安七子"影响(王粲、刘桢、徐干、陈琳、阮瑀、应玚和孔融)。他们早期崇尚空灵,抛开政治,隐居山林秉持的"晋风度",受到了后世知识分子的赞赏和推崇。后人仰慕"建安七子"的同时,于是给魏晋时的另外7个人安上个"建安七子"的称号。其实,他们从未同时聚在一起过,叙事画作有明代王问的《建安七子图》绢本。

THURSDAY. JUN 8, 2023

2023 年 6 月 8 日

农历癸卯年·四月廿一

6月8日

星期四

🐰 今日生命叙事

早起____点，午休____点，晚安____点，体温____，体重____，走步____

今日喝茶：绿☐　白☐　黄☐　青☐　红☐　黑☐　花茶☐

正能量的我

中国茶历

0608

古代雅集·"竹林七贤""竟陵八友"雅集

"竹林七贤"之名始见于《魏氏春秋》,是指魏晋时期的嵇康、阮籍、山涛、向秀、刘伶、王戎及阮咸七人。七人早期均仕魏,并崇尚老子、庄子,纵酒放任,以清高自诩。《三国志·魏志·嵇康传》称其"相与友善,游于竹林,号为七贤",但七贤的交谊并未善始善终。随着司马氏集团的兴盛和曹魏的衰败,他们的政治态度逐步分裂。嵇康、阮籍、刘伶仕魏为官,不屈从于司马氏集团。向秀在嵇康被害后,被迫出仕。阮咸、山涛先后投靠司马氏,王戎则功名心最盛,为人鄙吝,深得官场要诀,久居高位。山涛曾想拉拢嵇康投司马氏,嵇康写了著名的《与山巨源绝交书》,痛骂山涛,抨击时政。七贤的艺术成就也大相径庭。刘伶一篇《酒德颂》千古传育。阮籍工诗,嵇康擅文能诗,向秀能赋。阮咸通乐,日常惟以弦歌宴饮而已。至于山涛、王戎仅能清言,未见诗文佳作。竹林七贤虽然最终分道扬镳了,但他们早期崇尚空灵,抛开政治,隐居山林的"晋风度"受到了后世知识分子的赞赏和推崇。相传七贤所常去的竹林,位于今河南辉县西南的竹林寺。

南北朝齐永明年间(483—493年),有一大群文士集合于竟陵王萧子良左右,形成了一个文学群体,文学史上称"竟陵八友。"《梁书·武帝本纪》载:"竟陵王子良开西邸,招文学,高祖(萧衍)与沈约、谢朓、王融、肖琛、范云、任昉、陆垂并游焉,号曰'八友'。"这些人中,沈约、谢朓、范云都是一代文人。他们彼此唱和,互相影响,形成了一股文学潮流。

FRIDAY. JUN 9, 2023

2023年6月9日

农历癸卯年·四月廿二

6月9日

星期五

🐰 今日生命叙事

早起____点，午休____点，晚安____点，体温____，体重____，走步____

今日喝茶：绿□　白□　黄□　青□　红□　黑□　花茶□

正能量的我

茶物哲语·德輶如毛,民鲜克举之

唐代陆羽著《茶经》的器之八有"碾、拂末",前者碾茶,后者将茶拂清。宋代审安老人《茶具图赞》中有:"茶刷,宗从事,名子弗,字不遗,号扫云溪友。姓'宗',表示用棕丝制成,'弗'既'拂','不遗'是其职责,号'扫云',就是掸茶之意。"现代茶具中,类似功能的物件,称为毛刷,又叫养护笔(养壶笔),可以清扫茶盘、清理茶壶。

从这千年源流来看,凡是用于扫除茶事中出现的废物,都属茶扫帚。

现代茶扫帚说:"现代人论及'茶具',很少提到我。而为什么唐二十四器能列之八;宋代十二种茶具中号扫云溪友?"

唐代茶扫帚答道:"唐代饮茶真讲究仪式感,仪式感中'洁净'是很重要的要素,特别是《诗经·大雅·烝民》有句'德輶如毛,民鲜克举之'的警言,首言茶'德'的陆处士,必是重视,以行茶中的'拂末',教化文人雅士'修德'要常举起。"

宋代茶扫帚说:"宋徽宗御制《艮岳记》,称宋朝'世世修德,为万世不拔之基''足以跨周轶汉'。他在专著《大观茶论》中指出'缙绅之士,韦布之流,沐浴膏泽,熏陶德化,咸以雅尚相推,从事茗饮'。把'熏陶德化'提得更高,自然给予'封官'。"

现代茶扫帚说道:"我明白了。'一室之不治,何以天下家国为?'咱这茶扫帚与社会教化是有联系的。"

宋代茶扫帚最后说:"主人的学茶笔记里有《诗经·大雅·烝民》的'德輶如毛,民鲜克举之'。警言流传至今,古人两千年前感叹:那德行看似轻如毛,却很少有人能举动它。就世代警示德行之重,今天,仍要常举呀!伺茶时,每每举起茶扫帚,就多了一次提醒,真好,常抓不懈。"

茶具

SATURDAY. JUN 10, 2023

2023 年 6 月 10 日

农历癸卯年·四月廿三

6月10日

星期六

🐰 今日生命叙事

早起＿＿点，午休＿＿点，晚安＿＿点，体温＿＿，体重＿＿，走步＿＿

今日喝茶：绿□　白□　黄□　青□　红□　黑□　花茶□

正能量的我

中国茶历

0610

茶旅·最美梯田——温泉茶乡之旅

桃源梯田被誉为"全球十大最美梯田"。梯田的美四季变换，春天水满田畴，夏天禾苗吐翠，秋天稻穗沉甸，隆冬环环白玉，尽显美色。

这条线路位于江西省吉安市遂川县。遂川县具有悠久的产茶历史和深厚的文化底蕴，是"中国名茶之乡"，狗牯脑茶更是驰名中外。

茶乡之旅路线：汤湖景区狗牯脑山—桃源梯田—汤湖温泉—遂川县城。具体安排如下：

上午：前往在圩镇东街口的大茶壶前，仰望狗牯脑山，走栈道上山，过观光亭，到狗牯脑山山峰的巨石（刻有"狗牯脑""茶"）。回首南望，层层叠叠万顷茶园，房舍镶嵌其间。

遂县文旅

下午：桃源梯田，桃源驿站享用客家美食（中餐自理），游望天丘梯田景观区、盘龙汇、桥子顶著名景点。

晚上：在汤湖温泉度假村住宿，泡温泉。

美食方面，必尝当地特色遂川客家浸坛，酿豆腐，黄元米果，购遂川三宝"金桔、板鸭、狗牯脑"，品一杯狗牯脑茶。狗牯脑茶产于本区遂川县汤湖乡海拔900米的狗牯脑山，是世界名茶，叶片细嫩均匀，碧色中微露黛绿，表面覆盖着一层柔细软嫩的白绒毫，望而见莹润生辉，闻而觉清香扑鼻，泡一杯茶仅需5～7片茶叶，茶水清澄而略呈金黄，喝后清凉芳醇、香甜沁人肺腑，口中甘味经久不去。

SUNDAY. JUN 11, 2023

2023年6月11日

农历癸卯年·四月廿四

6月11日

星期日

 今日生命叙事

早起____点，午休____点，晚安____点，体温____，体重____，走步____

今日喝茶：绿□　白□　黄□　青□　红□　黑□　花茶□

正能量的我

中国茶历

茶旅·中华茶祖炎帝神农氏寻根之旅

炎帝神农氏在云阳山兴农事,种五谷,尝百草,采茶茗,至今在云阳山留下了祈丰台、洗药池、晒药坪、碾药槽、炼丹灶、神农殿等灵迹。追远寻根少不了独岭坳大溪文化遗址的"刀耕火种";诗情画意何止于"松风半入烹茶鼎,月鸟常啼挂月枝"。

这条线路位于湖南省株洲市茶陵县。传说5000多年前,炎帝神农氏崩葬于"茶乡之阴",史上初有"茶陵"一地。"茶祖在茶陵,茶陵有好茶"。"茶祖"就是传说中尝百草的炎帝神农氏。茶陵名茶有云雾茶、六通庵茶、花石潭茶。具体安排如下:

第一天:中华茶祖园(世界茶人寻根地)—云阳山—湘菜之源祖庵家菜谭延闿故居—中国最美休闲乡村卧龙村。

上午:从中华茶祖文化园(世界茶人寻根地)走上谒祖圣道,参观茶人广场、茶圣广场和谒祖广场。游览云阳山景区(炎帝神农氏尝百草发现茶叶之福地)。

茶陵景区

下午:参观湘菜之源祖庵家菜的发源地——谭延闿故居(中国首个茶叶讲习所创办人谭延闿故里),移步至"蟠藤仙观"读书,参观"谭延闿与湘菜文化展",上民国大戏台,到祖庵家菜开放式厨房体验

MONDAY. JUN 12, 2023

2023年6月12日

农历癸卯年·四月廿五

6月12日

星期一

🐰 今日生命叙事

早起____点，午休____点，晚安____点，体温____，体重____，走步____

今日喝茶：绿□ 白□ 黄□ 青□ 红□ 黑□ 花茶□

正能量的我

就餐。

晚上：在卧龙村宿营，体验古朴民风，水秀沟奇，山清林深，古树参天，静心洗肺。

第二天：卧龙—景阳山，陆羽茶经记载的茶山—皇雩仙景区—泺江茶场，参观有机茶园—东阳湖（40千米水路上井冈山）南坑村参与游客活动，参观20万亩野生藤茶主产区—住宿山阅山酒店。

茶祭·祭华夏始祖炎帝

炎帝祭典

传说农历四月二十六,是炎帝(即神农)诞辰日。炎帝是中华民族人文初祖,华夏始祖,古华夏部落首领。炎帝教导人类共同劳作,播种五谷,收获均分,大家感念炎帝的功德,尊称他为"神农"。神农不但首倡农耕种植,创刀耕火种,还遍尝百草辨识药性,发展用草药治病,发现茶,制饮食用的陶器和炊具,创五弦琴,围市场。

神农,还被茶人敬尊为"茶祖"。据《神农本草经》记载:"神农尝百草,日遇七十二毒,得茶而解之。"神农发现茶,使古华夏部落不只是把野生的茶树,砍下枝条,作为裹身遮饰、祭祀上供之用;还最先采集野生茶树的嫩梢鲜叶,起初是生鲜咀嚼,后是生煮羹饮,加水煮成汤饮,当作医药、充饥、饮品之用。

传说炎帝部落后来和黄帝部落结盟,共同击败了蚩尤,统一华夏。华人(不仅汉族)自称炎黄子孙,将炎帝与黄帝共同尊奉为中华民族人文初祖,炎黄血脉成为中华民族团结、奋斗的精神动力。

"炎帝陵祭典",分为官方祭祀和民间祭祀两种。民间祭祀始于夏,官方祭祀源于周,帝王祭祀起于唐而兴于宋。官方祭祀活动演变至今,主要有公祭大典、告祭典礼,少不了敬献花篮(用鲜花和鲜茶枝叶组成)。民间祭祀,俗称"朝天子坟",老百姓为祈求风调雨顺、五谷丰登,常常举行形式多样的祭祀炎帝活动,亦有用茶祭祀。

2006年5月20日,炎帝祭典经国务院批准列入第一批国家级非物质文化遗产名录。

TUESDAY. JUN 13, 2023

2023年6月13日

农历癸卯年·四月廿六

6月13日

星期二

🐰 **今日生命叙事**

早起＿＿点，午休＿＿点，晚安＿＿点，体温＿＿，体重＿＿，走步＿＿

今日喝茶：绿☐　白☐　黄☐　青☐　红☐　黑☐　花茶☐

正能量的我

中国茶历

茶祭·祭人文始祖女娲

女娲祭典

传说农历三月十八是女娲的生日，女娲是一个蛇身人首的女神。史书记载女娲的主要事迹有：炼五彩石而补天立极，积芦灰而止水，抟黄土而造人，化生孕育人类，制笙簧，帮助伏羲氏正姓氏、通媒妁，因此被尊为中华民族人文始祖。

每年农历三月初一至三月十八，河北涉县城西北中皇山的娲皇宫会举办公祭女娲。娲皇宫坐落在悬崖峭壁上，始建于北齐，迄今已有1450多年的历史，是专为祭祀女娲而兴建的，也是国内奉祀女娲的建筑规模最早的古建筑。

每年农历四月二十七，在甘肃定西七台山兴云寺，都有公祭女娲。公祭在悠扬铿锵的鸣钟九撞、击鼓三通声中拉开帷幕，随后的献笙舞、献鼓乐、献寿蜡、香表、祭文、上香、奠茶、行祭拜礼、献花篮等仪式，表达了人们对中华民族人文始祖女娲的无限敬仰之情。民间传说甘肃省定西市安定区凤翔镇福台村王家窝窝就是女娲的落驾之地，七台山就是女娲造人的地方之一，七台山兴云寺历史久远，供奉着女娲。

传说女娲伏羲所在的远古时期，我们的祖先把野生的茶树只当作普通的树，从树上砍下枝条，作为裹身遮饰（包括头饰用）、祭祀上供之用，当时还未发现茶。后世发现茶，人们便开始在女娲祭典中，加有敬献奠茶。

2006年5月20日，女娲祭典经国务院批准列入第一批国家级非物质文化遗产名录。

WEDNESDAY. JUN 14，2023

2023 年 6 月 14 日

农历癸卯年·四月廿七

6月14日

星期三

🐰 今日生命叙事

早起___点，午休___点，晚安___点，体温___，体重___，走步___

今日喝茶：绿□　白□　黄□　青□　红□　黑□　花茶□

正能量的我

中国茶历

0614

茶物哲语·心若安定，万事从容

茶具

图上是一套组合设计颇为别致的茶盏和茶托。

这茶盏的底，不是平的而是圆锥的，而茶托很有质感且中间是空的。你要想让茶盏平稳，只须将茶盏置于茶托中心就会很和谐，否则，茶盏的底部就倾斜，茶盏就不稳定，茶汤有可能溢出。

这揭示一个哲理，物只要位置是和谐的，它就该放在那里。变化，就要有新的和谐，否则就不宜强加变化。

人也是这样，有的人德不配位，有的人力不从心，有的人心不在焉，有的人不由自主，都属于找不准自己的定位。

活着的最好状态是从容。不急不缓，淡定悠闲。事再大也举重若轻，事再多也有条不紊。用做事去修行，用心境安生活。这就是从容地活着。这似乎高高在上，似乎遥不可及？不是的。只需人们收回向外追逐的目光，重新发现内心的良知，并依之而行。

这正是王明阳——心若安定，万事从容。

THURSDAY. JUN 15, 2023

2023 年 6 月 15 日

农历癸卯年·四月廿八

6月15日

星期四

🐰 **今日生命叙事**

早起＿＿点，午休＿＿点，晚安＿＿点，体温＿＿，体重＿＿，走步＿＿

今日喝茶：绿☐　白☐　黄☐　青☐　红☐　黑☐　花茶☐

正能量的我

中国茶历

0615

茶物哲语·君子独处，守正不挠

唐代中期始有著名诗人赋茶诗，便有了"跨越时空"议论："茶香"的"君子独处，守正不挠"。

李白诗云："茗清香滑熟"，说的是茶香的本正清气。

皇甫曾接着诗云："香茗复丛生"，说的是香茶出自深山丛生的茶树。

白居易喝着茶，有诗云："咽罢余芳气"，说的是咽下茶汤，呵气兰香。

杜牧也谈自己的体会，以诗云："牙香紫璧裁"，说的是芽茶的香从茶饼中冒出来。

郑邀更是幽思，诗云："嫩芽香且灵"，说的是嫩芽的茶香有灵性。

林逋赞美茶有诗云为证"乳花烹出建溪春"，说的是茶汤浮起的泡沫洁白如乳，烹出建溪春茶。

欧阳修以诗云："新香嫩色如始造"，说的是新做的茶，香如原始自然的茶叶香。

蔡襄和意，诗云："鲜香箸下云"，说的是茶叶的鲜香在烤茶时就散发弥漫出来了。

王珪唱反调，诗云："北焙和香饮最真"，说的是与蔡襄"茶有真香"的反调。

黄庭坚马上反诘，诗云："鸡苏胡麻留渴羌，不应乱我官焙香"，是对蔡襄"茶有真香"一语的注脚。

秦观更大声唱诗云："茶实嘉木英，其香乃天育"，唱的是茶那淡雅而悠长的清香气味，是天地自然的灵气。

诗人们说的是保持本真的茶香，以茶喻人，进而受到启示：有德行的人，单居独处，甚至孤单，也会坚守正道，不受干扰，唯在持恒与行。

FRIDAY. JUN 16, 2023

2023 年 6 月 16 日

农历癸卯年·四月廿九

6月16日

星期五

🐰 **今日生命叙事**

早起____点，午休____点，晚安____点，体温____，体重____，走步____

今日喝茶：绿☐　白☐　黄☐　青☐　红☐　黑☐　花茶☐

正能量的我

中国茶誉

中国茶历

0616

茶馆·连江贝里蟹谷大众茶馆

　　贝里溪山泉水是出自岩石重叠的山峦,山上植被繁茂,从山岩断层细流汇集而成的山泉,富含丰富的矿物质和各种对人体有益的微量元素。经过砂石过滤的泉水,水质清澈晶莹,含有极少的氯、铁等元素,用这种泉水泡茶,能使茶的色香味形得到最大限度发挥。

连江贝里蟹谷大众茶馆

SATURDAY. JUN 17, 2023

2023 年 6 月 17 日

农历癸卯年 · 四月三十

6月17日

星期六

🐰 **今日生命叙事**

早起___点，午休___点，晚安___点，体温___，体重___，走步___

今日喝茶：绿□　白□　黄□　青□　红□　黑□　花茶□

正能量的我

中國茶曆　　　　　　　　　　　　　　　　　　　　中国茶历

茶馆·龙峰大众茶馆

龙峰大众茶馆坐落在闽清县省璜镇前峰村,茶馆以大众、亲民、实惠为经营理念,营业面积约300平方米,可容纳150余人,茶馆推出绿茶、红茶、菊花茶、茉莉花茶等茶饮,为游客提供品茶论艺、休闲娱乐及文化交流的休憩场所。

龙峰大众茶馆

SUNDAY. JUN 18, 2023

2023 年 6 月 18 日

农历癸卯年·五月初一

6月18日

星期日

🐰 **今日生命叙事**

早起____点，午休____点，晚安____点，体温____，体重____，走步____

今日喝茶：绿□　白□　黄□　青□　红□　黑□　花茶□

正能量的我

中国茶历

0618

茶馆·石榕大众茶馆

　　石榕大众茶馆位于福州市温泉公园南门，茶馆空间因地制宜，采用极具特色的石笼做景观，与数棵古榕树环抱，装修简洁明了，色彩搭配让人心情放松。

　　茶馆有200多种小食、点心，还有工夫茶、奶茶、咖啡等饮品选择。茶馆设有单人饮套餐、多人欢聚套餐，满足人们多样化的消费需求。

　　空间具备品茶论艺、休闲娱乐、文化交流、社会交往等多种功能，致力于打造成"一个喝茶的好地方"。

石榕大众茶馆

MONDAY. JUN 19, 2023

2023 年 6 月 19 日

农历癸卯年·五月初二

6月19日

星期一

🐰 **今日生命叙事**

早起____点，午休____点，晚安____点，体温____，体重____，走步____

今日喝茶：绿☐ 白☐ 黄☐ 青☐ 红☐ 黑☐ 花茶☐

正能量的我

节气茶·夏至茶

夏至茶

夏至后至小暑前采摘的茶叶称为夏至茶。

古人讲"夏至是一年阴之始"。夏至后我国大部分地区的日平均气温升至 22℃以上,为物候学上真正的夏季。夏至以后地面受热强烈,较高的气温和充足的光照,给予草木全年中最充足的"阳气",是草木生长的关键时期。这一阶段的茶树叶片肥硕,颜色加深,采摘制作的夏茶,茶性十足,茶香浓郁,入口微苦,反水为甜。这是"物极必反"的缘故。夏至到小暑 15 天,阳气在鼎盛中聚集收敛。阳气生"甘",降而生"苦"。夏至时阳气呈现出鼎盛的状态。物壮则老,夏至茶汲取的是阳气处于鼎盛时期开始聚集收敛的大自然时空能量。

夏茶的特征:干看(冲泡前)成品茶,红茶、绿茶大多条索松散,芽茶紧细显毫,珠茶颗粒松泡;红茶色泽红润,绿茶色泽灰暗或乌黑;茶叶轻飘宽大,嫩梗瘦长;香气略带粗老。

湿看(冲泡后)成品茶,绿茶汤色青绿飘毫,叶底中夹有铜绿色芽叶,茶汤入口稍淡薄,苦底较重,口腔收敛性强;红茶滋味平和带涩,汤色红暗,叶底较红亮;不论红茶还是绿茶,叶底均显得薄而较硬,对夹叶较多,叶脉较粗,叶缘锯齿明显。

TUESDAY. JUN 20，2023
2023 年 6 月 20 日
农历癸卯年·五月初三

6月20日

星期二

🐰 **今日生命叙事**

早起＿＿点，午休＿＿点，晚安＿＿点，体温＿＿，体重＿＿，走步＿＿

今日喝茶：绿□　白□　黄□　青□　红□　黑□　花茶□

正能量的我

节气和茶·夏至

开镰时节夏种耕,祭地求雨伏面烹。
山涧阴生鹿解角,草下阳极蝉出鸣。
处处龙舟挂米粽,家家茶台沏银针。
游鱼聚亭夜漏长,半夏始芳宵散成。

今日夏至(农历癸卯年五月初四亥时,公历 2023 年 6 月 21 日 22 时 58 分)。

夏至是农历二十四节气中的第 10 个节气。夏至,天文类节气,夏至的"夏"是季节,"至"是到来,表示炎热的夏天来临。从夏至日开始,地表热量仍然在不断积累,直至最高峰,进入一年中最热的时节——三伏天。

夏至物候:初候鹿角解;二候蜩始鸣;三候半夏生。

夏至时节,为物候学上真正的夏季。夏至以后地面受热强烈,长江中下游、江淮流域出现暴雨天气的"梅雨"季节,空气潮湿,阴雨连绵。

夏至饮茶,以祛暑益气、生津止渴、增进食欲、消解油腻为目的。夏季更需要静心喝茶,远离夏季的燥热。喝茶本就是一种宁静而自由的活动,古谚有"爱玩夏至日,爱眠冬至夜",到户外去,到茶山吃茶去,无疑体现得淋漓尽致。极简,实用,清静,都符合静以养"夏"的理念。

夏至节气里,喝什么茶?夏至后气温有时可达 40℃,人体闷热、汗湿,养阴最为重要,宜服温热之物,滋阴养神,清热解毒,解暑利湿。此节气适宜饮春茶绿茶、茉莉花茶、乌龙茶(永春佛手、武夷岩茶、安溪铁观、台湾乌龙)、黑茶(安化天尖、生普洱茶)红茶、白茶(白毫银针、白牡丹、寿眉)、黄茶,尽量不喝夏茶绿茶。

夏至·蜀葵

WEDNESDAY. JUN 21, 2023

2023 年 6 月 21 日

农历癸卯年·五月初四

6月21日

星期三

夏至

🐰 **今日生命叙事**

早起＿＿点，午休＿＿点，晚安＿＿点，体温＿＿，体重＿＿，走步＿＿

今日喝茶：绿☐　白☐　黄☐　青☐　红☐　黑☐　花茶☐

正能量的我

中國茶曆　　　　　　　　　　　　　　　　　　　　中国茶历

0621

节日和茶·端午节

农历五月是仲夏,第一个午日正是登高顺阳好天气,故五月初五亦称为"端午节"。端午节,最初是古代中国人祛病防疫的节日,后因诗人屈原在这一天"投江",便成了纪念屈原的传统节日。千百年来,屈原的爱国精神和感人楚辞,已深入人心,人们"惜而哀之,世论其辞,以相传焉"。端午节的特色食品"粽子",古称"角黍",传说是为祭投江的屈原而发明的。

"粽子香,香厨房。艾叶香,香满堂。桃枝插在大门上,出门一望麦儿黄。这儿端阳,那儿端阳,处处都端阳"。这首端午节民谣,流行甚广。端午节吃粽子,古往今来,中国各地都一样。如今的粽子更是多种多样,璀璨纷呈。吃粽子与喝茶的搭配有讲究:

吃粽叶香粽子(即仅是米和粽叶包的),可以搭配喝白茶(白毫银针、白牡丹),它有一股淡淡的清香和丝丝甘甜。

粽子

吃咸味的粽子,如椒盐、蛋黄等馅的粽子,可搭配喝乌龙茶(武夷岩茶,成品茶半年以上),能衬出咸甜口味的幽远口感。

吃甜味的粽子,如红枣、栗子、枣泥、豆沙等馅的粽子,可选择清淡的绿茶,能弱化夏天吃甜类粽子的燥热和甜腻。

吃油性的粽子,如鲜肉、火腿、香肠等馅的粽子,相配的茶是黑茶(老茶为佳),能减除口感上的油腻并助消化。

THURSDAY. JUN 22, 2023

2023年6月22日

农历癸卯年·五月初五

6月22日

星期四 端午节

🐰 今日生命叙事

早起＿＿点，午休＿＿点，晚安＿＿点，体温＿＿，体重＿＿，走步＿＿

今日喝茶：绿□　白□　黄□　青□　红□　黑□　花茶□

正能量的我

中國茶曆　　　　　　　　　　　　　　　　　　　　　中国茶历

0622

节气茶点·夏至

"夏至"节气里喝茶,适宜饮春茶绿茶、茉莉花茶、乌龙茶、黑茶、红茶、白茶、黄茶;选用茶点心,讲究对应夏至节气养生,留意民俗文化。

夏至节气总的饮食原则是宜苦酸咸,宜清补。选用茶点心宜微酸、微苦生津,不宜油腻。可选用:

莲子百合饼,将莲子、百合做馅,包入饼中,口感温润甜糯,清爽怡人。

"五毒饼",是北方端午节特有的"驱五毒,迎吉祥"习俗食品,初夏时节正是毒物滋生活跃的时候,因此古人会食用"五毒饼",吃掉蟾蜍、蜈蚣、壁虎、蝎子和蛇这"五毒"造型的点心,祝愿消病强身,祈求健康。早在清朝时期的《燕京岁时记·端阳》中就有记载:"每届端阳以前,府第朱门皆以粽子相馈饴,并副以樱桃、桑椹、荸荠、桃、杏及五毒饼、玫瑰饼等物。"

适宜夏至节气的茶点心形形色色,选用时应留意民俗文化,如瞧夏,祭地神、祭祖,特别是今年的端午节在夏至节气里,点心造型少不了蟾蜍、蜈蚣、壁虎、蝎子和蛇这"五毒"的图形,还有鹿角形、灵芝草形、蝉形(寓意鼓翼而鸣,蝉在点心文化中寓"腰缠万贯"),等。

莲子百合饼

五毒饼

FRIDAY. JUN 23, 2023

2023年6月23日

农历癸卯年·五月初六

6月23日

星期五

🐰 **今日生命叙事**

早起___点，午休___点，晚安___点，体温___，体重___，走步___

今日喝茶：绿☐　白☐　黄☐　青☐　红☐　黑☐　花茶☐

正能量的我

茶典故·范仲淹的《斗茶歌》

宋代范仲淹（989—1052年），字希文，政治家、文学家。他写的《和章岷从事斗茶歌》，脍炙人口，写出了宋代武夷山斗茶的盛况，展现文人雅士、朝廷命官在闲适的生活中，喜闻乐见的一种高雅品茗方式。其诗如下：

年年春自东南来，建溪先暖冰微开。溪边奇茗冠天下，武夷仙人从古栽。新雷昨夜发何处，家家嬉笑穿云去。露芽错落一番荣，缀玉含珠散嘉树。终朝采掇未盈襜，唯求精粹不敢贪。研膏焙乳有雅制，方中圭兮圆中蟾。北苑将期献天子，林下雄豪先斗美。鼎磨云外首山铜，瓶携江上中泠水。黄金碾畔绿尘飞，碧玉瓯中翠涛起。斗茶味兮轻醍醐，斗茶香兮薄兰芷。其间品第胡能欺，十目视而十手指。胜若登仙不可攀，输同降将无穷耻。吁嗟天产石上英，论功不愧阶前蓂。众人之浊我可清，千日之醉我可醒。屈原试与招魂魄，刘伶却得闻雷霆。卢仝敢不歌，陆羽须作经。森然万象中，焉知无茶星。商山丈人休茹芝，首阳先生休采薇。长安酒价减百万，成都药市无光辉。不如仙山一啜好，泠然便欲乘风飞。君莫羡，花间女郎只斗草，赢得珠玑满斗归？

范仲淹塑像

SATURDAY. JUN 24, 2023

2023 年 6 月 24 日

农历癸卯年·五月初七

6月24日

星期六

🐰 **今日生命叙事**

早起____点，午休____点，晚安____点，体温____，体重____，走步____

今日喝茶：绿□　白□　黄□　青□　红□　黑□　花茶□

正能量的我

中国茶历　　　　　　　　　　　　中国茶历

0624

茶典故·苏东坡茶墨结缘

宋代苏轼（1037—1101年），号东坡居士，四川眉山人，北宋文学家、书法家、画家、诗人，还是一位品茶、烹茶、种茶，样样都内行的茶大家。

有一天，苏东坡、司马光等一批文人墨客斗茶取乐，苏东坡的白茶取胜，免不了乐滋滋的。当时茶汤尚白。司马光便有意难为他，笑着说："茶欲白，墨欲黑；茶欲重，墨欲轻；茶欲新，墨欲陈；君何以同时爱此二物？"苏东坡想了想，从容回答说："茶依黑，墨依白；茶依轻，墨依重；茶依陈，墨依新；奇茶墨俱香依唇齿。公以为然否？"司马光问得妙，苏东坡答得巧，众皆称赞。此事传为千古美谈。

点茶

拓墨

SUNDAY. JUN 25, 2023
2023年6月25日
农历癸卯年·五月初八

6月25日 星期日

🐰 **今日生命叙事**

早起____点，午休____点，晚安____点，体温____，体重____，走步____

今日喝茶：绿□　白□　黄□　青□　红□　黑□　花茶□

正能量的我

中国茶历

0625

茶典故·蔡襄、苏轼二泉斗茶

惠山寺"二泉斗茶"

宋英宗治平二年（1065年），踏青时节，蔡襄、苏轼在惠山寺斗茶，住持和尚清月给二人各备有茶灶2个、银瓶2具、茶碾2副、2盆桑木炭，并安排有小沙弥作帮衬。

斗茶开始，二人分别取过自备茶饼，敲开上碾，把筛过的茶末投入紫盏，此时，茶灶飙飙。很快东坡见水已沸开，便提银水瓶冲泡，回头看蔡襄，只见他已冲好了望着东坡笑。

清月住持看了看，又闻了闻，回过身将结果写在纸上，东坡看蔡襄盏中的茶饽沫银白如雪且持久不退，而自己盏中则稍偏鹅黄且慢慢消退，东坡惭愧地说："我输了！"清月刚刚写的正是"东坡输"。

两天中，苏东坡、蔡襄又斗茶。此次俩人的茶饽沫都是银白如雪，无可非议。但清月闻到东坡茶中蕴涵着竹香，笑了笑。蔡襄一闻，呵呵一笑："子瞻赢了！只是你把惠山寺中竹叶心拔光了吧？茶味是我输，理让我占了，对吧？"只见清月拿出写好的四句诗："二泉浸竹沥，胜味一筹，短理一段，佳话千秋。"东坡笑道："二泉这么好的水，我琢磨着能否更好一些呢？李坤有'微动竹风涵淅沥，细浮松月透轻明'，王维也有'竹叶滴清馨'之句，于是我做了一番尝试。"蔡襄听了很高兴，写下了："兔毫紫瓯新，蟹眼清泉煮。雪冻作成花，云闲未垂缕。愿尔池中波，化作人间雨。"这首诗前四句蕴涵了茶道、茶性、茶艺以及淡泊名利的哲理，后两句寓意做人、写文章应当润物无声。

MONDAY. JUN 26, 2023

2023 年 6 月 26 日

农历癸卯年·五月初九

6月26日

星期一

🐰 **今日生命叙事**

早起＿＿点，午休＿＿点，晚安＿＿点，体温＿＿，体重＿＿，走步＿＿

今日喝茶：绿☐　白☐　黄☐　青☐　红☐　黑☐　花茶☐

正能量的我

中国茶历

0626

茶典故·蔡襄与《茶录》

宋代人蔡襄（1012—1067年），字君谟，端明殿学士，著名书法家，古代茶学家。蔡襄为官正直，所到之处皆有政绩。在泉州时，他与卢锡共同主持建造万安桥（洛阳桥）。在福州时，他主持修古五塘；奏减丁口税一半；作《戒山头斋会》碑、《教民十六事》碑，立于福州虎节门，提倡厚养薄葬；倡导福州至漳州七百里驿道植松。

宋仁宗庆历七年（1047年）蔡襄从知福州改任福建路转运使，主持制作武夷茶"小龙团"，著《茶录》。所著《茶录》总结了古代制茶、品茶的经验。蔡襄精于品茗、鉴茶，挥毫作书必以茶为伴。

蔡襄的《茶录》以记述茶事为基础，分上下两篇。上篇茶证：论茶的色、香、味、藏茶、炙茶、碾茶、罗茶、候汤、盏、点茶；下篇器论：论茶焙、茶笼、砧椎、茶钤、茶碾、茶罗、茶盏、茶匙、汤瓶。《茶录》最早记述制作"小龙团"加入香料的情况，提出了品评茶叶色、香、味的内容，介绍了品饮茶叶的方法。

《茶录》的问世还有些周折。蔡襄为了方便回答皇上问茶，便在空暇时间整理写出《茶录》初稿，不料被偷。几年后被偷的《茶录》书稿被传抄于市面，但颇多误抄。蔡襄便决定重著《茶录》，为了避免再有传误，他在完稿后用小楷恭录，并请来石匠刻于石上，供人拓印。

蔡襄小楷《茶录》片段

TUESDAY. JUN 27, 2023
2023年6月27日
农历癸卯年·五月初十

6月27日

星期二

🐰 **今日生命叙事**

早起____点，午休____点，晚安____点，体温____，体重____，走步____

今日喝茶：绿□　白□　黄□　青□　红□　黑□　花茶□

正能量的我

中国茶历
0627

茶典故·朱熹与茶

宋代朱熹（1130—1200年），儒学集大成者、著名理学家、诗人，也是一位嗜茶之人。

朱熹在武夷山兴建武夷精舍，授徒讲学，聚友著作，斗茶品茗，以茶促人，以茶论道。朱熹在寓居武夷山时，亲自携篓去茶园采茶，并引之为乐事。有诗《茶坂》："携籝北岭西，采撷供名饮。一啜夜心寒，紞跌谢蠹影。"朱熹的《咏武夷茶》也一直流传，其诗为："武夷高处是蓬莱，采取灵芽余自栽。地僻芳菲镇长在，谷寒蝶蝶未全来。红裳似欲留人醉，锦幛何妨为客开。咀罢醒心何处所，山重叠翠成堆。"

朱熹回婺源祭祖扫墓时，不仅带回武夷岩茶，在祖居庭院植上十余株，还把老屋更名为"茶院"，并作了《茶院朱氏世谱后序》。

朱熹以茶论道传理学，视茶为中和清明的象征，以茶修德，以茶明伦，以茶寓理，不重虚华，崇尚俭朴，更以茶交友，以茶穷理。他曾借品茶寓求学之道，通过饮茶阐明"理而后和"的大道理。他说："物之甘者，吃过而酸，苦者，吃过即甘。茶本苦物，吃过即甘。问：'此理何如？'曰：'也是一个道理，如始于忧勤，终于逸乐，理而后和。'盖理本天下至严，行之各得其分，则至和。"（见《朱子语类·杂说》）朱熹认为学习过程中要狠下功夫，苦而后甘，始能乐在其中。其所谓"理而后和"，认为"理"乃是自然界严实的规律，是社会人际关系严格的礼仪。"理"是"和"的前提，有理才有和。循理是一种苦修，而只有"行之各得其分"，才能领悟到"至和"的甘甜。这是朱子对茶之"礼"的思想升华。朱熹讲学亦常以茶喻学。

朱熹

WEDNESDAY. JUN 28, 2023
2023 年 6 月 28 日
农历癸卯年·五月十一

6月28日

星期三

🐰 今日生命叙事

早起____点，午休____点，晚安____点，体温____，体重____，走步____

今日喝茶：绿☐　白☐　黄☐　青☐　红☐　黑☐　花茶☐

正能量的我

中国茶历

0628

茶典故·清照角茶

角茶

宋代李清照（约1084—1155年），号易安居士，齐州济南（今山东省济南市章丘区）人，著名的女词人，有"千古第一才女"之称。丈夫赵明诚是金石学家，两人情意甚笃，相敬如宾，又都是茶道中人。赵明诚去世后，留下了一部《金石录》，著作的"后序"是李清照所作。"后序"记述了他们夫妻俩饮茶助学的趣事："每获一书，即同共校勘，整集签题，得书画彝鼎，亦摩玩舒卷，指摘疵病。夜尽一烛为率（率：标准）。故能纸札精致，字画完整，冠诸收书家。余性偶强记，每饭罢，坐归来堂，烹茶，指堆积书史，言某事在某书某卷第几页第几行，以中否，角胜负，为饮茶先后。中即举杯大笑，至茶倾覆怀中，反不得饮而起。"

后来"角茶"典故，便成了夫妇有相同志趣，相互激励，促进学术进步，以茶为酬的佳话。

THURSDAY. JUN 29, 2023

2023 年 6 月 29 日

农历癸卯年·五月十二

6月29日　星期四

🐰 今日生命叙事

早起____点，午休____点，晚安____点，体温____，体重____，走步____

今日喝茶：绿☐　白☐　黄☐　青☐　红☐　黑☐　花茶☐

正能量的我

中国茶历

0629

茶典故·贡茶得官

宋徽宗（1101—1125年）时，官廷里的斗茶非常盛行。

据宋代胡仔《苕溪渔隐丛话》等记载：宋徽宗宣和年间（1119—1125年）管理漕运的官员郑可简，创制了一种以"银丝水芽"制成的团茶"方寸新"。这种团茶色如白雪，故名为"龙园胜雪"。郑可简因此得宠，官升至福建转运使。这是个负责督造贡茶的官职。

宋真宗咸平元年（998年），丁谓任福建转运使，制大龙团贡茶，著《北苑茶录》"独论采造之本"，是一部集大成的总结之作。庆历三年（1043年）蔡襄从知福州改任福建转运使，改制大龙团贡茶为小龙团贡茶，成就了后来的"北苑贡茶"，所著《茶录》是一部全面详细记述茶事的专著。

可是郑可简升官后，又命他的侄子千里，到各地山谷去搜集名茶奇品，千里后来发现了一种叫作"朱草"的名茶，郑可简取到后则将"朱草"交给自己的儿子去进贡。于是，儿子也因贡茶有功而得了官职。有人讥讽说"父贵因茶白，儿荣为草朱"。

郑可简在儿子荣归故里时，大办宴席，热闹非凡，在宴会期间，郑可简得意地说到"一门侥幸"。此时，他的侄子千里，因为"朱草"被夺愤愤不平，立即对上一句"千里埋怨"。

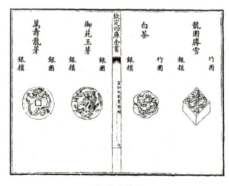

龙团贡茶图

FRIDAY. JUN 30, 2023
2023年6月30日
农历癸卯年·五月十三

6月30日

星期五

🐰 今日生命叙事

早起____点，午休____点，晚安____点，体温____，体重____，走步____

今日喝茶：绿□　白□　黄□　青□　红□　黑□　花茶□

正能量的我

中国茶历

0630

经典名茶·坦洋工夫

福安大白茶品种茶树叶　　　　　　坦洋工夫

坦洋工夫，红茶类，系福建三大工夫红茶之一，产于福建省福安、柘荣、寿宁、周宁、霞浦等地，创制于清代后期，为历史名茶。"闽红"工夫茶系政和工夫、坦洋工夫和白琳工夫的统称。

茶叶于4月上中旬开始采摘。采用福鼎大白茶、福安大白茶品种茶树鲜叶为原料，选用鲜叶的标准是1芽2～3叶，要求进厂鲜叶分级摊放，单级付制。

制茶工序是萎凋、揉捻、发酵、干燥。

成品坦洋工夫外形细长匀整，茶毫微显金黄，色泽乌润；内质香气高爽，汤色红亮，滋味甜香鲜醇，叶底红匀。

冲泡坦洋工夫时，可每人用一只容量126毫升的盖碗作为泡具和饮具，茶水比为1∶50，投茶量2克，水100克（毫升），泡茶水温宜水烧开后降温至85℃。主要冲泡步骤：温茶碗内凹，投入茶叶后，采用"螺旋形法"注水，水量达到茶碗八分后，再合上茶盖。当茶碗中茶汤的水温降至适口时，趁温热品饮。如觉茶汤淡，可用茶盖拨动茶叶使其翻滚后再品饮。

SATURDAY. JUL 1, 2023

2023年7月1日

农历癸卯年·五月十四

7月1日

星期六

🐰 今日生命叙事

早起___点，午休___点，晚安___点，体温___，体重___，走步___

今日喝茶：绿☐　白☐　黄☐　青☐　红☐　黑☐　花茶☐

正能量的我

中国茶历

0701

古代雅集·金谷园雅集

西晋时期文学家、官吏、富豪石崇,建有一座别墅,因金谷水贯注于园中,故名"金谷园"。金谷园随地势高低筑台凿池而成,郦道元《水经注》谓其:"清泉茂树,众果竹柏,药草蔽翳",是当时最美的花园。石崇曾在金谷园中召集文人聚会,与当时的文人左思、潘岳、陆机、陆云等24人结成诗社,史称"金谷二十四友"。

从文学创作的角度来看,"金谷二十四友"举行过若干次文学集会,在某种意义上推动了当时文学创作的繁荣发展。他们在石崇的河阳别墅里畅游园林,饮酒品茗赋诗,并将所作结为诗集。这有点像建安时代由曹丕领导的邺下诸子的文学活动。

元康六年(296年),征西大将军王翊从洛阳还长安,石崇在金谷园中为王翊设宴饯行。王翊一行及石崇亲朋好友欢聚一堂,所有宾客赋诗述怀,宴后把所赋诗篇录为一集,命名为《金谷集》,石崇亲作《金谷诗序》(今已亡佚)以记其事。

金谷园雅集也被世人传为佳话。后人称这次聚会为历史上真正意义上的文人雅聚。描绘此次雅集的画作主要有:北宋画家王诜款《金谷园图》,明代画家仇英绘《金谷园图》,清代画家华喦绘《金谷园图轴》。

SUNDAY. JUL 2, 2023

2023 年 7 月 2 日

农历癸卯年·五月十五

7月2日

星期日

🐰 今日生命叙事

早起____点，午休____点，晚安____点，体温____，体重____，走步____

今日喝茶：绿☐　白☐　黄☐　青☐　红☐　黑☐　花茶☐

正能量的我

中国茶馆

中国茶历

0702

茶诗词·茶（一字至七字诗）

(唐) 元稹

茶

香叶，嫩芽，

慕诗客，爱僧家。

碾雕白玉，罗织红纱。

铫煎黄蕊色，碗转曲尘花。

夜后邀陪明月，晨前命对朝霞。

洗尽古今人不倦，将知醉后岂堪夸。

茶具

这是写茶的宝塔诗"一至七字诗"，从一字句到七字句，逐句成韵，每句字数依次递增，形似宝塔，此诗读起来朗朗上口，让人融入意境，感知趣味，更爱茶。诗的开头还有一小序曰："以题为韵，同王起诸公送白居易分司东都作。"

诗描写"茶"，有动人的芬芳——香叶；有楚楚的形态——嫩芽、曲尘花；还有白玉、红纱、黄蕊等亮丽的色彩；有茶具——碾、铫（铫：便携小金属锅）、茶碗，有煎茶——"铫煎黄蕊色"，茶汤都煎煮到黄蕊色了；还有盛在碗中茶汤上漂浮的茶粉细末如"尘花"，"洗尽古今人不倦"。

诗描写"茶境"，饮茶的最佳时空，夜后陪明月，晨前对朝霞，就如同享受神仙般快乐的生活，可谓《痴绝翁》中"睡起有茶饥有饭，行看流水坐看云"。

这首诗道出了茶的神奇妙用和茶空间的美韵美境，是美的内容与美的形式高度统一的名篇，流传甚广。

MONDAY. JUL 3, 2023

2023 年 7 月 3 日

农历癸卯年·五月十六

7月3日 星期一

🐰 **今日生命叙事**

早起＿＿点，午休＿＿点，晚安＿＿点，体温＿＿，体重＿＿，走步＿＿

今日喝茶：绿□　白□　黄□　青□　红□　黑□　花茶□

正能量的我

中國茶曆　　　　　　　　　　　　　　　　　　　　　　　中国茶历

0703

茶诗词·临江仙·试茶

（宋）刘过

红袖扶来聊促膝，龙团共破春温。

高标终是绝尘氛。

两箱留烛影，一水试云痕。

饮罢清风生两腋，馀香齿颊犹存。

离情凄咽更休论。

银鞍和月载，金碾为谁分。

这首词看似描述试茶（龙团饼茶）、碾茶、试泉点茶、吃茶的体验和感受，其中茶是"龙团"饼茶，水是"泉水"，泡茶具有"金碾"（碾茶用），茶汤有"绝尘氛"，饮茶后感受是"清风生两腋，余香齿颊犹存"。

其实这是一首悲凉、雄壮、感人的茶词。刘过的诗词很少采用传统诗词中常见的兰柳花草及红粉佳人等意象，但这首词不同，"红袖扶来"，春温在居，佳人相扶携，促膝情绵。为什么呢？"银鞍和月载"，辛弃疾要"离情"，要"破春温"跨"银鞍"奔往抗击侵略的前沿。"高标终是绝尘氛"，这一去也许就无法生还，永别离，当然是最珍贵的"龙团"、最高的规格、最深的情怀，"共破春温"留存日后记忆中美好的"绝尘氛"。上阙中"高标"双寓，思发多端，下阙银鞍和月载，报国心切之状凛然。词人生死契阔，且把离别情绪挥揶，忍泪吞声，藉两腋清风、满齿余香，一干豪气，披坚执锐，骏马奔驰，先国后家，弃小存大，博大胸襟尽显。

点茶

TUESDAY. JUL 4, 2023

2023 年 7 月 4 日

农历癸卯年·五月十七

7月4日 星期二

🐰 今日生命叙事

早起＿＿点，午休＿＿点，晚安＿＿点，体温＿＿，体重＿＿，走步＿＿

今日喝茶：绿☐　白☐　黄☐　青☐　红☐　黑☐　花茶☐

正能量的我

中国茶历

0704

茶谚语·茶是草,箬是宝

元代鲁明善《农桑衣食撮要》卷上:"二月摘茶,略蒸,色小变,摊开捐气,通用手揉。以竹箬烧烟火气焙干,以箬叶收。谚云:'茶是草,箬是宝'。"这是茶谚语"茶是草,箬是宝"的出处。箬,是一种竹子,叶大而宽,可编竹笠,又可用来包粽子。常见的相关词语有箬竹、箬笠、箬帽、箬席等。在古代条件下,茶叶的收藏防潮,主要用竹箬,以箬封口,剪箬置于茶中,比采取埋储"烧灰"或存放焙笼等办法,要省事得多。茶叶从焙制到装存,"箬"很重要。箬竹焙茶,保证了茶叶味道的纯正;竹叶包茶,保证了茶叶不走味。离开竹的辅助,茶叶就像野草一样失去价值。

"太平猴魁"制茶工艺,经午后拣尖、杀青、毛烘、足烘,到复焙工序,边烘边翻,切忌按压。足干后趁热装筒,筒内垫箬叶,以增强猴魁香气,故有"茶是草,箬是宝"之说。待茶冷却后,加盖焊封。

就黑茶而言,箬是一种高大的竹子,箬叶可用于保存茶饼,箬条可用于捆绑茶叶以便运输,不止可以有效防潮、避光,呵护茶叶不受磕碰,还可以提升茶叶品质。

箬包茶

WEDNESDAY. JUL 5, 2023

2023 年 7 月 5 日

农历癸卯年·五月十八

7月5日

星期三

🐰 **今日生命叙事**

早起____点，午休____点，晚安____点，体温____，体重____，走步____

今日喝茶：绿☐　白☐　黄☐　青☐　红☐　黑☐　花茶☐

正能量的我

中国茶历

0705

节气茶·小暑茶

小暑茶

小暑后大暑前采摘的茶叶称为"小暑茶"。

时至小暑,天气进入一年中最湿热的阶段。小暑之后,江南地区正处于湿热的季节。湿热之气有利于草木灌浆,这正是大自然的神奇之处。天地间阳气鼎盛,湿气补给水分,草木阳长。这时的茶树叶片变得肥美,茶汤喝在口中带有醇香。小暑时,阳气、水气合为湿热,小暑茶汲取的是天气和地气交融的大自然时空能量。

小暑是采制夏茶的最后一个节气。7月上旬末和7月中旬采制的小暑茶,又当属秋茶。

秋茶的特征:干看(冲泡前)成品茶,茶叶大小不一,叶张轻薄瘦小;绿茶色泽黄绿,红茶色泽暗红;茶叶香气平和。湿看(冲泡后)成品茶,香气不高,滋味淡薄,叶底夹有铜绿色叶芽,叶张大小不一,对夹叶多,叶缘锯齿明显。

THURSDAY. JUL 6, 2023

2023 年 7 月 6 日

农历癸卯年·五月十九

7月6日

星期四

🐰 **今日生命叙事**

早起____点，午休____点，晚安____点，体温____，体重____，走步____

今日喝茶：绿☐　白☐　黄☐　青☐　红☐　黑☐　花茶☐

正能量的我

中国茶历

0706

节气和茶·小暑

温风至始茶碗吞,蟋蟀相催鹰昏痕。
供谷祀祖开食新,天贶翻经晒书襟。
满城桃李知故旧,掌上明珠接娘家。
静心戒躁和睦敦,风定池莲福入村。

今日小暑(农历癸卯年五月二十申时,公历 2023 年 7 月 7 日 16 时 30 分)。

小暑是农历二十四节气的第 11 个节气。小暑,气温类节气,表示气候开始炎热。暑,炎热的意思。时至小暑,天气已非常热,小暑就是小热,农谚有"小暑过,一日三分"。

小暑物候:初候温风至;二候蟋蟀居宇;三候鹰始鸷。

第一次夏茶采摘历经小满、芒种、夏至、小暑 4 个节气,小暑是最后一个时节。

小暑节气里,喝什么茶?小暑节气,夏气应心,涵养心田,补肺生津,避腹泻伤阴,治暑热防烦渴;适宜饮白茶(寿眉、白牡丹)、红茶、黑茶(青砖茶、六堡茶、沱茶、茯砖茶)、乌龙茶(武夷岩茶、安溪铁观音、台湾乌龙茶);不喝夏茶绿茶,不喝冷泡法冲泡的茶水,不喝置于冰箱而未恢复到常温的茶饮;可适度提高入口茶水温度(以舌感不烫为度)并略微"牛饮",以促进出汗,让积聚在体内的热气散发出来。但要注意出汗后不要吹风,及时用干布擦汗,不要立即洗澡,尤其不宜洗冷水澡。

小暑·凌霄花

FRIDAY. JUL 7, 2023

2023年7月7日

农历癸卯年·五月二十

7月7日　星期五　小暑

🐰 今日生命叙事

早起____点，午休____点，晚安____点，体温____，体重____，走步____

今日喝茶：绿□　白□　黄□　青□　红□　黑□　花茶□

正能量的我

中国茶历

0707

节气茶点·小暑

小暑节气里喝茶,适宜饮白茶、红茶、黑茶、乌龙茶;选用茶点心,讲究对应小暑节气养生,留意民俗文化。

小暑节气总的饮食原则是清淡、少辛辣,宜清补。选用茶点心宜少酸增甜,不宜厚味肥腻,少食辛辣油炸之物。可选用:

蔓越绿豆糕,食材有绿豆(脱皮)、蔓越莓、白糖、黄油、蜂蜜。

艾窝窝,食材有糯米、红豆沙、面粉、蔓越莓。早在明朝就有了艾窝窝,明万历年间内监刘若愚的《酌中志》中说:"以糯米夹芝麻为凉糕,丸而馅之为窝窝,即古之不落夹是也。"

绿豆消暑饼,绿豆再辅以咸蛋黄、奶油调味,制成细腻绵软的皮面,将绿豆馅包入其中,经过烤制,绿豆消暑饼便成形。饼皮酥松,内馅细腻柔软,入口即化,满口都是纯纯的、淡淡的清甜豆香。

适宜小暑节气的茶点心形形色色,选用时应留意民俗文化,如晒伏、晒经等;点心造型少不了扇子造形,寓意以扇(善)传德,还有鹰形、折纸蟋蟀等造型。

蔓越绿豆糕

艾窝窝

绿豆消暑饼

SATURDAY. JUL 8, 2023

2023 年 7 月 8 日

农历癸卯年·五月廿一

7月8日

星期六

🐰 **今日生命叙事**

早起____点，午休____点，晚安____点，体温____，体重____，走步____

今日喝茶：绿☐　白☐　黄☐　青☐　红☐　黑☐　花茶☐

正能量的我

中国茶历

0708

经典名茶·白琳工夫

白琳工夫,红茶类,产于福建省福鼎市,创制于清代后期,为历史名茶。白琳工夫,系福建三大工夫红茶之一。"闽红"工夫红茶系政和工夫、坦洋工夫和白琳工夫的统称。

茶叶于4月上中旬开始采摘,采用福鼎大白茶、福安大白茶品种茶树鲜叶为原料,选用鲜叶的标准是1芽2叶、1芽3叶。

白琳工夫

茶青进厂后,对不匀整的茶青进行分级,特别大的或最小的另设级别单独付制,并剔除鳞片、鱼叶、老叶、梗蒂、红变芽等,达到同批同级原料匀整付制的标准。

制茶工序是萎凋、揉捻、发酵、干燥。

成品白琳工夫外形条索细长弯曲,茸毫多呈颗粒绒球状,色泽黄黑;内质香气鲜醇、有苹果香,汤色"橘红"般红艳,滋味清鲜甜和,叶底艳丽红亮。

冲泡白琳工夫时,可每人用一只容量126毫升的盖碗作为泡具和饮具,茶水比为1∶50,投茶量2克,水100克(毫升),泡茶水温宜水烧开后降温至85℃。主要冲泡步骤:温茶碗内凹,投入茶叶后,采用"螺旋形法"注水,水量达到茶碗八分后,再合上茶盖。当茶碗中茶汤的水温降至适口时,趁温热品饮。如觉茶汤淡,可用茶盖拨动茶叶使其翻滚后再品饮。

SUNDAY. JUL 9, 2023

2023年7月9日

农历癸卯年·五月廿二

7月9日

星期日

🐰 今日生命叙事

早起____点，午休____点，晚安____点，体温____，体重____，走步____

今日喝茶：绿☐　白☐　黄☐　青☐　红☐　黑☐　花茶☐

正能量的我

中國茶曆

中国茶历

0709

经典名茶·青砖茶

青砖茶,黑茶类,产地主要在长江流域鄂南和鄂西南地区,原产地在湖北省赤壁市赵李桥镇羊楼洞(古镇),已有600多年的历史。

青砖茶以海拔600～1200米高山茶树鲜叶作为原料,原料采割季节为小满至白露,鲜叶梗长20厘米以内,原料经拣杂后,高温杀青、揉捻、干燥,进而后期发酵,随后脱梗、付制成半成品,再进行蒸制、压制、定形、烘制和包装。

成品青砖茶外形长34厘米、宽14厘米、厚4厘米,每块砖净重均为2千克;其砖面平整、棱角整齐;内质香气纯正,滋味醇和,汤色黄红鲜亮,叶底暗褐粗老。

青砖茶饮用时需将茶砖破碎。采用煎烹煮法时,将茶叶放进特制的水壶中,加水煎煮。主泡茶具有耐高温玻璃壶、陶壶、铁壶。茶15克,水375克(毫升),茶水比1:25;投茶用沸水润茶后倒去,再注入冷泉水,放置电陶炉上煮至沸腾,煮沸后调文火慢煮20～40分钟(专人全程事茶)。

冲泡青砖茶时,茶水比为1:25,投茶量5克,水120克(毫升);泡茶具选容量126毫升的盖碗,泡茶水温宜烧至100℃,冲泡茶水后,用"公道杯"将茶汤均分至茶盅后品饮。

青砖茶

MONDAY. JUL 10, 2023

2023 年 7 月 10 日

农历癸卯年·五月廿三

7月10日

星期一

🐰 今日生命叙事

早起＿＿点，午休＿＿点，晚安＿＿点，体温＿＿，体重＿＿，走步＿＿

今日喝茶：绿□　　白□　　黄□　　青□　　红□　　黑□　　花茶□

正能量的我

中国茶历

中国茶历
0710

茶名著·最早的、最著名的茶学专著

陆羽《茶经》

最早的、最著名的茶学专著是中国唐代陆羽的《茶经》。

唐德宗建中元年（780年），陆羽《茶经》定稿并付梓。《茶经》是中国乃至世界现存最早、最完整、最全面介绍茶的第一部专著，是记录茶叶生产的历史、源流、现状、生产技术以及饮茶技艺、茶道原理的综合性论著，被誉为"茶叶百科全书"。陆羽《茶经》的问世，具有划时代的意义。

陆羽详细收集其所生活的唐代并追溯之前的中国茶叶史料，亲身调查和实践认知，阐述了唐代及唐代以前的茶叶历史、产地、茶的功效、栽培、采制、煎煮、饮用的相关知识，总结了人们生产和生活中关于茶的经验。《茶经》的问世，使茶叶生产从此有了比较完整的科学依据，对茶叶的生产起了积极推动作用；将普通茶事升格为一种美妙的文化艺能，推动了中国茶文化的发展。

《茶经》是陆羽对人类的一大贡献，全书分上、中、下三卷共十个部分。其主要内容和结构包含："一之源"，考证茶的起源及性状，论及茶树的原产地、特征和名称，自然条件与茶叶品质的关系，以及茶叶的功效，等等；"二之具"，记载采制茶工具，论及茶叶的采制工具及使用方法；"三之造"，记述茶叶种类和采制方法，论及茶叶采制和品质的鉴别方法；"四之器"，记载煮茶、饮茶的器皿，列举并论及烹饮用具的种类和用途；"五之煮"，记载烹茶法及水质品位，论及煮茶的方法和水的品第；"六之饮"，记载饮茶风俗和品茶法，论及饮茶的方法、现实意义和历史沿革；"七之事"，汇辑有关茶叶的掌故及药效，叙述并论及上古至唐代有关茶人茶事，以实例注解了"精行俭德之人"；"八之出"，列举茶叶产地及各地茶叶的优劣，论及名茶的产

TUESDAY. JUL 11, 2023
2023 年 7 月 11 日

7月11日

星期二

农历癸卯年·五月廿四

🐰 今日生命叙事

早起____点，午休____点，晚安____点，体温____，体重____，走步____

今日喝茶：绿☐　白☐　黄☐　青☐　红☐　黑☐　花茶☐

正能量的我

地环境；"九之略"，指明茶器的使用可因条件而异不必拘泥，论述在一定的条件下，怎样省略茶叶的采制工具和饮茶用具；"十之图"，指将采茶、加工、饮茶的全过程绘在绢素上，悬于茶室，使得人们在品茶时可以亲眼领略《茶经》，论及指导普及茶叶生产和烹饮的全过程。

0711

茶名著·最早的司茶鉴水专著

最早的司茶鉴水专著,都写于中国唐代陆羽《茶经》问世之后。

一部是唐代苏廙的《十六汤品》。《十六汤品》以陆羽《茶经》"五之煮"为基础,对茶水煮沸情况加以详细论述。《十六汤品》认为煮茶水质可分为"十六品",并为每种水品起了好听的名字,如"得一汤""百寿汤""富贵汤""秀碧汤""大壮汤"等。苏廙善于煎茶,精于茶艺,《十六汤品》中从候汤、注汤、择器、

张文新《煎茶水记》

选薪等方面对煎茶作了形象生动的阐述,此卷茶书文风诙谐,文采斐然,不啻为候汤煎茶的重要著作。

还有一部是唐代张又新的《煎茶水记》,原书名《水经》,后来为避免与北魏郦道元所著《水经注》相混,改名为《煎茶水记》,成书于唐宪宗元和九年(814年),是作者根据陆羽《茶经》"五之煮",结合自己的观察和研究完成的一部关于煮茶用水选择的著作。书中借引唐代刑部侍郎刘伯刍(755—815年)的观点,他认为水之与茶宜者,凡七等:扬子江南零水第一;无锡惠山寺石泉水第二;苏州虎丘寺石泉水第三;丹阳县观音寺水第四;扬州大明寺水第五;吴松江水第六;淮水最下,第七。张又新具此加以扩大,重新品评为:庐山康王谷之水帘第一、无锡惠山泉水第二、蕲州兰溪之石下水第三、峡州扇子山下之石水第四、苏州虎丘寺水第五、庐山招贤寺下方桥之潭水第六、扬子江之南零第七、洪州西山之西东瀑布水第八、唐州桐柏县之淮之源第九、庐山龙池山之顾水第十、丹阳观音寺水第十一、扬州大明寺水第十二、汉江金州上游之中零水第十三、归州王虚洞下之香

WEDNESDAY. JUL 12, 2023

2023 年 7 月 12 日

农历癸卯年·五月廿五

7月12日

星期三

🐰 今日生命叙事

早起____点，午休____点，晚安____点，体温____，体重____，走步____

今日喝茶：绿☐　白☐　黄☐　青☐　红☐　黑☐　花茶☐

正能量的我

溪水第十四、商州武关西之洛水第十五、吴淞江水第十六、天台山西南峰之千丈瀑布水第十七、郴州之圆泉水第十八、桐庐之严陵滩水第十九、雪水第二十。张又新进而在书中指出："我曾尝试过，并非系于茶的精粗，除此之外就不知道了。茶在它的产地烹煮，没有不好的，因为水土适宜。离开其产地，水的功效减半，然而完善的烹煮和清洁的器具，能使其功效齐全。"

0712

茶名著·宋代最有影响的茶著作

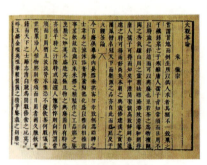

宋徽宗《大观茶论》

宋代最著名的茶著作是《大观茶论》。

《大观茶论》原名《茶论》，宋代赵佶（1082—1135年）所著，是一本关于茶的专论著作，成书于大观元年（1107年），故后人称之为《大观茶论》。赵佶即宋徽宗，《大观茶论》是我国历史上唯一的一部由皇帝所著茶书。《大观茶论》吸取了前人的研究成果，立足于宋代的茶发展水平，融入了赵佶对茶的实践心得，比较全面地整理介绍了茶的有关知识。其内容精深，论述简明，且具有极强的历史穿透力，体现着茶人智慧的光芒和生活的情趣。

《大观茶论》全书共20篇，对北宋时期蒸青团茶的产地、采制、烹试、品质、斗茶风尚等均有详细记述。其中"点茶"一篇，见解精辟，论述深刻，从侧面反映了北宋茶业的发达程度和制茶技术的发展状况，也为我们认识宋代茶道留下了珍贵的文献资料。

《大观茶论》的影响力和传播力非常大，不仅积极促进了中国茶业的发展，同时极大地推进了中国茶文化的发展和对外传播，使宋代成为中国茶文化的兴盛时期。

THURSDAY. JUL 13, 2023

2023 年 7 月 13 日

农历癸卯年·五月廿六

7月13日

星期四

🐰 今日生命叙事

早起____点，午休____点，晚安____点，体温____，体重____，走步____

今日喝茶：绿□　白□　黄□　青□　红□　黑□　花茶□

正能量的我

中國茶曆　　　　　　　　　　　　　　　　中国茶历

0713

茶名著·最早的茶叶检验专著

黄儒《品茶要录》

《品茶要录》,宋代黄儒著,成书于宋代熙宁八年(1075年),是我国首部茶叶检验专著。黄儒,字道辅,建安(今福建建瓯)人,熙宁六年(1073年)进士。《品茶要录》全书约1900字,共10篇,1~9篇论述制造茶叶过程中应当避免的采制过时、混入杂物、蒸不熟、蒸过熟、烤焦等问题;第10篇讨论种植茶树选择地理条件的重要性。作者对于茶叶采制不当对品质的影响及如何鉴别审评茶的品质,提出了10种说法。本书细致研究茶叶采制得失对品质的影响,提出对茶叶欣赏鉴别的标准,对现在审评茶叶仍有一定参考价值。

《品茶要录》是我国首部茶叶检验专著,原因有三:其一,其撰写宗旨非常明确,检验的内容、目的及体例均表明它是一本真正的茶叶检验专著;其二,其有比较完整的检验方法和手段,对茶叶的色、香、味、形,建立了比较系统和综合的评鉴方法;其三,其专业性强,表现在作者对制茶工艺的熟知,对审评技巧的把握。对书中内容分析可知,《品茶要录》在汲取传统的茶叶鉴别方法的基础上,使之进一步充实和系统化,并强化了茶叶检验的理论阐述。《品茶要录》,是我国古代茶叶检验走向专业化和系统化的一个重要标志。

《品茶要录》流传甚广,如宋人熊蕃在《宣和北苑贡茶录》中对其有记载,其在宋徽宗的《大观茶论》等著作中也有引用。《品茶要录》在宋元明清各代均有版本存世,说明此书流传有序,为时人所重。

FRIDAY. JUL 14, 2023
2023年7月14日
农历癸卯年·五月廿七

7月14日　星期五

🐰 **今日生命叙事**

早起____点，午休____点，晚安____点，体温____，体重____，走步____

今日喝茶：绿□　白□　黄□　青□　红□　黑□　花茶□

正能量的我

中国茶历
0714

茶名著·中国茶书著述最多的朝代

明代是茶书著述最多的时期,共出版茶书68种。其中现存33种,辑佚6种,已佚29种。

自明代的开国皇帝朱元璋"罢造龙茶,惟采芽茶以进"推动了散茶发展,创新茶叶采制,开千古饮茶之宗撮泡茶法,明代的茶书著述猛增。当时的茶著作主要有许次纾的《茶疏》、张源的《茶录》、朱权的《茶谱》、钱椿年的《茶谱》、陆树声的《茶寮记》、屠隆的《茶说》。明代还有许多汇编类的茶书,如:孙大绶、吴旦的《茶谱外集》《茶经外集》;屠本畯摘录唐宋多种茶书资料编成的《茗笈》;夏树芳杂录南北朝至宋金茶事而成的《茶董》;陈继儒摘录类书、杂考等编成的《茶董补》;还有喻政编成的《茶书全集》;等等。

其中,明宗正统五年(1440年)朱权写成《茶谱》一书,在书中提出饮茶要"清、雅、寂、敬"。朱权是朱元璋的第17子,是皇子、王爷中第一个写茶书的人,故也成了皇子著茶书第一例。

SATURDAY. JUL 15, 2023

2023 年 7 月 15 日

农历癸卯年·五月廿八

7月15日

星期六

🐰 **今日生命叙事**

早起____点，午休____点，晚安____点，体温____，体重____，走步____

今日喝茶：绿□　白□　黄□　青□　红□　黑□　花茶□

正能量的我

中國茶曆　　　　　　　　　　　　　　　　　中国茶历

0715

茶名著·最早的茶馆专著

明代陆树声写的《茶寮记》,是最早的茶馆专著。

陆树声(1509—1605年),字与吉,号平泉、无净居士,华亭(今上海松江)人,官至礼部尚书。

《茶寮记》一书,分为:人品、品泉、烹点、尝茶、茶候、茶侣、茶勋七条,统称为"煎茶七类"。其文优雅绝伦。

人品:煎茶非漫浪,要须其人与茶品相得。故其法每传于高流隐逸、有云霞泉石、磊块胸次间者。

品泉:泉品以山水为上,江水次之,井水又次之。井取汲多者,多则水活。然须旋汲旋烹汲久宿贮者,味减鲜冽。

烹点:煎用活火,候汤眼鳞鳞起沫浡鼓泛,投茗器中。初入汤少许,候汤茗相投,即满注,云脚渐开,乳花浮面,则味全。盖古茶用团饼,碾屑则味易出,叶茶骤则乏味,过熟则味昏底滞。

尝茶:茶入口,先灌漱,须徐啜,候甘津潮舌,则得真味。杂他果,则香味俱夺。

茶候:凉台静室,明窗曲几,僧寮道院,松风竹月,晏坐行吟,清谭把卷。

茶侣:翰卿墨客,缁流羽士,逸老散人或轩冕之徒,超轶世味。

茶勋:除烦雪滞,涤醒破睡,谭渴书倦,是时茗碗策勋,不减凌烟。

陆树声《茶寮记》

SUNDAY. JUL 16, 2023
2023年7月16日
农历癸卯年·五月廿九

7月16日 星期日

🐰 **今日生命叙事**

早起___点，午休___点，晚安___点，体温___，体重___，走步___

今日喝茶：绿□　白□　黄□　青□　红□　黑□　花茶□

正能量的我

中国茶历

0716

茶名著·最大体量的古茶书

陆廷灿《续茶经》

清雍正十二年（1734年）前后，陆廷灿《续茶经》出版。这是历史上体量最大、字数最多的古茶书。

《续茶经》作者陆廷灿，字秋昭，自号幔亭，嘉定人，曾任崇安（今武夷市）知县。他在茶区为官，长于茶事，采茶、蒸茶、试汤、候火颇得其道。《续茶经》洋洋10万字，几乎收集了清代以前所有茶书的资料。之所以称其为《续茶经》，是因为其按唐代陆羽《茶经》的写法，同样分上、中、下三卷，同样分一之源、二之具、三之造、四之器、五之煮、六之饮、七之事、八之出、九之略、十之图，最后还附一卷茶法。《续茶经》把收集到的茶书资料，按10部分内容分类汇编，便于读者综观比较，并保留了一些茶名家信息、茶书资料。所以《四库全书总目提要》中评价其道："自唐以后阅数百载，产茶之地，制茶之法，业已历代不同，既烹煮器具亦古今多异，故陆羽所述，其书虽古而其法多不可行于今，廷灿一订补辑，颇切实用，而征引繁富。"

MONDAY. JUL 17, 2023

2023 年 7 月 17 日

农历癸卯年·五月三十

7月17日

星期一

🐰 **今日生命叙事**

早起____点，午休____点，晚安____点，体温____，体重____，走步____

今日喝茶：绿☐　白☐　黄☐　青☐　红☐　黑☐　花茶☐

正能量的我

中國茶曆　　　　　　　　　　　　　　　　　　中国茶历

0717

茶名著·日本最早的茶专著

1191年,由日本高僧荣西编辑出版的《吃茶养生记》是日本最早的茶专著。《吃茶养生记》的流传,使中国茶在日本广泛传播。

《吃茶养生记》说的是通过饮茶进行养生健体的方法。此书介绍和宣传了茶叶的医疗作用和产地,并表示日本当时流行的各种疾病都可以用茶叶治疗;还写了茶和桑以及其他南宋时流行的保健饮品,不仅提到了茶的药理和效用,也提到了桑、沉香、青木香、丁香等中药材的效用。

荣西一生研究佛经和茶叶,曾两次到中国学习,共停留5年。1168年他第一次到中国,在浙江天台山学习。1187年,他再次到中国天台山。荣西在中国期间,除了学习中国的文化、佛经,还用大量的时间学习了中国的种茶、制茶和饮茶技术。回国后,他不但带回了中国的经卷,而且把中国的茶籽也带了回去。曾经,荣西在前往宁波天台山的路上,因天气炎热,中暑热而身体不适,后经茶店主人救助,喝下了丁香熬制的茶水而得以恢复。荣西在书中详细介绍了此事经过。从茶开始,荣西感受到了宋代中药材的药理效用。其撰写此书的动机是治病救人,拯救受病痛之苦的大众,在传达医药知识的同时,也对茶的使用工艺进行了理论总结。

日本荣西《吃茶养生记》

《吃茶养身记》中记载宋代流行的饮茶冲泡方式,提及茶有利于健康。书中的章节提到荣西曾经在现场观摩过茶的制作工艺和流程,就是将采摘后的嫩叶蒸煮,再加热干燥。这是宋代浙江常用的叶茶的制作工艺。

TUESDAY. JUL 18, 2023

2023 年 7 月 18 日

农历癸卯年·六月初一

7月18日

星期二

🐰 **今日生命叙事**

早起____点，午休____点，晚安____点，体温____，体重____，走步____

今日喝茶：绿☐　白☐　黄☐　青☐　红☐　黑☐　花茶☐

正能量的我

中国茶晷　　　　　　　　　　　　　　　中国茶历

0718

茶名著·欧洲最早述及茶叶的著作

图书馆

1559年,威尼斯作家拉摩晓出版的《茶之摘记》《中国茶摘记》《旅行剳记》3部书是欧洲最早的述及茶叶的著作。

在拉摩晓《中国茶摘记》里,详尽地说明了明代嘉靖年间,中国茶文化知识开始在欧洲传播。

葡萄牙传教士克鲁兹于1556年在广州居住数月,观察到了中国人的饮茶情况,记入介绍中国的书《广州述记》(1569年出版)中。

WEDNESDAY. JUL 19, 2023

2023 年 7 月 19 日

农历癸卯年·六月初二

7月19日

星期三

🐰 **今日生命叙事**

早起____点，午休____点，晚安____点，体温____，体重____，走步____

今日喝茶：绿☐　白☐　黄☐　青☐　红☐　黑☐　花茶☐

正能量的我

中国茶历

0719

茶名著·美国最早的茶专著

美国人威廉·乌克斯（1873—1945年），于1910年开始考察东方各产茶国，相继在欧美各大图书馆与博物馆收集材料，历经25年，于1935年完成《茶叶全书》的写作，同年出版。这本书包括茶的历史、技术、科学、商业、社会、艺术多个方面内容，附有大量珍贵照片，被称为"现代世界茶叶大全"。1949年5月，《茶叶全书》由中国茶叶研究社翻译出版中文版，主编是吴觉农。

《茶叶全书》上册内容简介：第1章叙述传说之中的茶叶起源约在公元前2737年，茶叶原产地主要是中国西南地区；第2章专门叙述日本茶叶栽培；第3章记述茶叶传到阿拉伯、威尼斯、英国、葡萄牙的过程，是荷兰人将茶叶带至欧洲，1618年传到俄国，1648年传到巴黎，1650年传到英国及美洲；第4章叙述了茶叶首次在英国销售的情况；第5章叙述为反抗茶叶税而战的国家；第6章叙述了世界最大的茶叶专卖公司；第7章叙述了运茶船；第8～10章叙述了荷兰人、英国人经营茶叶之发展；第11章叙述了各地的种茶历史；第12章叙述了世界上的商品茶；第13章叙述了各种商品茶的贸易价格和特征；第14～18章专门谈中国、日本、爪哇（印度尼西亚）、苏门答腊（印度尼西亚）、印度、锡兰（斯里兰卡）及其他国家茶叶的栽培与制造；第22章叙述了中国的手工制茶到机械化制茶。

《茶叶全书》下册内容简介：第1～5章记述茶叶由生产国运至消费国的情况；第6～15章叙述了中国、荷兰之间的茶叶贸易史，英国国内及海外贸易状况、茶叶协会、茶叶股票及股票贸易，等等；第16章记述了茶叶广告史是自公元780年开始；第17章讨论了世界茶叶生产及消费；第18章叙述了茶叶的社会史；第19章叙述茶园中的故事；第20章叙述18世纪英国男女饮茶在伦敦茶园中欢乐情形；第21和22章记述早期中国饮茶习俗；第23章叙述英国及美国人的午后茶能充分体会到饮茶美德；第24章叙述煮茶用工具的发展；第25章叙述茶叶泡制方法；第26章为茶叶与艺术，主要是指绘画、雕刻及音乐中对茶的赞美，并附述若干著名陶制及银制茶具；第27章叙述了茶叶与文学。

最后附有茶叶年谱、茶叶辞典、茶叶书目以及茶叶索引。

THURSDAY. JUL 20, 2023

2023 年 7 月 20 日

农历癸卯年·六月初三

7月20日

星期四

🐰 **今日生命叙事**

早起___点，午休___点，晚安___点，体温___，体重___，走步___

今日喝茶：绿☐　白☐　黄☐　青☐　红☐　黑☐　花茶☐

正能量的我

中國茶曆

中国茶历

0720

古代雅集·西园雅集

宋哲宗元祐元年（1086年），暑夏，北宋驸马都尉王诜邀请好友苏轼、苏辙、黄庭坚、米芾、秦观、蔡肇、晁无咎、李公麟等16位文人名士在西园聚会。主人的花园，松桧梧竹，草木花鸟，小桥流水，泉石灵畅，皆妙绝极园林之胜。李公麟画下了此情此景，便留下了画作《西园雅集图》。

在一棵松树分为两枝形成的树荫下，苏轼穿戴乌帽黄道服，正捉笔书写名言佳语；苏轼的右侧是李之仪，他坐不住了，捉着椅子的把手，注视并品读着；而主人王诜穿戴仙桃巾紫裘，不失风度而坐观之，但也是倾身近读；王诜的右侧，那位富贵风韵、眼观不语、云环翠饰而侍立的妇女，是王诜的家姬，后随从有女奴；在画桌对面的穿戴幅巾青衣的蔡肇，他隔着方几，伫立凝视，整个人都沉浸在诗话雅集中。孤松盘郁，上有凌霄缠络，红绿相间；下有大石案，陈设一张古琴；桌面中央是齐全的点茶、斗茶用具，一位茶童（茶师）正在煮水净具。

在另一处，四面是芭蕉环围的大石盘，几位好友正在观赏李公麟画的《陶潜归去来图》：坐于石盘旁，穿戴道帽紫衣，右手倚石，左手执书卷而侧身观画的是苏辙；穿戴团巾茧衣，拿着芭蕉扇，与晁补之交流的是黄庭坚；而坐在石盘中间的那位穿戴幅巾野褐，指点介绍横画卷《陶潜归去来图》的是该画作者李公麟；穿戴披巾青服，抚着黄庭坚的肩膀，立着与黄庭坚交谈中的是晁补之；跪坐观画的是张耒；穿戴道巾素衣，按膝而俯视作画的是郑靖老。后有书童执灵寿杖而立，有二人坐于盘根歪脖子的古桧下，穿戴幅巾青衣袖手侧听的是秦观；而穿戴琴尾冠紫道服的陈景元，正在弹奏乐器阮。左边山石下，穿戴唐巾深衣，昂首挥笔正在石上题字的是米芾；穿戴幅巾袖手而仰观题字的是王钦臣。面前有髻头书童捧着古砚而立，后有锦石桥、竹径，缭绕于清溪深处，翠荫茂密。而身着袈裟坐蒲团在说无生论的是圆通大师；坐在圆通大师左旁的穿戴幅巾褐衣，正在谛听的是刘泾。二人并坐于怪石之上，下有激湍潆流于大溪之中，水石潺湲。

雅集正进行中，风竹相吞，炉烟方袅，草木自馨，人间清旷之乐，不过于此。

FRIDAY. JUL 21, 2023

2023 年 7 月 21 日

农历癸卯年·六月初四

7月21日

星期五

🐰 **今日生命叙事**

早起___点，午休___点，晚安___点，体温___，体重___，走步___

今日喝茶：绿□　白□　黄□　青□　红□　黑□　花茶□

正能量的我

中国茶历

0721

节气茶·大暑茶

大暑茶

大暑后立秋前采摘的茶叶,称为"大暑茶"。

大暑与小暑一样,都是反映夏季炎热程度的节气。大暑是一年中日照最长、气温最高的节气。《管子》中说:"大暑至,万物荣华。"这时是草木灌浆的关键时期,为备秋收"阳气"十足。此时节正是喜温作物包括茶树生长速度最快的时期。大暑呈现天地水气交融的鼎盛状态,大暑茶汲取的是天地交融强烈的大自然时空能量。茶农利用凉爽的早晨抢时间采摘大暑茶,一天中的采摘时间很短。品味大暑茶,先微苦,后返甘,醇香回荡于口鼻。

唐代就有咏记盛夏采制茶的诗句。唐代柳宗元《夏昼偶作》有:"日午独觉无馀声,山童隔竹敲茶臼。"

大暑茶属秋茶。秋茶,泛指小暑、大暑和秋季采制的茶叶,用小暑、大暑和夏季采制的茶叶沏泡的茶(水、汤)。按节气分,小暑、大暑、立秋、处暑、白露、秋分、寒露采制的茶为秋茶;按时间分,6月初至7月上旬采制的茶为夏茶,7月中旬以后采制的为秋茶。之后,一般只有我国华南茶区,由于地处热带,四季不大分明,还有茶叶采制。

SATURDAY. JUL 22，2023

2023 年 7 月 22 日

农历癸卯年·六月初五

7月22日

星期六

🐰 今日生命叙事

早起____点，午休____点，晚安____点，体温____，体重____，走步____

今日喝茶：绿☐　白☐　黄☐　青☐　红☐　黑☐　花茶☐

正能量的我

中国茶历

中国茶历

0722

节气和茶·大暑

夜夜寻风不论庚,大雨时行土润溽。
羊汤荔枝饮伏茶,米糟仙草听蛐声。
祝融司方南雀舞,炎帝掌节火神迎。
翻籍扇页从五更,书香人家如囊萤。

今日大暑(农历癸卯年六月初六巳时,公历 2023 年 7 月 23 日 9 时 50 分)。

大暑是农历二十四节气的第 12 个节气。大暑,气温类节气,表示一年中最热的时候。

大暑物候:初候腐草为萤;二候土润溽暑;三候大雨时行。

大暑节气是一年中日照最多、气温最高的节气,全国大部分地区干旱少雨,是最炎热的时候,民谚有"小暑大暑,上蒸下煮"。

大暑节气里,喝什么茶?大暑时节高温酷热,需补脾健胃,且多进入适温静室品茶;适宜饮黄茶(蒙顶黄芽、君山银针等)、黑茶(茯砖茶、安化天尖、普洱生茶)、乌龙茶(漳平水仙、冻顶乌龙、凤凰单丛),不喝夏茶绿茶;可适度提高入口茶水温度(以舌感不烫为度),并略微"牛饮",以促进出汗,让积聚在体内的热气散发出来;注意出汗后不要吹风,及时用干布擦汗,不要立即洗澡,尤其不宜洗冷水澡。

大暑·睡莲

SUNDAY. JUL 23, 2023
2023 年 7 月 23 日
农历癸卯年 · 六月初六

7月23日

星期日

大暑

🐰 **今日生命叙事**

早起___点，午休___点，晚安___点，体温___，体重___，走步___

今日喝茶：绿□　白□　黄□　青□　红□　黑□　花茶□

正能量的我

中国茶历

0723

节气茶点·大暑

大暑节气里喝茶,适宜饮黄茶、黑茶、乌龙茶;选用茶点心,讲究对应大暑节气养生,留意民俗文化。

大暑节气总的饮食原则是多吃苦味,宜清补。选用茶点心宜有酸有甜,不宜厚味肥腻,不宜辛辣或油炸。可选用:

乌豇豆糕,是用糯米和豇豆搭配做成的点心。在江浙地区乌豇豆糕的做法不同,绍兴人是用豇豆或赤豆与面粉制成;台圳人则是用整粒豇豆同米粉掺水制成米糕胚子,再用刀切成手指厚的饼状,然后放入蒸笼蒸熟而成。

金谷酥,精选香甜软糯的南瓜入馅,和口感醇香的小麦粉、紫米粉、小米粉、荞麦粉等五谷杂粮合制,烘烤成金黄饼身,营养丰富,清暑解热。

红豆山药糕,食材有蜜红豆、山药、糯米粉、酸奶。

适宜大暑节气的茶点心形形色色,选用时应留意民俗文化,特别是"送大暑船"习俗,船上装满多宝点心作为供奉,船乘风而行,一日千里"顺",还有赏荷(荷花生日)民俗;点心造型少不了:鱼(先祭后食)、"五谷丰登"(先祭后食)、吉祥图长寿老人、青蛙、兔子、萤火虫、佛手、龙(鲤鱼跃龙门)等多种造型。走亲访友送点心,驱走瘟疫,带来吉祥安康幸福。

乌豇豆糕

金谷酥

红豆山药糕

MONDAY. JUL 24, 2023
2023 年 7 月 24 日
农历癸卯年·六月初七

7月24日

星期一

🐰 **今日生命叙事**

早起___点，午休___点，晚安___点，体温___，体重___，走步___

今日喝茶：绿□　白□　黄□　青□　红□　黑□　花茶□

正能量的我

0724

经典名茶·霍山黄芽

霍山黄芽，黄茶类，产于安徽省霍山县，源于唐代，兴于明清，为历史名茶。

谷雨前5天左右开始采摘茶叶，至立夏结束采摘。霍山黄芽以当地群体种茶树鲜叶为原料，选用鲜叶标准是1芽1叶或1芽2叶。采摘手法采用折采，总体要求幼嫩匀净（幼嫩即采摘偏嫩芽叶，匀净即匀齐一致），不带其他杂质，外形整齐美观，达到形状、大小、色泽一致。采摘时严格进行拣剔，并做到"四不采"，即无芽不采、虫芽不采、霜冻芽不采、紫芽不采。

霍山黄芽制茶工艺工序，历史上按黄茶的工艺工序进行。其工艺流程为先杀青，摊放闷堆约24小时，再毛火。然后再摊放闷堆约24小时，最后足火干燥。

成品霍山黄芽茶叶的外形是条直微展，匀齐成朵，形似雀舌。嫩黄披毫；香气清香持久，滋味鲜醇浓厚回甘；汤色黄绿清澈明亮，叶底嫩黄明亮，具有"黄叶黄汤"的黄茶品质特征。

冲泡霍山黄芽时，可每人用一只容量126毫升的盖碗作为泡具和饮具，茶水比为1:50，投茶量2克，水100克（毫升），泡茶水温宜水烧开后降温至85～90℃。主要冲泡步骤：温茶碗内凹，投入茶叶后，采用"螺旋形法"注水，水量达到茶碗八分后，再合上茶盖。当茶碗中茶汤的水温降至适口时，趁温热品饮。如觉茶汤淡，可用茶盖拨动茶叶使其翻滚后再品饮。

霍山黄芽

TUESDAY. JUL 25, 2023
2023 年 7 月 25 日
农历癸卯年·六月初八

7月25日

星期二

🐰 **今日生命叙事**

早起___点，午休___点，晚安___点，体温___，体重___，走步___

今日喝茶：绿□　白□　黄□　青□　红□　黑□　花茶□

正能量的我

中国茶历

0725

经典名茶·安化天尖

安化天尖，黑茶类，产于湖南省益阳市安化县，属历史名茶。安化黑茶的制作原料均为黑毛茶，黑毛茶又按等级分为"芽尖、白毛尖、天尖、贡尖、乡尖、生尖、捆尖"七类，其中以"芽尖"为极品，但因数量极少，未能成为市场交易的商品。故在时下市场流通的黑茶产品中，以天尖茶为最佳。

天尖茶茶叶采用谷雨时节的茶树鲜叶加工而成的黑毛茶原料，经筛分后取优质原料，采用传统火焙黑茶工艺，制作而成。制茶工序是原料经过筛分、风选、拣剔、高温汽蒸软化、揉捻、渥堆、烘焙（烘焙不是简单地用柴火烟熏，上品必经过七星灶烘焙）、拼堆、包装，即为成品，延续采用远古竹篾篓包装方式有助于茶叶完全发酵。

安化天尖成品茶叶外形条索紧结，较圆直，嫩度较好，色泽乌黑油润；香气醇和，带松烟香，汤色橙黄，滋味醇厚，叶底黄褐尚嫩。

冲泡安化天尖时，茶水比例为1:18，投茶量7克，水126克（毫升），主要泡茶具首选容量126毫升的盖碗，宜兴紫砂壶；适宜把水烧至100℃时冲泡茶叶。第一次、第二次的茶汤直接倒入"茶海"，第三次冲泡的茶汤，始倒入公道杯，均分至茶盅供品饮。

安化天尖

WEDNESDAY. JUL 26, 2023
2023 年 7 月 26 日

7月26日

星期三

农历癸卯年·六月初九

🐰 今日生命叙事

早起____点，午休____点，晚安____点，体温____，体重____，走步____

今日喝茶：绿☐　白☐　黄☐　青☐　红☐　黑☐　花茶☐

正能量的我

中國茶曆　　　　　　　　　　　　　　　　　　　　　中国茶历
0726

经典名茶·冻顶乌龙

冻顶乌龙,乌龙茶(青茶),产于中国台湾南投鹿谷冻顶山,为新创名茶。

一年四季皆可制茶,谷雨前后采对夹(指1叶与2叶子的生成开面、1叶与2叶和3叶子的生成开面,大小差不多)2~3叶茶青,一年中可采4~5次。春茶醇厚;冬茶香气扬,品质上乘;秋茶次之。冻顶乌龙采用的是青心乌龙、台茶12号(金萱)、台茶13号(翠玉)品种茶树鲜叶为原料。

冻顶乌龙

制茶工序是日光萎凋(晒青)、室内静置及搅拌(凉青及作青)、炒青、揉捻、初干、布球揉捻(团揉)、干燥。发酵程度15%~20%。

成品冻顶乌龙茶叶外形紧结成半球形,色泽墨绿,汤色金黄亮丽;香气浓郁,滋味厚甘润,饮后回味无穷,是香气、滋味并重的台湾特色茶。

冲泡冻顶乌龙时,可每人用一只容量126毫升的盖碗作为泡具和饮具,茶水比为1:35,投茶量3克,水105克(毫升),泡茶水烧开后静候降至95℃。主要冲泡步骤:温茶碗内凹,投入茶叶后,采用"单边定点法"注水,水量达到茶碗八分后,再合上茶盖。当茶碗中茶汤的水温降至适口时,趁温热品饮。如觉茶汤淡,可用茶盖拨动茶叶使其翻滚后再品饮。

冻顶山茶园

THURSDAY. JUL 27, 2023

2023 年 7 月 27 日

农历癸卯年·六月初十

7月27日

星期四

🐰 **今日生命叙事**

早起____点，午休____点，晚安____点，体温____，体重____，走步____

今日喝茶：绿□　白□　黄□　青□　红□　黑□　花茶□

正能量的我

中国茶历

0727

茶空间·记载最早的茶馆

茶馆也被称为茶寮、茶肆、茶楼、茶棚、茶邸、茶坞、茶房、茶舍、茶坊、茶亭、茶厅、茶室、茶铺、茶店、茶居、茶园、茶舫、茶艺馆、茶书院等。茶馆一词,最早出现在明代文献典籍中。

上溯魏晋南北朝时,已有上市贩卖茶饮的现象。晋傅咸写《司隶教》,记曰:"闻南方有蜀妪,作茶粥卖之,廉事毁其器具,使无为卖饼于市,而禁茶粥以困老姬,何哉?"这里记叙了四川的老婆婆上街卖茶粥被驱离的事。《广陵耆老传》中记有:"晋元帝时(317—322年),有一老妪每日独提一器茗往市鬻之,市人竞买自旦至夕,其器不减。"

唐代饮茶之风盛行,茶馆正式形成。唐代封演的《封氏闻见记》,说的是唐代开元年间(713—741年),"自邹、齐、沧、棣,渐至邑,城市多开店铺,煎茶卖之,不问道俗,投钱取饮。"

此外,《太平广记·卷三百四十三·韦浦》条记韦浦"俄而憩于茶肆"。《旧唐书·王涯传》记载王涯仓皇出走,"至永昌里茶肆,为禁兵所擒",是茶馆业态的明确记载。

茶摊

FRIDAY. JUL 28, 2023
2023 年 7 月 28 日
农历癸卯年·六月十一

7月28日

星期五

🐰 今日生命叙事

早起＿＿点，午休＿＿点，晚安＿＿点，体温＿＿，体重＿＿，走步＿＿

今日喝茶：绿☐　白☐　黄☐　青☐　红☐　黑☐　花茶☐

正能量的我

茶空间·最早的"茶"斋馆号

临水而设的书堂

明代戏曲家汤显祖有"玉茗堂"斋号,清代书法家俞樾有"茶香室"斋号,王家相有"茗香堂"斋号,梁一峰有"茗香室"斋号,汤鼎有"玉茗斋"斋号,释达宣有"茶梦山房"斋号,朱彝尊有"茶烟阁"斋号,倪济远有"茶舍"斋号,高望曾有"茶梦庵"斋号。

SATURDAY. JUL 29，2023
2023 年 7 月 29 日
农历癸卯年·六月十二

7月29日

星期六

🐰 今日生命叙事

早起___点，午休___点，晚安___点，体温___，体重___，走步___

今日喝茶：绿☐　白☐　黄☐　青☐　红☐　黑☐　花茶☐

正能量的我

中国茶历

0729

茶空间·现存最古老的十家茶楼茶铺

20世纪初湖心亭茶楼

1. The Tsuen Tea Shop（通圆茶馆），位于日本京都府宇治市，创办于1160年。创办人原本是源赖政的家臣，后来自己出来创业，并获得"通圆"这个赐名。后来与一休和尚是好友，一休和尚常来这里喝茶。这家店是世界上最古老的茶店铺，迎送着一位位爱茶人。

2. Azari Traditional Tea House，位于伊朗德黑兰，是创办于14世纪的、全伊朗最古老的茶店。除了卖茶，这里也是艺术的殿堂，墙上的壁画是历史也是传统。

3. The Bridge Tea Room，位于英国，布拉德福德，创办于1675年。这家茶店两次获得"英国最好茶店"的荣誉，在这里，能喝到很多传统味道的茶，能见到古老的某品种。茶店里，维多利亚时期的家具和服务员服装，都让整个茶店变得可爱。

4. The Bat's Wing Tea Room，位于英国怀特岛。这个创办于16世纪的茶屋位于一条"U"形路线的底端，不仅茶屋本身是一道风景，而且茶屋所在的小岛更是英国的旅游胜地。夏日里的花和这间古朴的屋子，配上一杯红茶，带上一本心爱的书，足以给你一个惬意的午后。

5. Twinings（川宁），位于英国伦敦，创办于1706年，在伦敦市中心的Strand街上开张营业，是全英国最早允许女性单独进入的茶铺。而Twinings这一品牌是全英国茶叶销量最多的品牌，它占据了大部分的英国茶叶、茶具市场，从低端到高端，从平价茶商品到皇室的茶杯，都有它的身影。

6. Al Fishawy，位于埃及开罗，据说这家店从1773年开业至今，从来没有关过门，全天24小时营业，全年无休。这家店带着古老的

SUNDAY. JUL 30, 2023
2023 年 7 月 30 日
农历癸卯年 · 六月十三

7月30日

星期日

🐰 今日生命叙事

早起____点，午休____点，晚安____点，体温____，体重____，走步____

今日喝茶：绿☐　白☐　黄☐　青☐　红☐　黑☐　花茶☐

正能量的我

埃及风格，见证着开罗城的人事往昔。

7. 湖心亭茶楼，位于中国上海，湖心亭始建于清代，开设茶楼是从 1855 年起。这座在茶楼在豫园中，年代久远，融于山水田园之中。

8. The English Tea Room，Brown's Hotel，位于英国伦敦，创立于 1837 的英国知名酒店里。除了茶，这里还有英式下午茶的各种点心，是非常传统的味道，而且对客人的着装有要求，年轻人多半是来拍照的。

9. Mariage Frères，位于法国巴黎，是创办于 1854 年的法国当地知名茶叶品牌，是最古老的茶叶店之一。

10. Tea House by Firuzaa Mosque 位于土耳其伊斯坦布尔，1850 年开设。土耳其人喜欢在茶铺里谈事，这是土耳其国内最古老的茶铺。

茶空间·茶亭最多的地方

新化紫鹊界屋脊尚存的明初茶亭遗迹

茶亭,在中国有许多,不仅名称常见,古代文字记载和遗存也很多。历史上茶亭最多的地方是中国湖南省娄底市新化县。

新化茶亭多,是受当地盛产茶的影响。明嘉靖二十二年(1543年)《湖南通志》载:"茶叶新化最多。"明洪武二十二年(1389年)生产"贡茶",新化多地产贡茶,涟源古塘亦产"枫木贡茶"。民国时期,琅塘杨木洲建有"西成埠茶市"。新化茶亭,是作为民间乡村公共福利的建筑物而发展的。茶亭外有人行道,供丧葬抬柩、牲畜来往。茶亭里开了天井,茶缸摆设在天井旁,墙外立有碑记,记载建成年月,捐款人,守亭公约及护林防火、禁赌、戒大烟、谨防偷盗等乡规民约。亭堂后是灶房,或左或右是猪楼、牛栏、厕所,两边是仓库、住房,非常方便。亭门外两侧都有亭联以抒情、写景、题咏古人、弘扬哲理、表扬乡人。修建茶亭,以行善积德为宗旨,福荫子孙为目的,是民间自发组织的公益事业,并形成风气。再者,茶亭大功德:是供劳累行人歇息的场所,方便解手换衣、歇息喝茶、避风挡雨、紧急避险、问路远近、了解乡情;形成预防抢劫等犯罪的乡村力量;是传统济世防疫所,凡疫病流行,在茶缸里泡贯众、忍冬藤、薄荷、大青之类的草药,免费取饮;是通告、公告张贴处,邻里乡亲商议、社交场所。

新化有着"有坳必有亭,有界必有亭"之说。《新化县志》记载:"数里一亭。"《新化县志》还记载,清道光年间,县境内(包括冷水江与隆回一部分地域)有茶亭488座。文字记载流传的新化县有270座茶亭,有许多的故事佳话。现在仅存少量茶亭,如涟源七星镇的春风亭、凤山亭、止可亭、劳止亭等,十分珍贵。

MONDAY. JUL 31, 2023

2023年7月31日

农历癸卯年·六月十四

7月31日　星期一

🐰 **今日生命叙事**

早起＿＿点，午休＿＿点，晚安＿＿点，体温＿＿，体重＿＿，走步＿＿

今日喝茶：绿□　白□　黄□　青□　红□　黑□　花茶□

正能量的我

中国茶历

0731

经典名茶·宁红

宁红,红茶类,产于我国赣之西北地区的江西省修水县,始创于1821年,历史名茶。

茶叶于谷雨前采摘。选用鲜叶标准是1芽1叶初展,采生长旺盛、持嫩性强、芽头硕壮的蕻子茶,芽叶大小、长短要求一致,芽叶长度3厘米左右。

制茶工序是萎凋、揉捻、发酵、干燥后初制成红毛茶,然后再筛分、抖切、风选、拣剔、复火、匀堆。

成品宁红茶叶外形条索紧结秀丽,锋苗挺拔,金毫显露,色乌微红,光润;内质香高持久,具有独特香气,滋味醇厚甜和;汤色红艳,叶底红匀。

冲泡宁红时,可每人用一只容量126毫升的盖碗作为泡具和饮具,茶水比为1∶50,投茶量2克,水100克(毫升),泡茶水温宜水烧至100℃。主要冲泡步骤:温茶碗内凹,投入茶叶后,采用"螺旋形法"注水,水量达到茶碗八分后,再合上茶盖。当茶碗中茶汤的水温降至适口时,趁温热品饮。如觉茶汤淡,可用茶盖拨动茶叶使其翻滚后再品饮。

茶树

宁红

TUESDAY. AUG 1, 2023

2023 年 8 月 1 日

农历癸卯年·六月十五

8月1日 星期二

🐰 **今日生命叙事**

早起___点，午休___点，晚安___点，体温___，体重___，走步___

今日喝茶：绿☐　白☐　黄☐　青☐　红☐　黑☐　花茶☐

正能量的我

茶旅·诗意"慢游道"之旅

"慢游道"让速度的指标"撤退",让旅游变得细致。

这条线路位于福建省南平市武夷山市。武夷山从商周时期就有文明史。武夷山是世界文化与自然双重遗产地,同时陆路和海路"万里茶道"的起点。

武夷山是人们慢行山水、慢赏人文、慢品茶香,常走常新的旅游胜地。武夷山有"绿野仙踪""岩骨花香""岸上九曲""洞天仙府""天心问禅"五条特色慢游道,让游客更充分感受其自然与文化的魅力。

"岩骨花香"慢游道,慢游的起点是水帘洞,终点是大红袍,全程4.3千米。

走进景区,道路两旁丹崖耸立,怪石嶙峋。树丛间,不知名的鸟儿欢唱着。水帘洞南一岩西低东仰,如蟒蛇横亘于章堂涧北,名"瑞泉岩"。岩麓有几处旧茶厂遗迹。不知不觉来到章堂涧,这是武夷山北部最大的涧谷,两岸峰峦耸立,树木葱茏,山脚处武夷山特有的岩茶零星分布,这里涧水清澈见底,阳光从树叶罅隙里洒下,抛去了"走马观花"的浮躁。前行,来到著名的古崖居,悬崖绝壁之上,

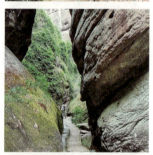

茶旅

WEDNESDAY. AUG 2, 2023

2023 年 8 月 2 日

农历癸卯年·六月十六

8月2日

星期三

🐰 今日生命叙事

早起____点，午休____点，晚安____点，体温____，体重____，走步____

今日喝茶：绿☐　白☐　黄☐　青☐　红☐　黑☐　花茶☐

正能量的我

岩洞相连，洞口则是木架结构的护栏，似空中楼阁。继续慢步来到鹰嘴岩，其乃一巨石形因似雄鹰展翅欲飞而得名。鹰嘴岩光秃秃的岩顶，东端向前突出，尖曲如喙。奇特的是，钩形的"鹰嘴"上竟然生长着一株干虬的古老刺柏，给鹰嘴增添了几分飘逸，几许神采。从岩顶直削而下的岩壁，缜润莹洁，白里透红；而微微拱起的岩脊，却是一片苍黑，隐隐约约地现出一条条裂纹，犹如丰满的羽翼。

　　山路一转，绿树丛中的小桥、流水呈现眼帘，将我们引到了慧苑寺。慧苑寺始建于宋代，朱熹曾在此游历，留下了"静我神"匾额，至今尚存。慧苑寺一带是武夷名丛（武夷山选育的茶树优良单株的总称）最多的地方，有白鸡冠、铁罗汉、水仙，更是三坑两涧里品质最优的。这里清泉汩汩，松掩竹映。一路行来，稍感疲惫的游客可以在寺前歇脚。寺中楹联"客至莫嫌茶当酒，山居偏隔竹为邻"出自儒学大家朱熹。寺庙边小溪上，有一座唤作"双悟"的石桥。过石桥，左折，一段犹如狭小街巷般的峡谷跃然眼前，这里有个很美的名字——流香涧。涧中青藤垂蔓，兰花飘香，涧水清澈潺湲，山风穿峡而过，使人顿感清凉透体，爽身惬意。出流香涧，沿茶园小径翻过一座被人称为"好汉坡"的小山岗，就来到我们此行的目的地——九龙窠。

　　进入九龙窠，首先映入我们眼帘的是悬崖峭壁上生长着的 6 株古朴苍劲的茶树，这些就是驰名中外的"茶王"——大红袍母树，已有 340 年的历史。大红袍母树对面的茶亭里，有瓜子、花生，还有极负盛名的"大红袍"茶叶蛋，再配上醇香的武夷岩茶，口颊留香，给岩骨花香"慢游"画上了句号。

茶旅·石墨茶主题营地研学之旅

这条线路位于安徽省黄山市黟县。美溪乡位于黟县西北部，南邻祁门，北接石台，居于洪星、宏潭、柯村等山区四乡中心。境内峰峦叠翠，溪流飞瀑；深冲大坞，环境清幽，素有"黟县小桂林""太平湖畔的一颗明珠"之称。

石墨茶主题营地研学行程：

研学课程（一）手工制茶体验：参观石墨茶非遗展示馆，了解制茶史的发展过程；全程体验"从茶园到茶杯"的过程。

研学课程（二）茶艺小课堂：穿汉服、学茶艺、懂茶礼；理论结合实践，人人是泡茶小能手。

研学课程（三）挖春笋、做青团：恰童年、到大山、做村童、嬉农事；了解掌握竹笋生长特性、挖竹笋的动作技巧；手推石磨，体验从米到米粉的过程；用徽州老印模，压出独一份的食桃。

茶旅影像

研学课程（四）茶山行：追根寻王树、全程溯源有机管理；走70°陡坡、穿"Z"形森林、越峡谷溪流；听山风、看山景、闻茶香、喝好茶。

周边活动：到乡村来一场烧烤大会，摆脱城市的烦恼；抬头看日出，转身观云海；粉墙黛瓦，炊烟缕缕。

THURSDAY. AUG 3, 2023

2023年8月3日

农历癸卯年·六月十七

🐰 今日生命叙事

早起____点，午休____点，晚安____点，体温____，体重____，走步____

今日喝茶：绿□　白□　黄□　青□　红□　黑□　花茶□

正能量的我

8月3日

星期四

经典名茶·普洱生茶

普洱生茶

普洱茶，黑茶类，主要产于云南省勐海、勐腊、普洱、耿马、沧源、双江、临沧、元江、景东、大理、屏边、河口、马关、麻栗坡、文山、西畴、广南、永德。普洱茶有生茶（也称青饼）和熟茶。

普洱茶生茶是以符合普洱茶产地环境条件下生长的云南大叶种茶树鲜叶为原料，经杀青、揉捻、日光干燥、蒸压成形等工艺制成的紧压茶。

成品普洱生茶外形色泽墨绿，香气清醇持久，汤色绿黄清亮，滋味浓厚回甘，叶底肥厚黄绿。

普洱茶形态有：饼茶，扁平圆盘状，其中七子饼每块净重357克，每7个为1提，每提（筒）重2500克；沱茶，形状跟饭碗一般大小，每个净重100克或250克，迷你小沱茶每个净重2～5克；砖茶，长方形或正方形，每个净重250～1000克。金瓜贡茶，压制成大小不等的瓜形，从100克到数百斤不等；香菇紧茶，压制成香菇状的普洱茶，重量约为250克；柱茶，压制成长柱状的普洱茶，再用竹片或笋壳包扎在外面，每个净重100～1000克以上；小金沱，圆形的沱茶，每个净重2克；老茶头，也叫自然沱。

普洱茶初制毛茶分为春、夏、秋三个规格。春茶又分春尖、春中、春尾三个等级；夏茶又称二水；秋茶称为谷花茶。普洱茶中以春尖和谷花品质最佳。

冲泡普洱茶生茶时，茶水比为1∶18，投茶量7克，水126克（毫升）；泡具为盖碗、宜兴紫砂壶；开水冲泡后，用公道杯均分至茶盅品饮。

FRIDAY. AUG 4, 2023

2023 年 8 月 4 日

农历癸卯年·六月十八

8月4日

星期五

今日生命叙事

早起____点，午休____点，晚安____点，体温____，体重____，走步____

今日喝茶：绿☐　白☐　黄☐　青☐　红☐　黑☐　花茶☐

正能量的我

中国茶历

0804

经典名茶·高山乌龙

高山乌龙

高山乌龙,乌龙茶(青茶)类,产于中国台湾中南部嘉义县、南投县的高山茶区,为新创名茶。其种植于海拔1000米以上,主要有嘉义县的梅山乌龙茶、竹崎高山茶、阿里山珠露茶、阿里山乌龙茶;南投县的杉林溪高山茶、雾社卢山高山茶、玉山乌龙茶;台中县的梨山高山茶、武陵高山茶;等等。

4月下旬至5月上旬开采春茶。一年中春茶、秋茶、冬茶都有采制。采用青心乌龙、台茶12号(金萱)、台茶13号(翠玉)品种茶树鲜叶为原料。选用鲜叶的标准是对夹2～3叶。

制茶工序是日光萎凋(晒青)、室内静置及搅拌(凉青及作青)、炒青、揉捻、初干、布球揉捻(团揉)、干燥。发酵程度10%～15%。

成品高山乌龙茶叶外形紧结成半球形,色泽翠绿鲜活;汤色蜜黄绿,香气淡雅,滋甘醇、滑软、厚重带活性;叶底青绿,基本上没有红边现象。

冲泡高山乌龙时,可每人用一只容量126毫升的盖碗作为泡具和饮具,茶水比为1∶35,投茶量3克,水105克(毫升),水烧至100℃。主要冲泡步骤:温茶碗内凹,投入茶叶后,采用"单边定点法"注水,水量达到茶碗八分后,再合上茶盖。当茶碗中茶汤的水温降至适口时,趁温热品饮。如觉茶汤淡,可用茶盖拨动茶叶使其翻滚后再品饮。

SATURDAY. AUG 5, 2023

2023年8月5日

农历癸卯年·六月十九

8月5日

星期六

🐰 **今日生命叙事**

早起___点，午休___点，晚安___点，体温___，体重___，走步___

今日喝茶：绿□　白□　黄□　青□　红□　黑□　花茶□

正能量的我

0805

经典名茶·五指山红茶

五指山红茶，红茶类，产于海南省五指山市所辖通什镇、南圣镇、毛阳镇、番阳镇、毛道乡、水满乡、畅好乡等7个乡镇，以及畅好农场和海胶集团畅好橡胶站。五指山是中国最南端的高山云雾茶叶产区，得天独厚的生态环境和自然气候的滋润，成就了五指山红茶的优良品质。五指山红茶主要采用海南大叶种茶树鲜叶为原料。

制茶工序是鲜叶萎凋、揉捻、发酵；毛火、摊凉、二烘；摊凉、足火、摊凉、筛分、装箱。

成品五指山红茶条索紧结肥硕，棕褐油润；汤色明亮，呈红琥珀色，香气呈奶蜜香；味道甜醇爽滑，叶底肥软红亮，其典型品质特征为"琥珀汤，奶蜜香"。

冲泡五指山红茶时，可每人用一只容量126毫升的盖碗作为泡具和饮具，茶水比为1∶50，投茶量2克，水100克（毫升），泡茶水温宜水烧开后降温至90℃。主要冲泡步骤：温茶碗内凹，投入茶叶后，摇动盖碗，唤醒茶叶；采用"螺旋形法"注水，水量达茶碗八分后，合上茶盖。当茶汤的水温降至适口时，趁温热品饮。如觉茶汤淡，可用茶盖拨动茶叶使其翻滚后再品饮。

五指山茶在明代就已被列为贡茶，清代张嶲等著的《崖州志》记述："明土贡品主要有……牙茶、叶茶"。海南省大面积发展茶叶生产始于20世纪60年代初，以红茶，尤其是红碎茶为主。

五指山红茶

海南五指山生态茶园

SUNDAY. AUG 6, 2023

2023年8月6日

农历癸卯年·六月二十

8月6日 星期日

🐰 **今日生命叙事**

早起___点，午休___点，晚安___点，体温___，体重___，走步___

今日喝茶：绿□　白□　黄□　青□　红□　黑□　花茶□

正能量的我

0806

节气茶·立秋茶

立秋茶

立秋后处暑前采摘的茶叶,称为"立秋茶"。

立秋之前茶树生长繁荣茂盛。立秋之后,昼夜温差逐渐明显,空气干燥,阳光充足,闷热的天气有所收敛,早上不热,夜晚比较凉爽,茶树的生长明显减速,"茶园秋耕"正当其时。这段时间茶树的叶片增厚,内在的密度加强,茶的香味略显厚重。立秋茶汲取的是万物趋于成熟的大自然能量。

唐代白居易《立秋夕有怀梦得》诗有"梦得"夜饮立秋茶:"露簟荻竹清,风扇蒲葵轻。一与故人别,再见新蝉鸣。是夕凉飙起,闲境入幽情。回灯见栖鹤,隔竹闻吹笙。夜茶一两杓,秋吟三数声。所思渺千里,云水长洲城。"

MONDAY. AUG 7，2023
2023 年 8 月 7 日
农历癸卯年·六月廿一

8月7日　星期一

🐰 **今日生命叙事**

早起____点，午休____点，晚安____点，体温____，体重____，走步____

今日喝茶：绿□　白□　黄□　青□　红□　黑□　花茶□

正能量的我

中国茶历

0807

节气和茶·立秋

迎秋风至落梧桐,乳鸦啼散玉屏空。
咬瓜咬桃咬楸叶,拜仙拜女拜魁星。
春捂秋冻清风使,春华秋实不夜侯。
寒蝉鸣前白露降,煎香蒿饮碧霞融。

今日立秋(农历癸卯年六月廿二丑时,公历2023年8月8日2时23分)。

立秋是农历二十四节气的第13个节气。立秋是反映季节变化的节气。"立"是开始,"秋"指季节,表示秋季的开始。但从天气特点看立秋,由于盛夏余热未消,秋阳肆虐,很多地区仍处于炎热之中,故民间历来有"秋老虎"之说。

立秋物候:初候凉风至;二候白露降;三候大寒蝉鸣。

立秋节气里,喝什么茶?立秋时节,应养脾胃,平抑过旺之肺气,保全元气。清暑除热化湿,忌讳大汗淋漓。适宜饮乌龙茶(武夷岩茶、安溪铁观音、凤凰单丛,均以上年秋茶鲜叶制作的成品茶为宜)、红茶、黄茶(蒙顶黄芽、君山银针、霍山黄芽、平阳黄汤)、绿茶(恩施玉露、雪青)、再加工茶(小青柑),避免喝烫茶、大口茶,而以喝温茶、品茶为宜。

立秋·蓝雪花

TUESDAY. AUG 8, 2023

2023 年 8 月 8 日

农历癸卯年·六月廿二

🐰 今日生命叙事

早起____点，午休____点，晚安____点，体温____，体重____，走步____

今日喝茶：绿□　白□　黄□　青□　红□　黑□　花茶□

正能量的我

8月8日　星期二　立秋

中国茶历

0808

节气茶点·立秋

立秋节气里喝茶,适宜饮乌龙茶、红茶、黄茶、绿茶、再加工茶(小青柑);选用茶点心,讲究对应立秋节气养生,留意民俗文化。

立秋节气总的饮食原则是"秋不食辛辣",多吃苦味,宜平补。选用茶点心宜增酸有甜,不宜厚味肥腻,不宜辛辣或油炸。可选用:

玉露糕。制作玉露糕的步骤是将大花粉、葛根、桔梗切片,烘干后打成细末待用;在盘内将上面的药物末加入绿豆面、白糖和匀,加清水调湿,然后抖散,放在打了油的方饭盒内,上笼沸水武火蒸约30分钟,至熟;糕蒸熟后取出饭盒,用刀切成重约25克的小块即成。

玉露糕

彩虹饼干,食材有低筋面粉、黄油、速溶糖粉、鸡蛋、颜色糖粉、抹茶粉、食用色素(赤)。

彩虹饼干

南瓜饼,外表金黄,内馅酥香软糯。食材有南瓜、糯米粉、糖、芝麻、食用油。

适宜立秋节气的茶点心形形色色,选用时应留意民俗文化,如晒秋、贴秋膘、啃秋等,茶点心造型少不了:莲花形、"寿"字形、菊花形、蝉(金榜题名)形、寿桃形、鹦鹉形,带来吉祥安康幸福。

南瓜饼

WEDNESDAY. AUG 9, 2023

2023年8月9日

农历癸卯年·六月廿三

8月9日　星期三

🐰 **今日生命叙事**

早起___点，午休___点，晚安___点，体温___，体重___，走步___

今日喝茶：绿□　白□　黄□　青□　红□　黑□　花茶□

正能量的我

古代雅集·琉璃堂雅集

  琉璃堂雅集,是唐代诗人王昌龄与其诗友李白、高适等,在江宁县丞任所琉璃堂厅前聚会吟诗唱和的茶会,参加的有僧人1位,文士7位,另有服侍者3位。

  南唐画院周文矩为琉璃堂雅集作有一卷人物画《琉璃堂人物图》,其后半段《文苑图》部分,精心刻画四位诗人冥思苦想寻觅诗句的生动情态。画面的中部一人是李白,袖手伏在弯曲的松树上凝神思索,旁若无人;右边一人是王昌龄,一手握笔托腮,一手轻捧纸绢,陷入沉思;一位书童子俯身为他研墨;左边二人坐着共展一卷诗文,似在细细琢磨推敲,一位做沉思状,一位扭头回视,似乎听到了什么声音。作品把处于特定情景中的四位诗人的神情姿态和性格气质刻画得细致入微,人物姿态各有不同,但又统一在画家构思的浓浓氛围中。

  现今传世的《文苑图》均为宋代摹本,其中一幅摹本在国内收藏;另一宋代全摹本被美国收藏家收藏。

THURSDAY. AUG 10, 2023

2023 年 8 月 10 日

农历癸卯年·六月廿四

8月10日

星期四

🐰 今日生命叙事

早起____点，午休____点，晚安____点，体温____，体重____，走步____

今日喝茶：绿☐　白☐　黄☐　青☐　红☐　黑☐　花茶☐

正能量的我

中国茶历

0810

茶游艺·啜茶·茶联句

啜茶联句,是以茶为内容的续诗"接龙"形式,三五诗友促膝围坐,围绕一个茶的题材联唱续成茶诗,谁续不上诗谁就当场受罚。这种形式始于唐代,由茶宴基础派生的,是有记载的历史上最早的茶游艺形式。

以唐代颜真卿为首的"湖州文人群"(在唐大历年间,是规模最大的文人群,成员多达41人),常常在湖州古城西南的杼山一带举办雅集,以联句来游戏消遣,作品有《五言月夜啜茶联句》《五言夜宴咏灯联句》《五言玩初月重游联句》《登岘山观李左相石尊联句》等;送别赠答的联句,有《送耿漳拾遗联句》《五言重送横飞联句》等。

最负盛名的《五言月夜啜茶联句》,整首联句,由七句诗组成,虽题为"啜茶",句中却只字未提"茶"字,但浸透着唐朝夜空上那皎洁的月光和那流淌在茗盏中的茶香与诗意,映照了六位文人在月下啜茗吟诗的生活剪影。他们是"群主"颜真卿(著名书法家,开元进士,官至吏部尚书、太子太师)、陆士修(嘉兴县尉)、张荐(工文辞,任吏官修撰)、李萼(官居庐州刺史)、崔万(即崔石,在唐德宗贞元初年任湖州刺史)、皎然(名昼,著名的诗僧)。

他们在这次品茗行令中,创作出了这首脍炙人口的五言联句茶诗。诗曰:

> 泛花邀坐客,代饮引情言。(陆士修)
>
> 醒酒宜华席,留僧想独园。(张荐)
>
> 不须攀月桂,何假树庭萱。(李萼)
>
> 御史秋风劲,尚书北斗尊。(崔万)
>
> 流华净肌骨,疏瀹涤心原。(颜真卿)
>
> 不似春醪醉,何辞绿菽繁。(皎然)
>
> 素瓷传静夜,芳气满闲轩。(陆士修)

FRIDAY. AUG 11, 2023

2023 年 8 月 11 日

农历癸卯年·六月廿五

8月11日

星期五

🐰 **今日生命叙事**

早起____点，午休____点，晚安____点，体温____，体重____，走步____

今日喝茶：绿☐　白☐　黄☐　青☐　红☐　黑☐　花茶☐

正能量的我

中国茶历

0811

茶游艺·斗茶·斗茶品

斗茶

斗茶源于唐代,而盛于宋代。斗茶包括斗茶品、斗茶令、茶百戏。最早的文献记载斗茶起源于唐代建州。《云仙杂记》载:"建人谓斗茶为茗战",斗茶在唐代也称为"茗战"。

宋代斗茶之初乃是"二三人聚集一起,煮水烹茶,对斗品论长道短,决出品次。"(见宋人唐庚《斗茶记》)发展到每逢清明,新茶初上,古人斗茶,或十几人,或五六人,大都为一些名流雅士,还有店铺的老板,街坊亦争相围观,像现代看一场球赛一样热闹。斗茶者各取所藏好茶,轮流烹煮,相互品评,以分高下。

斗茶品,以茶"新"为贵,斗茶用水以"活"为上。一斗汤色,二斗水痕。首先看茶汤色泽是否鲜白,纯白者为胜,青白、灰白、黄白为负。汤色能反映茶的采制技艺:茶汤纯白,表明茶叶肥嫩,制作恰到好处;色偏青,说明蒸茶火候不足;色泛灰,说明蒸茶火候已过;色泛黄,说明采制不及时;色泛红,说明烘焙过了火候。其次看汤花持续时间长短。宋代主要饮用团饼茶,调制时先将茶饼烤炙碾细,然后烧水煎煮。如果研碾细腻,点茶、点汤、击拂都恰到好处,汤花就匀细,可以紧咬盏沿,久聚不散,这种最佳效果名曰"咬盏"。点茶、点汤,指茶、汤的调制,即茶汤煎煮沏泡技艺。点汤的同时,用茶筅旋转击打和拂动茶盏中的茶汤,使之泛起汤花,称为"击拂"。反之,若汤花不能咬盏,而是很快散开,汤与盏相接的地方立即露出"水痕",这就输定了。水痕出现得早晚,是茶汤优劣的依据。斗茶以水痕晚出为胜,早出为负。

有时茶质虽略次于对方,但用水得当,也能取胜。所以斗茶需要了解茶性、水质及煎后效果,不能盲目而行。

SATURDAY. AUG 12, 2023

2023 年 8 月 12 日

农历癸卯年·六月廿六

8月12日

星期六

🐰 **今日生命叙事**

早起____点，午休____点，晚安____点，体温____，体重____，走步____

今日喝茶：绿☐　白☐　黄☐　青☐　红☐　黑☐　花茶☐

正能量的我

中国茶历

中国茶历
0812

茶游艺·斗茶·斗茶令

斗茶令，即古人在斗茶时行茶令。行茶令所举故事及吟诗作赋，皆与茶有关。茶令如同酒令，用以助兴增趣。茶令，也是茶会时的游戏，最早出现在宋代，它是宋代斗茶兴盛的产物。斗茶令时，由一人作令官，令在座者如令行事，失误者受罚。茶令作为一种饮茶时助兴的游戏，最知名的推动者当属婉约派词人李清照。李清照与赵明诚夫妇经常以诗词唱和，在"酒阑更喜团茶苦"的生活中，李清照更是喜欢饮茶行令。她在《金石录后序》中具体描述了这种生活："余性偶强记，每饭罢，坐归来堂，烹茶，指堆积书史，言某事在某书、某卷、第几页、第几行，以中否角胜负，为饮茶先后，中即举杯大笑，至茶倾覆杯中，反不得饮而起……"这个关于茶令的典故，由于被纳兰容若在《浣溪沙》一词中以"赌书消得泼茶香"之句记录下来而广为流传。

南宋时期，还有一个茶令迷，他就是南宋龙图阁学士王十朋。他在《万季梁和诗留别再用前韵》中写有"搜我肺肠茶著令"，并自注曰："余归与诸子讲茶令，每会茶，指一物为题，各举故事，不通者罚。"

斗茶令

SUNDAY. AUG 13, 2023
2023 年 8 月 13 日
农历癸卯年·六月廿七

8月13日 星期日

🐰 **今日生命叙事**

早起____点，午休____点，晚安____点，体温____，体重____，走步____

今日喝茶：绿☐ 白☐ 黄☐ 青☐ 红☐ 黑☐ 花茶☐

正能量的我

0813

茶游艺·斗茶·茶百戏

茶百戏

茶百戏这种茶游艺,大约始于北宋初年。北宋初年文人陶谷《茗荈录》中已经说到了"茶百戏"游艺。他说:"茶至唐始盛,近世有下汤运匕,别施妙诀,使汤纹水脉成物象者。禽兽虫鱼花草之属,纤巧如画,但须臾即散灭。此茶之变也,时人谓茶百戏。"陶谷所述茶百戏便是后来的分茶,玩法是一样的,玩时"碾茶为末,注之以汤,以筅击拂",此时,盏面上的汤纹水脉会幻变出种种图样,若出水云雾,状花鸟虫鱼,恰如一幅幅水墨图画,故也有称为"水丹青"的。据说,当时有个佛门弟子叫福全,此人精于分茶,有通神之艺,能注汤幻茶成一句诗,若同时点四瓯,可幻成一绝句,至于变幻一些花草鱼虫之类,唾手可得。因此常有施主上门求观,福全颇有点自负,曾自咏:"生成盏里水丹青,巧尽工夫学不成。却笑当时陆鸿渐,煎茶赢得好名声。"

茶百戏,展现将煮好的茶注入茶碗中的技巧。诗人杨万里曰:"分茶何似煎茶好,煎茶不似分茶巧……"

茶百戏是斗茶中最为高深的茶游艺,在宋代流传的范围比较小,一般只流行于宫廷和士大夫阶层。有人把茶百戏与琴、棋、书法并列,是士大夫喜爱与崇尚的一种文化活动。

宋人斗茶之风的兴起,与宋代的贡茶制度密不可分。民间向宫廷贡茶之前,即以斗茶的方式评定茶叶的品级等次,胜者作为上品进贡。后来,斗茶就分成了三项茶游艺(斗茶品、斗茶令、茶百戏)。

MONDAY. AUG 14, 2023

2023 年 8 月 14 日

农历癸卯年·六月廿八

8月14日 星期一

🐰 今日生命叙事

早起____点，午休____点，晚安____点，体温____，体重____，走步____

今日喝茶：绿☐　白☐　黄☐　青☐　红☐　黑☐　花茶☐

正能量的我

中国茶历

0814

经典名茶·安溪铁观音(浓香型)

安溪铁观音,乌龙茶(青茶)类,产于福建省安溪县,创制于清乾隆年间,为历史名茶。

山泉

一年春、夏、秋茶季,皆可制茶。4月底至5月初开始采春茶,夏茶6月下旬采摘,暑茶一般于8月上旬采摘,至10月上旬采秋茶。采用铁观音茶树品种茶树鲜叶为原料,选用鲜叶的标准是驻芽(当新梢完全成熟时,叶面都展开了,顶芽转入休眠状态,驻停着活而细小的芽)3叶,俗称"开面采"。春、秋茶采摘1芽2~3叶,夏、暑茶采摘1芽3~4叶。

制茶工序是晒青、凉青(或静置)、摇青、炒青、揉捻、初烘、初包揉、复烘、复包揉、足干。浓香型铁观音,一般采取传统工艺的"焙火"烘干。

成品浓香型安溪铁观音茶叶外形紧结沉重,色泽乌绿油润;内质香气醇正清长,滋味醇厚爽口,汤色金黄明亮。有些茶香,带有炒米香、兰花香、果味甜香"三香融一"的独特风格。

冲泡浓香型安溪铁观音时,每人选用一只容量126毫升的盖碗作为泡具和饮具,茶水比为1:35,投茶量3克,水105克(毫升),水烧至100℃。主要冲泡步骤:温茶碗内凹,投入茶叶,加茶盖合盖后摇香,开盖后采用"单边定点法"注水,水量达到茶碗七分至八分后,再合上茶盖。当茶碗中茶汤的水温降至适口时,趁温热品饮,如觉茶汤淡,可用茶盖拨动茶叶使其翻滚后再品饮。

安溪铁观音

TUESDAY. AUG 15, 2023

2023年8月15日

农历癸卯年·六月廿九

🐰 今日生命叙事

早起____点，午休____点，晚安____点，体温____，体重____，走步____

今日喝茶：绿☐　　白☐　　黄☐　　青☐　　红☐　　黑☐　　花茶☐

正能量的我

8月15日

星期二

0815

经典名茶·平阳黄汤

平阳黄汤

平阳黄汤,黄茶类中的黄小茶,产于浙江省温州市平阳、泰顺、瑞安等地,品质以平阳北港朝阳山所产为最佳,故名"平阳黄汤"。其历史悠久,在清代因曾被列为贡品而闻名,是历史名茶。

茶叶于清明前开采,采摘标准为细嫩多毫的1芽1叶和1芽2叶初展,要求大小匀齐一致。制茶工序是杀青、揉捻、闷堆、初烘、闷烘。

平阳黄汤成品茶叶外形条索细紧,色泽黄绿,汤色杏黄明亮,香气清芬,滋味鲜醇爽口,叶底芽叶成朵匀齐,有"干茶显黄、汤色杏黄、叶底嫩黄"的"三黄"特征。

冲泡平阳黄汤时,可每人用一只容量126毫升的盖碗作为泡具和饮具,茶水比为1∶50,投茶量2克,水100克(毫升),泡茶水温宜水烧开后降温至85℃。主要冲泡步骤:温茶碗内凹,投入茶,采用"螺旋形法"注水,水量达到茶碗八分后,再合上茶盖。当茶碗中茶汤的水温降至适口时趁热品饮。如觉茶汤淡,可用茶盖拨动茶叶使其翻滚后再品饮。

平阳茶园

WEDNESDAY. AUG 16, 2023

2023 年 8 月 16 日

8月16日

星期三

农历癸卯年·七月初一

🐰 今日生命叙事

早起____点，午休____点，晚安____点，体温____，体重____，走步____

今日喝茶：绿☐　白☐　黄☐　青☐　红☐　黑☐　花茶☐

正能量的我

中国茶历

0816

经典名茶·恩施玉露

恩施玉露,绿茶类,是中国罕有的传统蒸青绿茶,曾称"玉绿",毫白如玉,故改名"玉露",产于湖北省恩施市东南部的芭蕉乡及东郊五峰山,为历史名茶,早在唐代就有"施南方茶"的记载。

春、夏、秋茶季均可采摘茶叶。采用湖北省无性系良种茶树鲜叶为原料,选用鲜叶的标准是1芽1叶或1芽2叶,大小均匀,节短叶密,芽长叶小,色泽浓绿。

制茶工序是蒸青(蒸汽杀青)、扇干水汽、铲头毛火、揉捻、铲二毛火、整形上光(手法为:搂、搓、端、扎)、烘焙、拣选。其中"整形上光"是使玉露茶光滑油润、挺直紧细、汤色清澈明亮、香气清高醇厚的重要工序。

成品恩施玉露春茶外形条索紧结,芽头硕壮扁平,墨绿、润泽、明亮,香气清高;汤色嫩绿,香气浓;滋味清新爽口;叶底柔软鲜绿。

冲泡恩施玉露时,每人可选用一只容量126毫升的盖碗作为泡具和饮具,茶水比为1∶50,投茶量2克,水100克(毫升),水温宜烧开后降温至80~85℃(春茶80℃,夏茶、秋茶85℃)。主要冲泡步骤:温茶碗内凹,投入茶,采用"螺旋形法"注水,水量达到茶碗八分后,再合上茶盖,3分钟后品饮。

4月1日采摘(制)茶叶

4月10日采摘(制)茶叶

THURSDAY. AUG 17,2023

2023 年 8 月 17 日

农历癸卯年·七月初二

8月17日

星期四

🐰 **今日生命叙事**

早起＿＿点，午休＿＿点，晚安＿＿点，体温＿＿，体重＿＿，走步＿＿

今日喝茶：绿☐　　白☐　　黄☐　　青☐　　红☐　　黑☐　　花茶☐

正能量的我

中国茶历

0817

经典名茶·雪青

雪青,绿茶类,产于山东省日照市东港区,为新创名茶。其因采用寒冬过去茶树返青后第一次采集的茶叶所制而得名,后统一归名为"日照绿茶"。

茶叶于4月下旬开始采摘。选用鲜叶标准为1芽1叶初展,采摘时做到"四不采",即紫芽叶、病虫叶、雨水叶、露水叶不采;要求芽叶完整、大小一致、色泽一致、匀净、新鲜。

制茶工序是摊青、杀青、搓条、提毫、摊凉、烘干。

成品雪青茶叶外形色泽深绿紧细,白毫显露;清香持久,滋味鲜爽厚醇,汤色清澈明亮,叶底嫩绿明亮,具有"叶片厚、滋味浓、香气高、耐冲泡"的特色。

冲泡雪青时,可每人用一只容量126毫升的盖碗作为泡具和饮具,茶水比为1∶50,投茶量2克,水100克(毫升),泡茶水温宜水烧开后降温至85℃。主要冲泡步骤:温茶碗内凹,投入茶叶后,采用"螺旋形法"注水,水量达到茶碗八分后,再合上茶盖。当茶碗中茶汤的水温降至适口时,趁温热品饮。如觉茶汤淡,可用茶盖拨动茶叶使其翻滚后再品饮。

4月18日采摘(制)茶叶

5月28日采摘(制)茶叶

FRIDAY. AUG 18, 2023

2023 年 8 月 18 日

农历癸卯年·七月初三

8月18日

星期五

🐰 **今日生命叙事**

早起____点，午休____点，晚安____点，体温____，体重____，走步____

今日喝茶：绿□　白□　黄□　青□　红□　黑□　花茶□

正能量的我

中国茶历

0818

经典名茶·碧潭飘雪

碧潭飘雪,再加工茶类中的花茶,产于四川省新津县,创制于1991年。

茶叶于清明前采摘,采用四川中小叶群体品种、名山131良种茶树鲜叶为原料,选用鲜叶的标准是独芽至1芽1叶初展,要求细嫩芽叶。

制茶工序是杀青、揉捻、做形、干燥制成茶坯;再佐以盛夏含苞待放的优质茉莉鲜花,通过"一窨一炒"工艺加工而成,使茉莉花的鲜灵芬芳与茶胚的清香融为一体。

成品碧潭飘雪茶叶的外形紧细匀整,芽毫显露,茉莉花瓣洁白,与茶融为一体;香气高爽带炒香;滋味醇爽,叶底嫩绿明亮,以绿茶茶香为主,带有茉莉花香;汤色绿亮,花瓣悬浮在汤水面,美丽似雪,"碧潭飘雪"之名由此而来。

冲泡碧潭飘雪时,每人选用一只容量126毫升的盖碗作为泡具和饮具,茶水比为1∶50,投茶量2克,水100克(毫升),水温宜水烧开后降温至95℃。主要冲泡步骤:温茶碗内凹,投入茶,加茶盖合盖后摇香,开盖后采用"螺旋形法"注水,水量达到茶碗八分后,不用合上茶盖,静观"碧潭飘雪",当茶碗中茶汤的水温降至适口时品饮。

碧潭飘雪

碧潭飘雪

SATURDAY. AUG 19, 2023

2023 年 8 月 19 日

农历癸卯年·七月初四

8月19日

星期六

 今日生命叙事

早起____点，午休____点，晚安____点，体温____，体重____，走步____

今日喝茶：绿□ 白□ 黄□ 青□ 红□ 黑□ 花茶□

正能量的我

经典名茶·桂花龙井

桂花龙井

桂花龙井,属再加工茶类中的花茶,产于浙江省杭州市。

原料茶胚以清明过后至谷雨前制作的西湖龙井为佳。原料茶胚系采摘1芽1叶或1芽2叶初展的鲜叶,按照西湖龙井的工艺制作而成。桂花原料以中秋时分,桂花盛开时,采摘的鲜花为主。花开不能太早也不能太晚,以花刚盛开为宜,不采用雨水花及带有露水的花。制茶工序是配比原料、茶胚窨花、通风散热、筛除花渣、复烘干燥、包装贮藏。配比原料(按50千克精制茶胚配用鲜桂花15千克,可视花茶的档次适当增减桂花)。

冲一杯桂花龙井茶,桂花漂浮在上,犹如夜空的繁星,点缀在茶杯中。轻轻酌一口桂花龙井,茶汤中带有丝丝桂花的香甜,茶引花香,花益茶味,相得益彰。

冲泡桂花龙井时,每人选用一只容量126毫升的盖碗作为泡具和饮具,茶水比为1∶50,投茶量2克,水100克(毫升),水温宜水烧开后降温至95℃。主要冲泡步骤:温茶碗内凹,投入茶,加茶盖合盖后摇香,静闻香气;开盖后采用"螺旋形法"注水,水量达到茶碗八分后,不用合上茶盖,静观"繁星""落雨"。当茶碗中茶汤的水温降至适口时趁热品饮。如觉茶汤淡,可用茶盖拨动茶叶使其翻滚后再品饮。

SUNDAY. AUG 20, 2023

2023 年 8 月 20 日

农历癸卯年·七月初五

8月20日 星期日

🐰 **今日生命叙事**

早起___点，午休___点，晚安___点，体温___，体重___，走步___

今日喝茶：绿☐　白☐　黄☐　青☐　红☐　黑☐　花茶☐

正能量的我

中国茶历

0820

节气茶·处暑茶

节气茶

处暑后白露前采摘的茶叶,称为"处暑茶",也称"暑茶"。

处暑后,北方冷空气南下次数增多,湿气渐退。此时空气中透着清爽,昼夜的温差开始明显,草木处于一个稳定的收敛状态,茶树的生长明显缓慢。暑茶因天气炎热,直射光强,茶多酚与氨基酸的比值大,茶叶的厚度、色深进一步加强,色泽乌暗,没有光泽,茶味苦、涩渐浓。暑茶汲取的是湿去燥来的大自然能量。冲泡暑茶,更能体会选水之重要。

处暑茶属秋茶。

MONDAY. AUG 21, 2023
2023 年 8 月 21 日
农历癸卯年·七月初六

8月21日 星期一

🐰 今日生命叙事

早起___点，午休___点，晚安___点，体温___，体重___，走步___

今日喝茶：绿□　白□　黄□　青□　红□　黑□　花茶□

正能量的我

中国茶馨　　　　　　　　　　　　　　　　　　中国茶历
0821

节日和茶·七夕节

农历七月初七,七夕节,又名"乞巧节""七巧节"。七夕始于汉朝,是流行于中国及汉字文化影响圈的国家及地区的传统文化节日。相传农历七月七日夜或七月六日夜,妇女在庭院向织女星乞求智巧,故称为"乞巧"。其起源于对自然的崇拜及妇女穿针乞巧,后被赋予了牛郎织女的传说,使其成为象征爱情的节日。七夕节,女子穿针乞巧、拜织女、陈列花果等诸多习俗影响至日本、朝鲜半岛、越南等。

拜织女,月光下摆一张桌子,桌子上置茶、酒、水果、五子(桂圆、红枣、榛子、花生、瓜子)等祭品,又有鲜花几朵、束红纸插在瓶子里,花前置一个小香炉,于案前焚香礼拜后,大家一起围坐在桌前,一面吃花生、瓜子,喝茶,一面朝着织女星座,默念自己的心事。

《宋人七夕乞巧图》局部

吃巧果,又名"乞巧果子""七巧果"。七夕乞巧的应节食品,以巧果最为出名,款式极多,主要的材料是油、面、糖、蜜。

拜织女、吃巧果的选用茶多种多样,绿茶、白茶、黄茶、青茶(乌龙茶)、红茶、黑茶、花茶都适宜。

七巧果

TUESDAY. AUG 22, 2023

2023 年 8 月 22 日

农历癸卯年·七月初七

8月22日

星期二

🐰 今日生命叙事

早起____点，午休____点，晚安____点，体温____，体重____，走步____

今日喝茶：绿☐　白☐　黄☐　青☐　红☐　黑☐　花茶☐

正能量的我

中国茶历

0822

节气和茶·处暑

鹰乃祭鸟雨凉秋,天地始肃禾乃登。
祭海网鱼保渔家,祀祖莫先放河灯。
春困秋乏苦口师,春祈秋报鸡苏佛。
茶园秋耕正当时,梦得乐天会茶僧。

今日处暑(农历癸卯年七月初八酉时,公历2023年8月23日17时1分)。

处暑是农历二十四节气的第14个节气。处暑,是反映温度变化的节气,表示炎热的暑气到此时开始退去。"处"有"退""止"的意思。处暑,一年之中秋高气爽的季节到来了,气温下降逐渐明显。

处暑物候:初候鹰乃祭鸟;二候天地始肃;三候禾乃登。

第二次夏茶采摘历经大暑、立秋、处暑三个节气,处暑是最后一个时节。茶谚语有"若要茶,二八耙"(二、八指农历的二月和八月),"茶叶不怕采,只要肥料待",说的都是在处暑节气里要重视茶园管理。

处暑节气里,喝什么茶?处暑时节,顺应秋收之气,应注重滋阴润肺、健脾安神,使肺气清,避免心生烦躁,适宜饮红茶、黑茶(普洱熟茶、茯砖茶,均5年以上)、白茶(白牡丹、寿眉,均3年以上)、再加工茶(小青柑)。可适度提高入口茶水温度(以舌感不烫为度)并略微"牛饮",以促出汗,让积聚在体内的热气散发出来。注意出汗后不要吹风,及时用干布擦汗,不要立即洗澡,尤其不宜洗冷水澡。

处暑·玉簪花

WEDNESDAY. AUG 23, 2023
2023 年 8 月 23 日

农历癸卯年·七月初八

8月23日 星期三 处暑

🐰 今日生命叙事

早起____点，午休____点，晚安____点，体温____，体重____，走步____

今日喝茶：绿☐　白☐　黄☐　青☐　红☐　黑☐　花茶☐

正能量的我

节气茶点·处暑

红豆松糕

小米南瓜饼

酸枣糕

处暑节气里喝茶,适宜饮红茶、黑茶、白茶、再加工茶(小青柑);选用茶点心,讲究对应处暑节气养生,留意民俗文化。

处暑节气总的饮食原则是少食肥甘,宜清淡,宜平补。选用茶点心多酸,宜甜,宜咸,不宜甜腻,少辛辣油炸。茶点不可放置过久。可选用:

红豆松糕,食材有红豆、粳米粉、糯米粉、白糖、蜜红豆。制作方法:将粳米粉、糯米粉混合后倒入大盆中;接着倒入红豆水,用双手在大盆里慢慢搓,水和粉会结块,把小团块搓成松散的糕粉;接着用筛子过滤成细糕粉,取1/3的细糕粉放入蜜红豆,用手把蜜红豆拌匀成红豆糕粉;在蒸碗内刷薄油后再放入筛好的细糕粉,随后放入红豆粉,一层细糕粉一层红豆粉轮流铺平,最后撒上一层细糕粉,用手抹平;大火蒸40分钟左右,食用时切块即可。

小米南瓜饼,制作食材有小米、老南瓜、面粉、白糖、酵母。

酸枣糕,以天然野生酸枣为原料。野生酸枣(即擂枣、禅果、馋果),产于我国云南、江西、福建、四川等地。果味浓郁,嫩糯细腻,口感独特。

适宜处暑节气的茶点心形形色色,选用时应留意民俗文化,如乞巧节(今年"七夕"在处暑节气里)、中元节、祭祖、孟尝盆会、开渔节、迎秋赏云等;点心造型少不了:鹰形(祭用)、玉兔形、鹿形、鱼形、祥云图形等。

THURSDAY. AUG 24, 2023
2023 年 8 月 24 日
农历癸卯年·七月初九

8月24日　星期四

🐰 今日生命叙事

早起____点，午休____点，晚安____点，体温____，体重____，走步____

今日喝茶：绿☐　白☐　黄☐　青☐　红☐　黑☐　花茶☐

正能量的我

中国茶历

0824

茶范·唐代茶范颜真卿

颜真卿

颜真卿（709—784年）是唐代中期杰出的政治家，经历安史之乱、中兴之治，与时代同呼吸共命运，成为大唐中兴倚重的能臣，以义烈闻名于时，最终以死明志。

颜真卿是唐代茶德风气的倡导者，他编纂《韵海镜源》，兴茶会雅集，增进学士以茶交情兴文，促成唐代湖州文化圈的繁荣；他推动第一个皇家茶工厂——顾渚山贡茶院建成；他出资建三癸亭，支持陆羽办茶亭；帮助建成青塘别业，陆羽入住其中修订《茶经》，完成三稿并付梓。

颜真卿是唐代书法家，他将自己高尚的人格融入书法，创立雄强、壮美、宽博的"颜体"楷书，透露出中正的行为修养，成为中国书法史上唯一能与王羲之雁行的书法家。"书至于颜鲁公""颜楷"被后世奉为楷书首典。

颜真卿是道德楷模，他为官近五十载，一心为国、一尘不染、一意担当，勤政爱民，惜才兴茶，以自身"云水风度、松柏气节"诠释了茶德精神。颜真卿无愧为唐代茶范，他的茶魂带着那个朝代的气象和自身的性情风骨——博大。

FRIDAY. AUG 25, 2023

2023年8月25日

农历癸卯年·七月初十

8月25日

星期五

🐰 **今日生命叙事**

早起____点，午休____点，晚安____点，体温____，体重____，走步____

今日喝茶：绿☐　白☐　黄☐　青☐　红☐　黑☐　花茶☐

正能量的我

茶范·宋代茶范苏轼

苏轼

苏轼（1037—1101年）是北宋文学家、书画家、唐宋八大家之一。他在文、诗、词三方面都达到了极高的造诣，堪称宋代文学最高成就的代表。苏轼的成就不局限于文学，他在书法、绘画、茶事等领域的成绩都很突出，对医药、烹饪、水利等方面也有所贡献。苏轼极具代表性地体现着宋代的文化精神。他历经坎坷、命途多舛、进退自如、宠辱不惊的人生态度，既坚持操守又修身养性的人生境界，成为后代文人景仰的典范。苏轼以宽广的审美眼光去拥抱大千世界，凡物皆有可观，到处都能发现美的存在。这样的审美态度为后人提供了富有启迪意义的审美范式。

苏轼与茶结缘终生，长期的地方官经历和贬谪生活，使苏轼足迹遍及江南、华南茶区，他采茶、制茶、点茶、品茶、讲茶、咏茶，情趣盎然。"从来佳茗似佳人"，茶成了苏轼保持旷达而乐观人生的精神伴侣。他创作有大量的茶事作品，着眼于抒情与人生历程的高性情相贯通，清新豪健，善用夸张比喻，独具风格，广为传咏。

苏轼是宋朝文化高度繁荣历程中涌现的文坛领袖，他不但是茶人的首席代表，而且是左右宋代茶德风气走向的关键人物，也是影响后代社会茶德修行的众望典范。苏轼无愧为宋代茶范，他的茶魂带着那个朝代的气象和自身的性情风骨——旷达。

SATURDAY. AUG 26, 2023

2023 年 8 月 26 日

农历癸卯年·七月十一

8月26日

星期六

🐰 今日生命叙事

早起___点，午休___点，晚安___点，体温___，体重___，走步___

今日喝茶：绿□ 白□ 黄□ 青□ 红□ 黑□ 花茶□

正能量的我

中国茶历

0826

茶物哲语·多防出多欲，欲少防自简

玉女洞

铁壶从壶嘴发声说："嗖嗖嗖嗖……"

主人一听到"嗖嗖嗖嗖"，就知水开了。

铁壶，也会从肚子里发声说："咕咕咕咕……"

主人听到"咕咕咕咕，突突突突……"一看水已从铁壶嘴冒出来了。于是，就开始每回守着它防止开水溢出，只要一听到"嗖嗖嗖嗖"，就从炉上提起铁壶。但是，从"嗖嗖嗖嗖"到"咕咕咕咕"的时间太短了，少不了开水溢出。

铁壶在主人接水时说道："多防出多欲，欲少防自简"。这出自苏轼的弟弟苏辙（1039—1112年）的《和子瞻调水符》，说的是：苏轼在陕西凤翔县做官时，钟南山下玉女洞中的泉水甘甜，深得他的喜爱。他每次去山中游玩，便用瓶子装两瓶带回，喝完后，让身边的侍从们走上几里地再去装水。这样日复一日，侍从们琢磨出了投机取巧的办法，从附近的井水里装上两瓶冒充甘甜的泉水。苏轼识破真相后，便想了一个办法，截取一段竹子，一劈为二，上面画上符号标志，一半留给玉女洞中的寺僧，作为往来取水的信约。没想到，后来，侍从们连"调水符"都做个假的来蒙骗苏轼。苏辙的"和"诗中，开头就是这句："多防出多欲，欲少防自简"。意思说：兄弟呀，欲望多了，你就忧虑多，就得多设防；而如果清心寡欲，自然就无须步步为营地进行防御。

主人明白了，铁壶提醒："水应少放，便不溢开水。"

SUNDAY. AUG 27，2023

2023 年 8 月 27 日

农历癸卯年·七月十二

8月27日

星期日

🐰 今日生命叙事

早起___点，午休___点，晚安___点，体温___，体重___，走步___

今日喝茶：绿☐　白☐　黄☐　青☐　红☐　黑☐　花茶☐

正能量的我

中国茶历

0827

茶馆·春伦大众茶馆

　　春伦大众茶馆通过"饮茶+人文+还原"集合新消费体验模式,复刻老福州吃茶生活,营造全民饮茶氛围。

春伦大众茶馆

MONDAY. AUG 28，2023
2023 年 8 月 28 日
农历癸卯年·七月十三

8月28日 星期一

🐰 **今日生命叙事**

早起___点，午休___点，晚安___点，体温___，体重___，走步___

今日喝茶：绿☐　白☐　黄☐　青☐　红☐　黑☐　花茶☐

正能量的我

中国茶历

0828

茶馆·飞凤山（岚湖茶社）大众茶馆

　　飞凤山岚湖茶社依山傍水，品茶静心，茶餐风味，休闲团建——茶客的第一选择。

飞凤山（岚湖茶社）大众茶馆

TUESDAY. AUG 29, 2023
2023 年 8 月 29 日
农历癸卯年·七月十四

8月29日

星期二

🐰 **今日生命叙事**

早起____点，午休____点，晚安____点，体温____，体重____，走步____

今日喝茶：绿□　白□　黄□　青□　红□　黑□　花茶□

正能量的我

0829

茶物哲语·鬼神非人实亲，惟德是依

贮罐里的普洱茶说："云南茶农，多奉祀孔明为普洱茶祖。"

普洱茶进而说："云南攸乐茶山的基诺族人世代传说，他们是诸葛亮（孔明）南征时遗留下来的。孔明给他们茶籽，让他们安居下来，种茶为生。基诺族自称'丢落'，世代尊奉孔明。"

古人奉拜先贤

清朝道光年间编撰的《普洱府志·古迹》中有记载："六茶山遗器俱在城南境，旧传武侯（孔明）遍历六山，留铜锣于攸乐，置铜于莽枝，埋铁砖于蛮砖，遗木梆于倚邦，埋马镫于革登，置撒袋于慢撒，因以名其山。莽枝、革登有茶王树较它山独大，相传为武侯遗种，今夷民犹祀之"。古茶山中的孔明山巍峨壮观，是孔明寄箭处（民间传说射箭处是普洱府城东南无影树山），上有祭风台旧址。

普洱茶还说："每年在采春茶的季节到来时，哈尼族、基诺族、壮族、佤族都会不约而同地举行祭茶仪式。在云南普洱茶产区有的祭的是古茶树，有的祭的是一方山神，还有更多的是祭拜'茶祖'——孔明。祭茶是茶农对天地的感激，对先民的怀念，更是对未来的祈福。"

普洱茶设问道："孔明、古茶树，被敬升到'神'的地位，为什么呢？人们不是无缘无故与之这么'亲'，是因为孔明、古茶树，给人们的益处，惠及众人，令人感恩戴德啊！"

这则茶物哲语阐明这样一个道理：鬼神非人实亲，惟德是依。古时虽有祭祀，但古人并非全然迷信鬼神，而是将它与人事密切联系起来，更强调对众生的重要，也可以引申说：只要你自身德行高远，就会有人敬重你信赖你。

"鬼神非人实亲，惟德是依。"出自《左传·僖公五年》。

WEDNESDAY. AUG 30, 2023

2023年8月30日

农历癸卯年·七月十五

8月30日 星期三

🐰 **今日生命叙事**

早起___点，午休___点，晚安___点，体温___，体重___，走步___

今日喝茶：绿□　白□　黄□　青□　红□　黑□　花茶□

正能量的我

中国茶历

0830

经典名茶·永春佛手

永春佛手,乌龙茶(青茶)类,又名香橼种、雪梨。永春佛手茶树属大叶型灌木,因其树叶大如掌、形酷似佛手柑,因此得名"佛手"。相传其是福建安溪骑虎岩寺和尚,把茶树枝条嫁接在佛手柑上,经精心培植而成的树种。清康熙年间,种传授给永春师弟,附近茶农竞相引种使其得以普及。有文字记载:"僧种茗芽以供佛,嗣而族人效之,群踵而植,弥谷被岗,一望皆是。"安溪骑虎岩寺也镌有楹联:"神茗佛手发源地,骑虎将军涅声天""飞凤名岩藏古刹,珍茗佛手溢奇香""飞天佛手茶香四海,凤地名岩寺阅千秋"。永春佛手发源地为福建永春狮峰岩,主产于福建永春县苏坑、玉斗、锦斗和桂洋等地,为新创名茶。

永春佛手

一年春、夏、秋茶季皆可生产茶,春茶开采于4月中旬,秋冬茶采摘于11月结束。永春佛手茶选用佛手茶树品种的茶树鲜叶为原料,鲜叶似佛手柑叶,叶肉肥厚丰润,质地柔软绵韧,采摘标准是驻芽2~4叶,要求采顶叶小开面至中开面(3~5分成熟)驻芽2~4叶嫩梢及对夹叶;春、秋茶采"中开面",夏暑茶采"小开面"。采摘时应根据新梢成熟度、芽叶大小、生长部位分批多次采摘,采下成熟度较一致的芽叶;大面积茶园提前嫩采,分2~3批次采摘;新梢大的和小的分开采摘,分开制作。

制茶工序是初制工艺基本流程为晒青、凉青、摇青、杀青、揉捻、初烘、包揉、复烘、复包揉、足火。

成品永春佛手茶叶外形条索肥壮紧卷圆结、粗壮肥重,色泽砂绿乌润;内质香气浓锐持久,优质品有似雪梨香,上品具有香橼香;汤色金黄透亮,滋味醇甘厚;叶底柔软,叶张圆而大。

冲泡永春佛手时,可每人用一只容量126毫升的盖碗作为泡具和饮具,茶水比为1:35,投茶量3克,水105克(毫升),水烧至100℃。温茶碗内凹,投入茶叶后,采用"单边定点法"注水,再合上茶盖,4分钟后品饮。

THURSDAY. AUG 31, 2023
2023 年 8 月 31 日
农历癸卯年·七月十六

8月31日

星期四

🐰 **今日生命叙事**

早起____点，午休____点，晚安____点，体温____，体重____，走步____

今日喝茶：绿□　白□　黄□　青□　红□　黑□　花茶□

正能量的我

中国茶历

0831

经典名茶·北京茉莉花茶

北京茉莉花茶，属再加工茶类的花茶。

北京不产茶，而"北京人最爱"的茶，公认的是茉莉花茶。从《红楼梦》中过年雅集的奖品"香片"，到 20 世纪 70 年代"二分钱"的"前门大碗茶"；从北京几家百年的茶店老字号，到"老北京人，早起第一件事，就是沏一壶浓浓的茉莉花茶，开始一天的生活"；茉莉花茶，备受北京人的青睐。茉莉花茶工艺没什么差别，但北京的茶店百年老字号，还硬是有数名老茶工，年复一年掌握稳定不变的口感香气和"窨""提"技艺，保持有"京味"的茉莉花茶制作技艺。

冲泡北京茉莉花茶时，每人选用一只容量 126 毫升的盖碗或 150 毫升的传统式盖碗作为泡具和饮具品饮。宋代诗人江奎《茉莉》诗赞："他年我若修花史，列作人间第一香。"

北京茶店老字号的"京味"茉莉花茶，至今保持在一斤一百元以下的有"高碎""茶心""茉莉银毫""茉莉小白毫"。

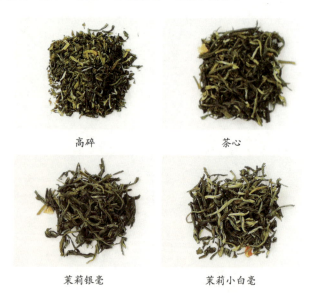

高碎　　　　　　　　茶心

茉莉银毫　　　　　　茉莉小白毫

FRIDAY. SEPT 1, 2023

2023年9月1日

农历癸卯年·七月十七

9月1日

星期五

🐰 **今日生命叙事**

早起___点，午休___点，晚安___点，体温___，体重___，走步___

今日喝茶：绿□　白□　黄□　青□　红□　黑□　花茶□

正能量的我

中国茶历

0901

经典名茶·苏州茉莉花茶

苏州茉莉花茶,属再加工茶类的花茶,产于江苏省苏州市,以"徽坯苏窨尖尖翘"的独特风格而闻名,历史名茶。

苏州茉莉花茶,选用江苏、安徽、浙江三省的茶坯进行综合拼配,发挥拼配茶坯吸香能力强的特点。窨制是指待茉莉花的开放度80%~90%(呈"虎爪形")时,让拼配茶坯在自然状态下吸香透香。苏州茉莉花茶在窨制过程中,还讲究传统的"白兰花打底"做法,这样窨出来的茶香气充足,花的渗透性好。这些形成了苏州茉莉花茶"徽坯苏窨"的制茶技艺,并得到很好的传承。苏州茉莉花茶主要品种有茉莉苏萌毫(八窨一提)、茉莉铁大方、小叶花茶、茉莉奇兰等。

苏州茉莉花茶,突出茉莉花香的鲜爽、灵快、优雅。

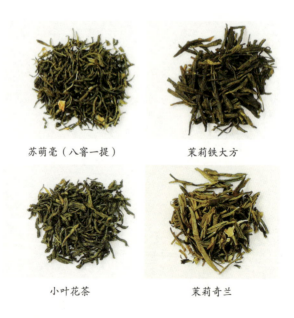

苏萌毫(八窨一提)　　　　茉莉铁大方

小叶花茶　　　　茉莉奇兰

SATURDAY. SEPT 2, 2023

2023年9月2日

农历癸卯年·七月十八

9月2日 星期六

🐰 今日生命叙事

早起____点，午休____点，晚安____点，体温____，体重____，走步____

今日喝茶：绿☐　白☐　黄☐　青☐　红☐　黑☐　花茶☐

正能量的我

中国茶历

0902

茶文艺·最早的茶歌

20世纪70年代茶歌

茶歌和茶舞是由茶叶生产、饮用这一主体文化,派生出来的一种茶文艺现象。

从现存的茶史资料来说,茶叶成为歌咏的内容,最早见于西晋孙楚的《出歌》,其称"姜桂茶荈出巴蜀",这里说的"荈"就是指茶。唐代皮日休的《茶中杂咏序》有"昔晋杜育有荈赋,季疵(即陆羽)有茶歌"的记述,可见最早记载有茶歌是陆羽茶歌,但可惜这首茶歌早已散佚。

在我国古时,如《尔雅》所说:"声比于琴瑟曰歌";《韩诗章句》有"有章曲曰歌",认为诗词只要配以章曲,声之如琴瑟,则其诗也次了。至宋代,王观国《学林》、王十朋《会稽风俗赋》等作品中见"卢仝茶歌"或"卢仝谢孟谏议茶歌",表明至少在宋代诗就配以章曲、器乐而唱了。宋代由茶诗词而传为茶歌的情况较多,如熊蕃在《御苑采茶歌》十首的序文中称:"先朝漕司封修睦,自号退士,曾作《御苑茶歌》十首,传在人口……蕃谨抚故事,亦赋十首献漕使。"这里所谓的"传在人口"就是歌唱在人民中间。

茶歌的另一个来源是民谣,民谣经文人整理配曲后再返回民间。如明清时杭州富阳一带流传的《贡茶鲥鱼歌》。这首歌是明正德九年(1514年)韩邦奇根据《富阳谣》改编为歌的。其歌词曰:"富阳山之茶,富阳江之鱼,茶香破我家,鱼肥卖我儿。采茶妇,捕鱼夫,官府拷掠无完肤,皇天本圣仁,此地一何辜?鱼兮不出别县,茶兮不出别都,富阳山何日摧?富阳江何日枯?山摧茶已死,江枯鱼亦无,山不摧江不枯,吾民何以苏?"歌词通过连串的问句,唱出了富阳地区采办贡茶和捕捉贡鱼,百姓遭受的侵扰和痛苦。

SUNDAY. SEPT 3, 2023

2023年9月3日

农历癸卯年·七月十九

 9月3日 星期日

🐰 **今日生命叙事**

早起____点，午休____点，晚安____点，体温____，体重____，走步____

今日喝茶：绿☐　白☐　黄☐　青☐　红☐　黑☐　花茶☐

正能量的我

　　茶歌再一个来源是由茶农和茶工自己创作的民歌和山歌。如清代流传在江西每年到武夷山采制茶叶的劳工唱的歌。除了江西、福建外，其他如浙江、湖南、湖北、四川各省的地方志中，也都有不少茶歌相关的记载。这些茶歌开始未形成统一的曲调，后来孕育产生了专门的"采茶歌"以至使采茶调和山歌、盘歌、五更调、川江号子等并列，发展为我国南方一种传统的民歌形式。

茶文艺·最早的采茶调

20世纪60年代采茶调表演

采茶调是采茶歌的约定俗成的曲调。采茶歌的最早记载见于晚唐五代诗人韩偓诗《信笔》曰:"柳密藏烟易,松长见日多。石崖采芝叟,乡俗摘茶歌。"

采茶调,起源于湖北黄梅一带,故此,人们称之为"黄梅采茶调"。清同治年间,江西何炳元曾作诗:"拣得新茶倚绿窗,下河调子赛无双。为何不唱江南曲,尽作黄梅县里腔。"这里的"黄梅县里腔"指的就是黄梅采茶调,可见采茶调的传播之广,以及深受人们喜爱的情形。

采茶调是汉族的民歌曲调,在我国西南地区的一些少数民族中,也演化产生了不少诸如"打茶调""敬茶调""献茶调"等曲调。居住在滇西北的藏族同胞,劳动、生活时唱不同的民歌,如挤牛奶时唱"格格调",结婚时会唱"结婚调",宴会时会唱"敬酒调",青年男女相会时唱"打茶周""爱情调"。居住在金沙江西岸的彝族支系白依人,旧时结婚第三天祭过门神开始正式宴请宾客时,吹唢呐的人,按照待客顺序,依次吹"迎宾调""敬茶调""敬烟调""上菜调",说明我国少数民族和汉族一样不仅有茶歌,也形成了若干有关茶事的固定乐曲。

MONDAY. SEPT 4, 2023

2023年9月4日

农历癸卯年·七月二十

9月4日　星期一

🐰 **今日生命叙事**

早起___点，午休___点，晚安___点，体温___，体重___，走步___

今日喝茶：绿☐　白☐　黄☐　青☐　红☐　黑☐　花茶☐

正能量的我

茶文艺·记载最早的采茶舞

20世纪50年代茶灯舞

采茶歌舞的记载最早见于明王骥德《曲律》（1624年初版），云："至北之滥，流而为《粉红莲》《银纽丝》《打枣杆》；南之滥，流而为吴之《山歌》，越之《采茶》诸小曲，不啻郑声，然各有其致。"从中可以看出《采茶》在明朝已经以民间小曲形式在浙东出现。至清代，采茶歌逐步发展为采茶舞。清代李调元《粤东笔记》中记载："粤俗，岁之正月，饰儿童为彩女，每队十二人，人持花篮，篮中燃一宝灯，罩以绛纱，明为大圈，缘之踏歌，歌十二月采茶。"这说明以采茶为题材的歌舞早在17世纪时已见于我国南方诸省。

流行于我国南方各省的"茶灯"或"采茶灯"是汉族比较常见的一种民间舞蹈形式。茶灯，是福建、广西、江西和安徽"采茶灯"的简称。江西还有"茶篮灯"和"灯歌"，在湖南和湖北则称为"彩茶"和"茶歌"；在广西又称"壮采茶"和"采茶舞"。采茶歌舞不仅各地名称不一，跳法也不同，一般是由一男一女或一男二女参加表演。舞者腰系绸带，男的持一钱尺（鞭）作为扁担、锄头等；女的左手提茶篮，右手靠歌编舞，主要表现姑娘们在茶园的劳动生活。

汉族和壮族的《茶灯》民间舞蹈外，我国有些民族盛行的歌舞往往也以敬茶和饮茶的茶事为内容，从一定角度看，也可以说是茶舞蹈。如彝族打歌时，客人坐下后，在大锣和唢呐的伴奏下，主人恭恭敬敬，手端茶盘或酒盘，边把茶、酒一一献给每一位客人，然后边舞边退。

白族打歌和彝族打歌相似，人们手中端着茶或酒，以歌纵舞，以舞狂歌。

TUESDAY. SEPT 5, 2023

2023 年 9 月 5 日

农历癸卯年·七月廿一

9月5日

星期二

🐰 今日生命叙事

早起____点，午休____点，晚安____点，体温____，体重____，走步____

今日喝茶：绿☐　白☐　黄☐　青☐　红☐　黑☐　花茶☐

正能量的我

中国茶历

0905

茶文艺·最早的采茶戏

唯一的从茶事业发展产生的戏是"采茶戏"。

采茶戏,流行于江西、湖北、湖南、安徽、福建、广东、广西等地,如广东的"粤北采茶戏"湖北的"阳新采茶戏""黄梅采茶戏""蕲春采茶戏"等。这种戏在江西较普遍,剧种也多,如"赣南采茶戏""抚州茶戏""南昌采茶戏""武宁采茶戏""赣东采茶戏""吉安采茶戏""景德镇采茶戏"和"宁都采茶戏"等,这些剧种名目繁多,形成的时间大致在清代中期至清代末年。

采茶戏,是直接由采茶歌和采茶舞发展起来的。如采茶戏变成戏曲,就要有曲牌,其最早的曲牌名叫"采茶歌"。

采茶戏的形成,不只脱颖于采茶歌和采茶舞,还和花灯戏、花鼓的风格十分相近。花灯戏是流行于云南、广西、贵州、四川、湖北、江西等地的花灯戏类别的统称,以云南花灯戏的剧种为最多,其产生年代较花鼓戏和采茶戏稍迟,大多形成于清末。花鼓戏以湖北、湖南两省剧种为最多,其形成时间和采茶戏相差不多。这两种戏曲也起源于民歌小调和民间舞蹈。采茶戏、花灯戏、花鼓戏的来源、形成和发展风格等都比较接近。

中华人民共和国成立后,有人发掘整理了赣南采茶戏《九龙山摘茶》(改名《茶童歌》)、粤北采茶戏传统剧目《九龙茶灯》、皖南花鼓《当茶园》,以及湖北宜昌京剧团的现代京剧《茶山七仙女》。《茶山七仙女》写"大跃进"中七位采茶姑娘战胜保守思想、大胆革新的故事。

丽水茶灯戏

WEDNESDAY. SEPT 6, 2023

2023 年 9 月 6 日

农历癸卯年 · 七月廿二

9月6日

星期三

🐰 **今日生命叙事**

早起____点，午休____点，晚安____点，体温____，体重____，走步____

今日喝茶：绿☐　白☐　黄☐　青☐　红☐　黑☐　花茶☐

正能量的我

中国茶历

节气茶·白露茶

白露茶

白露后秋分前采摘的茶叶,称为白露茶。

我国按节气分,小暑、大暑、立秋、处暑、白露、秋分、寒露采制的茶为秋茶;按时间分,7月中旬以后采制的为秋茶。"白露茶"属秋茶。

白露时节我国大部分地区秋高气爽,云淡风轻。北风南下频繁,大地积聚的热量被吹走,阴气渐重,露气越来越重,在植物上凝成白色水珠,故称这一时段为"白露"。草木凝水,说明地表温度下降。白露时节的茶树经过夏季和初秋的酷热,进入"白露秋风夜,一夜凉一夜"时节,此时正是茶树生长的又一最佳时期,茶叶的味道浓厚,香醇并带苦涩。白露茶汲取的是天地由暖变凉阶段的大自然能量。

白露茶属秋茶(谷花茶):立秋后的"白露"随着降雨量的减少,天气也逐渐转凉了,这时就进入了秋茶采摘的又一重要时节,此时茶花也基本含苞欲放了。秋茶从白露到霜降后立冬前采摘就结束了。

民间有"春茶苦,夏茶涩,要喝茶,秋白露"的说法。白露茶富有秋茶的特征:条索紧结粗大,稍显芽毫。色泽乌黑油润,稍显灰带棕。汤色清亮。香气飘逸,多有松烟味,滋味醇和,茶汤入口柔和,苦、涩味稍重,口腔收敛性强。白露时节,换掉旧茶喝新茶,就是秋茶接续春茶。茶农待客就会选用白露茶。

白露茶不像春茶鲜嫩但不经泡,也不像夏茶干涩味道苦,有其独特的甘醇清香味道。现今,不只是江苏南京人喜欢白露茶了,全国各地很多人都喜欢。

THURSDAY. SEPT 7, 2023

2023 年 9 月 7 日

农历癸卯年·七月廿三

9月7日 星期四

🐰 **今日生命叙事**

早起___点，午休___点，晚安___点，体温___，体重___，走步___

今日喝茶：绿☐　白☐　黄☐　青☐　红☐　黑☐　花茶☐

正能量的我

中国茶历

0907

节气和茶·白露

蒹葭苍苍露吟辉,茶花含苞叶儿肥。
黄澄玉米青麦苗,红火高粱白棉飞。
北山阵阵鸿雁来,南池只只玄鸟归。
醇茶桂圆祈禹王,拜月赏月竖中秋。

今日白露(农历癸卯年七月廿四卯时,公历 2023 年 9 月 8 日 5 时 27 分)。

白露是农历二十四节气的第 15 个节气。白露,水汽类节气,表示天气转凉,清晨空气里的水都凝结成了白色的露珠。

白露物候:初候鸿雁来;二候玄鸟归;三候群鸟养羞。

白露之后,雨量减少,气温逐渐下降,早晚温差是一年中最大的,清晨草木上可见到白色露水。植物也需要为过冬而开始存储养分了。茶树,此时内含物的多糖类物质生成较多,在白露之后的天气条件下,茶叶内含物的生化演变非常复杂,香气的构成也很丰富。所谓的"春水秋香",便是如此形成。一年之中,从白露之时,进入了秋茶的开采期。茶谚语有"高山莫摘白露茶"。(提醒:高山寒潮早到,如摘了白露茶,有伤茶树元气,会影响来年产量)

白露节气里,喝什么茶?白露时节,应顺应温补阳气,止咳化痰,养阴润肺,需防秋燥,滋阴益气,适宜饮白茶(白牡丹、寿眉,均 3 年以上)、乌龙茶(闽北乌龙、安溪铁观音、凤凰单丛、东方美人)、再加工茶(小青柑,2 年以上)、红茶。

白露·昙花

FRIDAY. SEPT 8, 2023
2023年9月8日
农历癸卯年·七月廿四

9月8日

星期五

白露

🐰 **今日生命叙事**

早起___点，午休___点，晚安___点，体温___，体重___，走步___

今日喝茶：绿☐　白☐　黄☐　青☐　红☐　黑☐　花茶☐

正能量的我

0908

节气茶点·白露

白露节气里喝茶，适宜饮白茶、乌龙茶、再加工茶（小青柑，2年以上）、红茶；选用茶点心，讲究对应白露节气养生，留意民俗文化。

白露节气总的饮食原则是少辛，多酸甘润，宜平补。选用茶点心多酸宜甜，不宜甜腻，少辛辣油炸。可选用：

甘薯饼。我国民间有"白露吃甘薯"的习俗，吃过甘薯，全年不会发胃酸。"甘薯饼"应选用当季红心甘薯制馅，香甜味美。

甘薯饼

梨糕，其主要原料为红梨和姜（或含少量止咳润肺中药），故得其名。用原料制成一张大饼状糖糕后，用刀再切成小块成为梨糕糖。

梨糕

凤梨饼，皮薄馅大，外皮酥松化口，纯凤梨口感干涩，多了份质朴的酸，于是添加了冬瓜，使酸度降低，纤维更加细致，丰富了口感层次。常见的有五谷杂粮、松子、蛋黄、栗子等不同口味的凤梨酥，饼皮也采用了燕麦等多样化的食材，口感更为多元。

凤梨饼

适宜白露节气的茶点心形形色色，选用时应留意民俗文化，如喝白露茶、酿米酒、吃龙眼、斗蟋蟀、白露节、秋社、祭禹王等。

SATURDAY. SEPT 9, 2023

2023年9月9日

农历癸卯年·七月廿五

 9月9日 星期六

🐰 **今日生命叙事**

早起___点，午休___点，晚安___点，体温___，体重___，走步___

今日喝茶：绿□　白□　黄□　青□　红□　黑□　花茶□

正能量的我

茶物哲语·君子修道立德

中国古代的至圣先师孔子认为:"芝兰生于深林,不以无人而不芳。君子修道立德,不谓穷困而改节。"兰花"幽、静、清、逸、香",兰德与兰情,是古今赞美和崇尚的品质。清代汉学家、儒学大师、教育家陈寿祺,便是生动的实例。

陈寿祺曾在泉州清源书院主讲10年,道光三年(1823年)后在福州鳌峰书院主讲11年,培养了许多栋梁之才。他经常痛斥时弊,激烈指责官场腐败。他指出不能杜绝鸦片祸害根源在于海关敛财,吏役肥私,洋商牟利。林则徐禁烟的指导思想与陈寿祺一脉相传。他倡修道光《福建通志》,任总纂;著《左海全集》。他亲纂的《重纂福建通志》山川海河篇,将钓鱼岛列入海防冲要,隶属台湾府噶玛兰厅(今台湾省宜兰县)管辖。

陈寿祺生平不饮不弈,惟手不释卷;教子以慎取舍,依忠厚为本;教人务敦本,重立品,衡文亦必以法度。

他任清代福建最高学府鳌峰书院山长(校长),1825年春制订《鳌峰崇正讲堂规约八则》:"正心术""慎交游""广学问""稽习业""择经藉""严课规""肃威仪""严出入";抨击科举制度是"驱天下尽纳利禄之途",倡导书院以培养经世致用人才为目标。他勉励林则徐为官要"清如江流滔,惠如海波广""许身稷禹伦,志士何所讳"。他立家风家训:"淡泊,慎取舍,依忠厚""不以不廉之财奉甘旨,不以不义之行欺晨昏"。子乔枞,举人,官抚州守。能继其业,亦著有《礼堂经说考》等,凡十种,传为好家风、好家教的佳话。

在这茶品"兰膳"中,联想陈寿祺相关诗句"睡起静无事,茶香分外清""著作蓬山敢自诬,甘馨兰膳可无娱"的语境,不但让人品出人生应有的兰德和兰情,更让人得出"芝兰生于深林,不以无人而不芳。君子修道立德"的启示,不论知识学问多少,不论是学术还是老师,不论是否有人看见,都应积极用行动来"修道立德"。

SUNDAY. SEPT 10, 2023
2023 年 9 月 10 日
农历癸卯年·七月廿六

9月10日 星期日

🐰 **今日生命叙事**

早起____点，午休____点，晚安____点，体温____，体重____，走步____

今日喝茶：绿☐ 白☐ 黄☐ 青☐ 红☐ 黑☐ 花茶☐

正能量的我

古代雅集·文士茶会

宋代文士雅集茶会比较讲究，形成有挂画、插花、焚香、煮茶的"文人四雅"。宋徽宗一幅描绘文人茶会的《文会图》向人们再现了北宋时期文人品茗茶会的场景。

一座颇具岁月的庭园，数棵大树参天，旁临曲池，石脚显露；四周栏楯围护，垂柳修竹，绿荫婆娑。

在两棵大树下，设一张巨型贝雕黑漆方桌，桌案上摆放着八盘果品和六瓶插花，桌案右边和左边各放着一整套的注碗、执壶。围坐的宾主人人面前都放着瓷盏托；桌上还陈放有丰盛的果品、食物和备用盘碟、酒樽、杯盏等。垂柳后设一石案几，案几上香炉一只并有横陈仲尼式瑶琴一张，琴谱数页，琴囊已解，似乎刚刚被弹拨过。

八位文士围着巨型贝雕黑漆方桌坐着，有的或举杯品饮，或与侍者轻声细语，或端坐聆听，或侧身交谈，或独自凝神沉思，意态娴雅。一位文士离席与旁边人窃窃私语，另一位文士起身似与对面的文士叙话。两位侍女端捧杯盘，往来其间，至桌边献茶。一位童子侍立一侧，等候招呼差遣。而在竹丛一侧边上的大树下，有两位文士正在寒暄，拱手行礼。

在巨型贝雕黑漆方桌的前方不远处，设有伺茶矮几、茶桌，矮几上放置两只酒樽等物，一侍女正在矮几边忙碌，擦拭几面。茶桌上陈列白色茶盏、黑色盏托等物。一侍女左手端托盏，右手持长柄茶匙，正在从茶罐中舀取茶粉匀入茶盏。茶桌和矮几旁陈设有茶炉、具列、水盂、水缸、酒坛等物。茶炉上置汤瓶两只，炉火正炽，显然正在煮水候汤。童子在一旁手提汤瓶，意在点茶。一位文士似乎口渴，亲自端盘来到茶桌边等候点茶。

MONDAY. SEPT 11, 2023
2023 年 9 月 11 日
农历癸卯年·七月廿七

9月11日 星期一

🐰 **今日生命叙事**

早起＿＿点，午休＿＿点，晚安＿＿点，体温＿＿，体重＿＿，走步＿＿

今日喝茶：绿□　白□　黄□　青□　红□　黑□　花茶□

正能量的我

古代雅集·幕府雅集

清代是中国古代学者做学问相当严谨的朝代。乾嘉时期及道光初期,学术由乾嘉考据向经世致用转变;道咸年间宗宋诗风勃兴。阮元幕府汇聚了众多乾嘉时期及道光初期著名的学者与诗文作家,其幕府雅集对士林学术风气变迁产生了深远的影响。

阮元曾由翁方纲提拔,诗的创作受翁氏影响,以学问入诗,讲究诗法,推崇宋诗,为清代中期学人诗最后一位宗师。陈寿祺受阮元知遇之恩并弘扬幕府学术,《绛跗草堂诗集》亦获翁方纲好评:"才力雄大,各体皆足以胜时辈友朋"。学生林昌彝《射鹰楼诗话》宣传有"经学词章长者":顾炎武、朱彝尊、毛西河、王懋竑、罗有高、朱筠、邵晋涵、桂馥、洪亮吉、孙星衍、焦循、阮元、龚景瀚、陈寿祺、谢震、魏源、叶名沣、何绍基。

阮元幕府不局限于门户之见、派系之争,显示出了一种兼容并包的广博气象。嘉庆二十年(1815年),阮元、段玉裁分别致函陈寿祺,与其论立身守节、汉宋兼采。

阮元门人幕僚众多,幕僚雅集自其任山东学政开始,就清茗延请幕僚佐政及研讨学术,闲暇时即与幕宾僚属雅集唱和,体现出了重学问的诗学风尚。

TUESDAY. SEPT 12，2023

2023 年 9 月 12 日

农历癸卯年·七月廿八

9月12日

星期二

🐰 **今日生命叙事**

早起____点，午休____点，晚安____点，体温____，体重____，走步____

今日喝茶：绿☐　白☐　黄☐　青☐　红☐　黑☐　花茶☐

正能量的我

中国茶历

0912

经典名茶·茯砖茶

茯砖茶,黑茶类,诞生于陕西省咸阳市泾阳县。制作茯砖茶最早原料来自陕西、四川,后期原料供应量无法满足,故引进湖南的黑毛茶作为原料。我国最大的茯砖茶生产地在湖南省益阳市,1959年投产。

目前,茯砖茶分为特制和普通,特制茯砖(简称"特茯")全部用三级黑毛茶做原料。而压制普通茯砖(简称普茯)的原料中,三级黑毛茶只占到40%～45%,四级黑毛茶占5%～10%,其他茶占50%。

茯砖茶压制程序与黑、花两砖基本相同。成品茯砖茶外形长35厘米、宽18.5厘米、厚5厘米,每片砖净重均为2千克。

特制茯砖茶砖面色泽黑褐,内质(金花)菌香气浓且醇正,滋味醇厚,汤色红黄明亮,叶底黑汤均匀。普通茯砖茶砖面色泽黄褐,内质(金花)香气醇正,滋味醇和浓浓,汤色红黄尚明,叶底黑褐粗老。泡饮时达到汤红不浊、香清不粗、味厚不涩、口劲强、耐冲泡为佳。

茯砖茶烹煮时,泡茶具选耐高温玻璃壶、陶壶、铁壶;茶7克,水175克(毫升),茶水比1:25;投茶用开水润茶后倒去,再注入冷泉水,放置电陶炉上煮至沸腾(专人全程事茶)。

茯砖茶泡饮时,泡茶具首选盖碗、紫砂壶,也可用飘逸杯;茶7克,水210克(毫升),茶水比1:30;投茶并用沸水润茶后倒去,再用100℃开水冲泡。

制作茯砖茶调饮奶茶时,将茯砖茶敲碎,投入沸水中,投茶与水比例1:20,熬煮(专人全程事茶)10分钟后,加入相当于茶汤量1/5～1/4的鲜奶(纯牛奶),煮开,然后用滤网滤去茶渣即成。

茯砖茶

WEDNESDAY. SEPT 13, 2023

2023 年 9 月 13 日

农历癸卯年·七月廿九

9月13日

星期三

🐰 今日生命叙事

早起____点，午休____点，晚安____点，体温____，体重____，走步____

今日喝茶：绿☐　白☐　黄☐　青☐　红☐　黑☐　花茶☐

正能量的我

中国茶历

0913

经典名茶·雷山银球茶

雷山银球茶

雷山银球茶,绿茶类,创制于1987年,产于贵州省黔东南苗族侗族自治州雷山县。产地范围为雷山县西江镇、望丰乡、丹江镇、大塘乡、方祥乡、达地乡、永乐镇、郎德镇、桃江乡共9个乡镇现辖行政区域。

雷山银球茶的原料选用当地群体种以及福鼎大白茶茶树品种的鲜叶,3月下旬到5月中旬采摘,明前茶、清明茶尤佳。采摘标准是1芽2叶初展,要求叶芽细嫩,无病虫害。

制作工艺工序摊凉、杀青、回潮、揉捻、拣块、回炒、过筛、称量、造(球)形、烘烤、辉锅。利用制作过程中原料本身的果胶自黏力造形成球状。在烘烤过程中,尤其要掌握适宜的温度,避免球茶发酵,出现红汤红叶。

成品雷山银球茶外形为滚圆球形状,匀整(颗粒直径18~20毫米,重2.5克,正负差不超过0.1克);球面银灰墨绿,光亮露毫,绿润鲜活,香气清香,浓醇回甜,汤色绿黄,清澈明亮。

冲泡雷山银球茶时,可每人用一只容量126毫升的盖碗作为泡具和饮具,茶水比为1:45,投茶量1颗粒(约2.5克),约水110克(毫升),水烧开至100℃,采用"单边定点法"注水,再合上茶盖,4分钟后品饮。如觉茶汤淡,可用茶盖拨动茶叶使其翻滚后再品饮。

THURSDAY. SEPT 14, 2023

2023 年 9 月 14 日

农历癸卯年·七月三十

9月14日

星期四

🐰 **今日生命叙事**

早起____点，午休____点，晚安____点，体温____，体重____，走步____

今日喝茶：绿☐　白☐　黄☐　青☐　红☐　黑☐　花茶☐

正能量的我

中国茶历

0914

经典名茶·黑砖茶

　　黑砖茶,黑茶类,产于湖南省安化白沙溪,创于1939年。

　　黑砖茶原料选自安化、桃江、益阳、汉寿、宁乡等地茶厂生产的优质黑毛茶。压制黑砖茶的原料成分为80%的三级黑毛茶和15%的四级黑毛茶,以及5%的其他茶,总含梗量不超过18%。不同级别的毛茶进厂后,要进行筛分、风选、破碎、拼堆等工序,制成符合规格的半成品,做到形态均匀、质量纯净。半成品再经过蒸压、烘焙、包装等工序。

　　黑砖茶的外形为长方砖形,长35厘米、宽18厘米、厚3.5厘米,每片砖净重均为2千克。砖面色泽黑褐,内质香气醇正,滋味浓厚微涩,汤色红黄微暗,叶底老嫩均匀。茶叶冲泡出的茶汤,达到汤红不浊、香清不粗、味厚不涩、口劲强、耐冲泡为佳。

　　黑砖茶烹煮法:煮茶具宜用耐高温玻璃壶、铁壶、银壶,茶14克,水420克(毫升),茶水比1∶30;投茶并用沸水两次"润茶"后倒去,再注入冷泉水,放置电陶炉上煮至沸腾(专人全程事茶)。

　　黑砖茶泡饮法:直接冲泡饮用,泡茶具首选容量150毫升盖碗或紫砂壶,也可用飘逸杯;茶7克,水140克(毫升),茶与水比1∶20;投茶并用沸水两次"润茶"后倒去,再用100℃开水冲泡。

　　黑砖茶调饮奶茶时,茶敲碾碎,投入水中,茶水比1∶30,熬煮10分钟,按茶奶5∶1加入鲜奶,再煮开后用滤网滤去茶渣即成。

黑砖茶

FRIDAY. SEPT 15, 2023

2023 年 9 月 15 日

农历癸卯年·八月初一

9月15日

星期五

🐰 **今日生命叙事**

早起____点，午休____点，晚安____点，体温____，体重____，走步____

今日喝茶：绿☐　白☐　黄☐　青☐　红☐　黑☐　花茶☐

正能量的我

中国茶历

0915

经典名茶·广东大叶青

广东大叶青,黄茶类,产于广东省韶关、肇庆、湛江等地,创制于明代,为历史名茶。

广东大叶青采用大叶种茶树鲜叶制成,选用鲜叶标准是1芽2～3叶,要求鲜叶匀净、鲜活。进厂鲜叶及时摊放,严防鲜叶损伤或发热红变。

广东大叶青

制茶工序是萎凋、杀青、揉捻、闷黄(堆)、干燥。除具有黄茶加工特有的闷黄工序外,还增加了萎凋工序。

成品广东大叶青茶叶的外形是条索肥壮,紧结重实,老嫩均匀,叶张完整,芽毫显露,色泽青润显黄,香气醇正;冲泡后汤色橙黄明亮,滋味陈醇回甘;叶底呈淡黄色。

冲泡广东大叶青时,可每人用一只容量126毫升的盖碗作为泡具和饮具,茶水比为1∶50,投茶量2克,水100克(毫升),泡茶水温宜水烧开后降温至90℃。主要冲泡步骤:温茶碗,投入茶叶后,采用"螺旋形法"注水,水量达到茶碗八分后,再合上茶盖。当茶碗中茶汤的水温降至适口时,趁温热品饮。如觉茶汤淡,可用茶盖拨动茶叶使其翻滚后再品饮。

韶关茶园

SATURDAY. SEPT 16, 2023

9月16日

2023 年 9 月 16 日

农历癸卯年·八月初二

星期六

今日生命叙事

早起____点，午休____点，晚安____点，体温____，体重____，走步____

今日喝茶：绿☐　　白☐　　黄☐　　青☐　　红☐　　黑☐　　花茶☐

正能量的我

中国茶历

0916

经典名茶·金尖茶

金尖茶,黑茶类,原产于四川省雅安、宜宾、江津、万县,后原料扩大到四川全省茶区。

金尖茶以川南边茶、康南边茶为原料(原料要求是生长期长达6个月以上的成熟鲜茶叶)。

金尖茶生产经毛茶整理、配料、蒸压成形、干燥、成品包装。生产工序非常复杂,多达32道,原料进厂经粗加工后须陈化(存放),为的是深发酵(全发酵)茶。

传统的成品金尖茶外形长24厘米、宽19厘米、厚12厘米,每块砖净重均为2.5千克。金尖茶外形圆角长方枕形,稍紧实,无脱层,色泽棕褐,砖内无黑霉、白霉、青霉等霉菌。内质香气高爽醇正带油香,汤色黄红、尚明,滋味醇和,叶底暗褐欠匀。

冲泡金尖茶时,茶水的比为1:20,投茶量7克,水140克(毫升);泡茶具首选150毫升的盖碗;适宜水开沸点时,冲泡茶叶。第一、二次的茶汤直接倒入茶海,第三次泡的茶汤始倒入公道杯,均分至茶盅供品饮。如果是选用银壶煮水,当水煮到水面冒"鱼眼泡"时,冲泡的茶汤香甜柔滑。

金尖茶饮(食)用方法多元,煎、煮、冲泡、提汁、干嚼均可;茶汁可以和多类食物和饮液混合食用,如多种中草药、谷物、奶乳、水果、植汁、盐、糖等。

品赏金尖茶有四绝——红、浓、陈、醇。

金尖茶

SUNDAY. SEPT 17, 2023

2023 年 9 月 17 日

农历癸卯年·八月初三

9月17日

星期日

🐰 **今日生命叙事**

早起____点，午休____点，晚安____点，体温____，体重____，走步____

今日喝茶：绿☐　白☐　黄☐　青☐　红☐　黑☐　花茶☐

正能量的我

茶谚语·一天三瓯茶,医生走沓沓

福建省漳州市平和县是"中国白芽奇兰茶之乡",当地的闽南话茶谚有"一天三瓯茶,医生走沓沓",道出了每日喝茶的养生保健作用,"茶为万病之药"。

瓯:小盆。小型的撇口碗,多用作茶具,比茶盅、茶盏的容量要大。"沓沓":瓯是"闽南话"的同音替代字,意思是"撒撒""光光"。

中国人是最先发现、认识和利用茶的。对茶的利用,是从药用、食用开始,饮用则是在药用、食用的基础上形成的。人类对茶的利用最少已经有5000多年的历史,经久不衰,就是因为茶不但能解毒提神,而且对人体有营养和保健作用。现代科学研究,从茶叶中已经分离、鉴定的化合物有700多种,由于茶叶中含有丰富的茶多酚、生物碱、维生素、氨基酸、芳香物质和多糖类化合物等,茶叶对人体健康,具有防癌抗突变、防治血管疾病、抗辐射、降血压、降血脂、降血糖、兴奋提神、利尿、解毒、助消化、杀菌消炎、防龋齿、除口臭、增强免疫、预防衰老的功效和作用。今天,"一天三瓯茶,医生走沓沓"所形容的坚持每天喝茶的效果,已经深入人心。

奉茶

MONDAY. SEPT 18, 2023

2023年9月18日

农历癸卯年·八月初四

9月18日

星期一

🐰 **今日生命叙事**

早起____点，午休____点，晚安____点，体温____，体重____，走步____

今日喝茶：绿☐　白☐　黄☐　青☐　红☐　黑☐　花茶☐

正能量的我

中国茶历

0918

茶谚语·一年茶，三年药，七年宝

"白茶，一年茶，三年药，七年宝"是福建福鼎民间茶谚语。

福鼎位于闽东北山区，历史上缺医少药的年代，白毫银针被民众视为至宝。实践经验中，用白茶治疗小儿麻疹、咽喉肿痛、感冒发烧、肠胃不适、水土不服等症，有立竿见影之功效。白茶也成了当地人用于结婚时女方家的陪嫁。新娘带上它就是带上健康，如同携财宝出嫁。

人们还发现陈年白茶在抗炎症、抗病毒、降血糖、降尿酸和修复酒精肝损伤的效果上，比新产白茶具有更好的功效。同时，陈年白茶已退化，其寒凉茶性，口感也更甜更滑更顺，较新白茶更为醇厚。贮藏年久，茶的香气也由"毫香蜜韵"的杏花香，向荷叶香、枣香转化，还呈现出药香。

白毫银针　　白牡丹　　寿眉

TUESDAY. SEPT 19,2023

2023 年 9 月 19 日

农历癸卯年·八月初五

9月19日

星期二

🐰 **今日生命叙事**

早起____点，午休____点，晚安____点，体温____，体重____，走步____

今日喝茶：绿☐　白☐　黄☐　青☐　红☐　黑☐　花茶☐

正能量的我

中国茶历

0919

茶画之最·最早的茶事系列画像砖

中国国家博物馆藏有4块北宋画像砖,原为定海方若旧藏,传河南偃师酒流沟出土。王国维原定为六朝以前文物,但后根据服饰等特征,以为不早于唐、五代,断为北宋。在4块画像砖中,有2块是表现饮茶生活的。砖为青白色,质地细腻,坚硬如石。

一块是北宋妇女涤茶器雕砖,纵39厘米、横16厘米、厚1.9厘米。涤茶器雕砖,表现一位妇女立于套有桌围的长桌前清拭茶具的场景。桌上放置有带荷叶盖的罐子、茶匙、茶托与茶盏。

另一块为是北宋妇女烹茶雕砖,纵35.2厘米、横16.2厘米、厚2.2厘米。烹茶雕砖,表现一位妇女在方炉前煮汤烹茶的场景。一高髻妇女,穿宽领短上衣、长裙,系长带花穗,正俯身注视面前的长方火炉,左手下垂,右手执火箸夹拨炉中火炭。炉上有一长柄带盖执壶。炉上置汤瓶,此妇女正执火箸拨动炉中的炭火,以便等水沸后点茶。这块砖应该与涤器雕砖的情节前后连续,表现的都是烹茶活动的步骤。

WEDNESDAY. SEPT 20, 2023

2023 年 9 月 20 日

9月20日 星期三

农历癸卯年 · 八月初六

🐰 今日生命叙事

早起____点，午休____点，晚安____点，体温____，体重____，走步____

今日喝茶：绿□　白□　黄□　青□　红□　黑□　花茶□

正能量的我

茶画之最·最早的茶壁画

考古发现最早的有茶内容的壁画出现在元代,是在今河北宣化出土的辽代张文藻墓壁画《童嬉图》。《童嬉图》纵170厘米,横145厘米。画面右前方有船形茶碾一只,茶碾后有一黑皮朱里圆形漆盘,盘内置曲柄锯子、毛刷和茶盒,之后是正在茶炉上煮水的汤瓶;桌上有茶盏,还有保温中的汤瓶;长者正在忙茶事,4位孩童嬉戏而观。该壁画真切地反映了辽代晚期的点茶用具和方式。

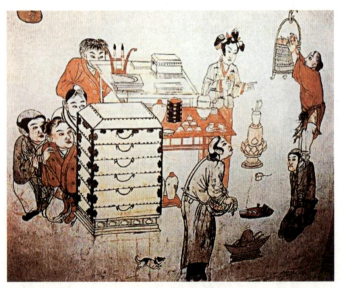

辽代壁画《童嬉茶图》

THURSDAY. SEPT 21, 2023

2023 年 9 月 21 日

农历癸卯年·八月初七

9月21日

星期四

🐰 **今日生命叙事**

早起____点，午休____点，晚安____点，体温____，体重____，走步____

今日喝茶：绿□　白□　黄□　青□　红□　黑□　花茶□

正能量的我

节气茶·秋分茶

秋分茶

秋分后寒露前采摘的茶叶,称为"秋分茶"。

按节气分,小暑、大暑、立秋、处暑、白露、秋分、寒露采制的茶为秋茶;按时间分,7月中旬以后采制的为秋茶。秋茶,泛指小暑、大暑和秋季采制的茶叶,用小暑、大暑和秋季采制的茶叶沏泡的茶(水、汤)。"秋分茶"属是秋茶。

古籍《春秋繁露·阴阳出入上下篇》中说:"秋分者,阴阳相半也,故昼夜均而寒暑平。"秋分之"分"为"半"之意。秋分后,北半球昼短夜长的现象越来越明显,昼夜温差逐渐加大,气温逐日下降,逐渐步入"一场秋雨一场寒"的深秋季节。中国南方大部地区渐凉,此时茶树的地面生长速度缓慢,茶树的生长转入地下,茶叶的密度增加。这一片片色如翡翠、洁净如洗的叶子上,开始凝聚秋香。茶叶香涩凝重,耐人咂摸。秋分茶汲取的是平和收敛的大自然能量。

秋冬季是茶树根系生长大量吸收贮藏养分之时,茶农开始安排给茶树施加有机肥,补给储备能量,以期茶树顺利度过严寒的冬季。

萧萧落叶,不敌一片茶叶。当秋之清冷叶落意凉时,有一盏秋茶在手,暖手暖心的融合,品味着茶的"春水秋香",心旷神怡,悠然逍遥。

FRIDAY. SEPT 22, 2023

2023 年 9 月 22 日

农历癸卯年·八月初八

9月22日 星期五

🐰 **今日生命叙事**

早起___点，午休___点，晚安___点，体温___，体重___，走步___

今日喝茶：绿☐　白☐　黄☐　青☐　红☐　黑☐　花茶☐

正能量的我

中国茶历

0922

节气和茶·秋分

雷始收声水始涸,昼夜均等秋色俩。
社糕社酒社饭养,秋收秋耕秋种忙。
天上圆月遥夜游,南极寿星白鹿随。
丹桂飘爽茶更香,乘兴登楼放眼长。

今日秋分(农历癸卯年八月初九未时,公历2023年9月23日14时50分)。

秋分是农历"二十四节气"的第16个节气。秋分,天文类节气,表示昼夜平分。秋分的意思,一是昼夜时间相等,二是秋分日平分了秋季。过了秋分"一场秋雨一场寒",气温下降得特别快,幅度也很大,逐渐步入深秋季节。

秋分物候:初候雷始收声;二候蛰虫坯户;三候水始涸。

从白露、秋分到寒露期间,是秋茶的高产时期。与春茶不同,秋茶的内含物氨基酸含量略低,糖类含量略高,香气浓而高扬,茶汤甘甜,苦涩较低。秋茶的茶汤较为清爽,柔滑不及春茶,但易品味到"水含香"。茶汤入口感觉略有平淡,但稍等片刻,甘甜与香气从喉底慢慢涌出,香气绕喉,经久不绝。因此,铁观音有"非秋茶不出观音韵"的说法。

秋分节气里,喝什么茶?秋分时节,顺应阴平阳秘,收敛闭藏,注意润秋燥、养脾胃、防秋凉。适宜饮乌龙茶(安溪铁观音、漳平水仙、武夷岩茶、凤凰单丛、东方美人)、红茶、白茶(白牡丹、寿眉,均3年以上)、再加工茶(小青柑,2年以上),还要注意喝温茶水,不喝凉了的茶水。

秋分·菊花

SATURDAY. SEPT 23, 2023

2023 年 9 月 23 日

农历癸卯年·八月初九

9月23日

星期六

秋分

🐰 **今日生命叙事**

早起____点，午休____点，晚安____点，体温____，体重____，走步____

今日喝茶：绿☐　　白☐　　黄☐　　青☐　　红☐　　黑☐　　花茶☐

正能量的我

中国茶历

0923

节气茶点·秋分

秋分节气里喝茶,适宜饮乌龙茶、红茶、白茶、再加工茶(小青柑,2年以上);选用茶点心,讲究对应秋分节气养生,留意民俗文化。

秋分节气总的饮食原则是适当增加甘、淡、酸,生津,宜平补。选用茶点心多酸宜甜,少辛辣油炸。可选用:

芋饼,秋分节气的节令茶点。食材有小麦粉、人造奶油、绵白糖、紫薯粉等。

山楂糕,秋季茶点。食材有山楂、冰糖、白砂糖、柠檬。

桂花糕,四季茶点。桂花糕已有300多年历史,是用糯米粉、糖和蜜桂花为原料制作而成的美味糕点,中国特色传统小吃。历史悠久,美味爽口,做法简单,种类多种多样。

适宜白露节气的茶点心形形色色,选用时应留意民俗文化,如中秋节、祭神、秋祭、走社、说秋、吃秋菜等;点心造型少不了小扇形、兔形、葫芦形(福禄双全)。

芋饼　　　　　山楂糕

桂花糕

SUNDAY. SEPT 24, 2023

2023 年 9 月 24 日

农历癸卯年·八月初十

9月24日 星期日

🐰 今日生命叙事

早起___点，午休___点，晚安___点，体温___，体重___，走步___

今日喝茶：绿□　白□　黄□　青□　红□　黑□　花茶□

正能量的我

中国茶历

0924

茶馆·新华茶社（金山公园大众茶馆）

新华茶社室内古典优雅，室外小桥流水。茶社品茗，可赏雅致园景，听潺潺流水，观水鸟蹁跹，怡然自得。

金山公园大众茶馆

MONDAY. SEPT 25, 2023
2023 年 9 月 25 日
农历癸卯年·八月十一

9月25日 星期一

🐰 **今日生命叙事**

早起___点，午休___点，晚安___点，体温___，体重___，走步___

今日喝茶：绿□　白□　黄□　青□　红□　黑□　花茶□

正能量的我

0925

茶馆·在水一方大众茶馆

　　在水一方大众茶馆是雅俗共赏的露天新中式茶馆,临江而立,晚风轻抚,不甚惬意。人均消费10元左右。星空帐篷不用露营也能休闲,三两好友一壶茶便可消磨半日时光。

在水一方大众茶馆

TUESDAY. SEPT 26, 2023
2023 年 9 月 26 日
农历癸卯年·八月十二

9月26日

星期二

🐰 **今日生命叙事**

早起____点，午休____点，晚安____点，体温____，体重____，走步____

今日喝茶：绿☐　白☐　黄☐　青☐　红☐　黑☐　花茶☐

正能量的我

茶馆·竹朴乡畲大众茶馆

身处山水之间,竹里以里的竹朴乡畲大众茶馆是好茶之人非去不可的品位之选。于山野之中,江湖之远,瓦屋纸窗之下,品一壶清泉茗茶,得半日之闲,可抵十年的尘梦。人均消费10元左右,便可体味茶汤之妙。

竹朴乡畲大众茶馆

WEDNESDAY. SEPT 27, 2023

2023 年 9 月 27 日

农历癸卯年·八月十三

🐰 今日生命叙事

早起____点,午休____点,晚安____点,体温____,体重____,走步____

今日喝茶:绿☐　白☐　黄☐　青☐　红☐　黑☐　花茶☐

正能量的我

9月27日

星期三

中国茶历

0927

茶物哲语·虽天地之大，万物之多，而惟吾蜩翼之知

夏至，"鹿角解，蜩始鸣，半夏生"。"蜩始鸣"，是夏至第二候应，就是这时的蜩（知了蝉），因地表热量聚强，在土层下面热得待不住了，就爬上树，但感应到了树荫的阴气，便鼓翼而鸣。

茶具

也就是在这夏至节气里，有一方茶席上的茶则给茶拨讲这样一则出自《庄子·达生》的故事。

茶则说："相传孔子途经一片树林。看见林中一位老人，手持一根长长的竹竿，粘蜩出手又快又准，百无一失。孔子赞叹：'您的技艺实在太高超了，是怎么练出来的呢？'老人回答孔子说：'不懈地练习是基本功。粘知了的时候，我就像木桩一样稳，伸出的手臂就像枯竹枝一动不动。虽然天地博大有万物，在我眼中也只有知了的翅膀。不管什么诱物放在面前，我都不会动心。所以粘知了不难。'"

茶则进而说："我们都是茶人'泡好一杯茶'中很小的物件，但是，主人要是做到了：不用看和找我们，一出手，盲取、盲置能一丝不差，那他距'茶事匠人'该不远了。"

茶拨补充说："你说的对啊！比如说，拿起拨茶后，不用眼睛看，就能像那老人'竹枝一动，就粘上知了'，把我齐齐整整放置在茶拨架上，这动作看是小，但真能见茶道功力！"

这则茶物哲语说明，事小一样能见匠心，一样能出匠人。

THURSDAY. SEPT 28, 2023

2023 年 9 月 28 日

农历癸卯年·八月十四

9月28日

星期四

🐰 今日生命叙事

早起____点，午休____点，晚安____点，体温____，体重____，走步____

今日喝茶：绿☐　白☐　黄☐　青☐　红☐　黑☐　花茶☐

正能量的我

0928

节日和茶·中秋节

农历八月十五是中秋。"秋暮夕月"的习俗在《大戴礼记》中就有记载。夕月,即祭拜月神。古代帝王祭月的节日为农历八月十五,时日恰逢三秋(孟秋、仲秋、季秋)之半(中),故称中秋。

中秋节成为固定的节日,始于唐代。中秋节是我国传承已久的岁时节日,自古便有祭月、拜月、赏月、吃月饼、赏桂花、饮桂花酒、张灯、泛舟、举家团圆等习俗。唐代,中秋多有文人的高雅娱乐,如举办仲秋雅集,可谓是"月明风露照影清,玉兔广袖敲茶臼。吴刚伐桂飞嘉木,天涯共此遥夜游。"

月饼最初是用来祭奉月神的祭品。"月饼"一词最早见于宋代吴自牧《梦粱录》中,后来人们逐渐把中秋赏月与品尝月饼、家人团圆结合成俗。中秋月饼多为"重油重糖",制作程序多有煎炸烘烤,属典型的肥甘厚味食品,容易产生"热气"或者胃肠积滞。因此,最好在两餐之间、半空腹状态下食用为宜。吃月饼,配喝茶,是一种享受。月饼一般是咸、甜两类,如咸甜月饼同食,应先吃咸的,后吃甜的;如果备有鲜、咸、甜、辣等不同风味的月饼,应按鲜、咸、甜、辣的顺序吃,这样才能品出月饼的味道。月饼的甜腻遇上茶,相得益彰。一般来说,吃月饼时,可从各种茶类中任选一款,冲泡茶汤来搭配。中秋节时正处秋分节气,可以在秋分节气适宜饮用的茶类中选配。

中秋节茶果月饼

FRIDAY. SEPT 29, 2023

2023 年 9 月 29 日

农历癸卯年·八月十五

9月29日

星期五 中秋节

🐰 **今日生命叙事**

早起___点，午休___点，晚安___点，体温___，体重___，走步___

今日喝茶：绿□　白□　黄□　青□　红□　黑□　花茶□

正能量的我

中国茶历

0929

茶物哲语·清静为天下正

茶舍

在让人泊心之地的茶舍前，有以下"精神力量的资源"，向人们传递着它们的心里话。

灰砖："用我的平凡淡泊，留给你一框清静的视觉。"

野草异口同声："我们自然的点缀，只想让这'框'的棱角变得柔和。"

水："我这清澈的静水，让你感受到的是'止水'般的清静，你看不到的是动静。知道吗？大自然的运动，也有如这我一潭活水般，动无声、动无形。"

翠竹："大自然都在运动，我的运动给人的感觉是'生机昂然'，有形也有声，还有节（更被人引申为'气节'），而视觉的本质又是一种不同于水的清静。"

小桥："你所看到的我们，共同走到一种清静的归宿当中了，成了这效法自然的品茗环境。"

倒影："在我看来，这，更是一种心静。"

倒影进而说：《道德经》有句'清静为天下正'，是能给人有很多联想和影响。例如：静，是生命本态，生命在静中萌生、成长，又归宿静寂。静，带来心灵享受。心静自然凉，心静则灵魂清灵、思想舒展、触发灵感。静，修身养性，静胜躁，让人有序且身心轻松。静，静气、静神，富有精气神。"

这则茶物哲语表明：对人而言，静，是一种心灵的状态；清，是在静态中心灵的清明。当清明于心的人多了，天下就和正。"茶和天下"就是从和归于静始，使人心灵清明，终为天下和正。

SATURDAY. SEPT 30, 2023

2023 年 9 月 30 日

农历癸卯年·八月十六

9月30日

星期六

🐰 **今日生命叙事**

早起＿＿点，午休＿＿点，晚安＿＿点，体温＿＿，体重＿＿，走步＿＿

今日喝茶：绿□　白□　黄□　青□　红□　黑□　花茶□

正能量的我

经典名茶·政和工夫

政和工夫,红茶类,系福建三大工夫红茶之一。"闽红"工夫茶系政和工夫、坦洋工夫和白琳工夫的统称,产于福建北部,以政和县为主产区,创制于清代后期,为历史名茶。

茶叶于4月上中旬开始采摘。采用政和大白茶品种、当地小叶群体种茶树鲜叶为原料,鲜叶的选用标准是1芽2~3叶。要求进厂鲜叶分级摊放,单级付制。

政和工夫

制茶工序是萎凋、揉捻、发酵、干燥。

政和工夫成品外形条索紧结、肥壮多毫,色泽乌润;内质香气高,鲜甜,汤色红浓,滋味浓厚,叶底肥壮红亮。

冲泡政和工夫时,每人可用一只容量126毫升的盖碗作为泡具和饮具,茶水比为1∶50,投茶量2克,水100克(毫升),泡茶水温宜水烧开后降温至85~90℃。冲泡主要步骤:温茶碗内凹,投入茶叶后,采用"螺旋形法"注水,水量达到茶碗八分后,再合上茶盖。当茶碗中茶汤的水温降至适口时,趁温热品饮。如觉茶汤淡,可用茶盖拨动茶叶使其翻滚后再品饮。

SUNDAY. OCT 1, 2023
2023年10月1日
农历癸卯年·八月十七

10月1日

星期日

国庆节

🐰 **今日生命叙事**

早起＿＿点，午休＿＿点，晚安＿＿点，体温＿＿，体重＿＿，走步＿＿

今日喝茶：绿□　　白□　　黄□　　青□　　红□　　黑□　　花茶□

正能量的我

茶旅·古寨红茶谷之旅

茶旅映像

广东省清远市的红茶谷深处，藏着一个宋代古村落——积庆里古村。历经800年的风雨洗礼，积庆里古村现存一座古门楼、若干石狮和拴马石，它们默默记载着积庆里当年茶马互市的多彩历史。

这条线路位于广东省清远市英德市横石塘镇。英德积庆里红茶谷，毗邻石门台国家级自然保护区，是集茶树种植、生产加工、茶文化推广以及休闲农业与乡村旅游于一体的特色农业综合型产业园。茶园占地15000多亩，群山环绕，风光旖旎，景色宜人，独特的自然环境造就了珍贵的自然景观，也孕育了钟灵毓秀的旅游环境。在仙桥地下河的仙味馆，品尝地道的农家菜，鲜美的茶园鸡、爽脆的竹笋、嫩滑的豆腐、特色擂茶粥……菜式简单，食材健康，滋味独特，让你品味到浓郁的客家风味。

一日游路线：仙桥地下河游玩—仙味馆用餐—积庆里红茶谷游玩—宋代古村落探访—香菇种植基地采摘香菇—红茶展示厅品茗—返程。

两日游路线：积庆里红茶谷游玩—茶园采茶—制茶体验馆炒茶—茶园餐厅用餐—红茶展示厅品茗—宋代古村落探访—香菇种植基地采摘香菇—仙湖倚峦风吕温泉住宿—仙桥地下河游玩—仙味馆用餐—返程。

MONDAY. OCT 2, 2023

2023 年 10 月 2 日

农历癸卯年·八月十八

10月2日

星期一

🐰 **今日生命叙事**

早起____点，午休____点，晚安____点，体温____，体重____，走步____

今日喝茶：绿□　白□　黄□　青□　红□　黑□　花茶□

正能量的我

茶旅·万里茶道源头"寻源"之旅

茶旅映像

羊楼洞,世界茶业第一古镇。

这条线路位于湖北省咸宁市赤壁市。线路涵盖了历史遗迹、生态茶园、茶叶采摘、异域文化等体验。

线路是赤壁市—羊楼洞—春泉庄温泉—万亩茶园、俄罗斯方块小镇—赤壁市博物馆。具体安排如下:

第一天:抵达赤壁后,首先前往羊楼洞(现存明清时期石板街2200米),羊楼洞茶道博物馆(保存着数量繁多的历史文物,如果有幸还能观赏到"古镇迎亲"和"脚盆鼓演奏");了解青砖茶生产工艺,观看青砖茶发酵、压制过程,品尝青砖茶;入住酒店,晚餐后可前往春泉庄温泉沐浴。

第二天:清晨于鸟语花香中自然醒来,前往万亩茶园、俄罗斯方块小镇体验生态茶园内骑行,体验五人制足球、热气球、采茶、制茶,观赏茶田和茶溪花海,游玩水上游乐,欣赏俄罗斯异域风情歌舞,参与俄罗斯风情体验项目,尽享"万里茶道"终点的俄罗斯味道;前往赤壁市博物馆,了解"赤壁茶史"。中餐后返回。

TUESDAY. OCT 3,2023

2023 年 10 月 3 日

农历癸卯年·八月十九

🐰 今日生命叙事

早起____点，午休____点，晚安____点，体温____，体重____，走步____

今日喝茶：绿□　白□　黄□　青□　红□　黑□　花茶□

正能量的我

10月3日

星期二

茶旅·"茶马古道"羌族文化体验之旅

茶歌回荡在清漪江:"清漪江畔茶飘香,百般红紫斗芳菲。阳春三月风光好,羌家儿女采茶忙……"

这条线路位于四川省绵阳市平武县。平武县豆叩镇堡子村,在唐宋时期就成为四川通往西北地区的"茶马古道"的重要组成部分。这里有全国稀有的高山大窝茶叶基地,宋代生产有贡茶"龙州青丝",宋代朝廷就在龙州建立了"茶马场",进行茶马交易。藏区食牛羊肉需用茶解油腻,但藏区无茶,就从平武运送茶叶到藏区供藏民饮用,从而形成了茶马道。据记载,宋代时每年从平武运到藏区的茶就达数万斤,直至20世纪七八十年代松潘藏区的藏民还会到平武运茶。

线路:堡子村—豆叩"茶马古道"。具体安排如下:

茶旅映像

第一天:住小镇民宿,漫步清漪江畔,登提督山,赏豆叩古寺,品手工绿茶、农家饭菜,采茶、制茶、烹茶,感受羌山民俗、茶田飘香。

第二天:"茶马古道"线路。

北线是从豆叩出发,经徐塘翻山(不进龙安城)—旧堡—大桥—水晶,进入涪江峡谷。

中线是从豆叩出发,翻药丛山到龙州城(今平武县城),再经佛爷山、旧堡、大桥、翻竹丝垭梁后到土城,至水晶,再溯涪江大峡谷而上,经木瓜墩、黄龙寺,翻大雪山到古松州城(今松潘县)。

南线是从豆叩,经水田、古城,再经青川(可从马转关到青溪,亦可走新道口)或白马羊洞河,至甘肃文县后进入藏区。

WEDNESDAY. OCT 4, 2023

2023 年 10 月 4 日

农历癸卯年·八月二十

10月4日

星期三

🐰 **今日生命叙事**

早起＿＿点，午休＿＿点，晚安＿＿点，体温＿＿，体重＿＿，走步＿＿

今日喝茶：绿☐　白☐　黄☐　青☐　红☐　黑☐　花茶☐

正能量的我

中国茶历

茶旅·定心茶园茶文化休闲之旅

蓝天白云下,风拂着茶叶,新绿、嫩绿、浅绿、深绿、青绿、葱绿、黄绿、暗绿,奏响清新欢迎曲。

这条线路位于重庆市巴南区二圣镇白象山。每年3—5月(周末)的"定心春季采茶节",已成为市民踏青、赏春、品茶、体验茶文化的知名农业活动,人们可以现场体验制作重庆沱茶,并带走自己签名的茶沱;可以品尝到定心、巴南银针,香叙花茶,巴渝红。定心春季采茶节活动如下。

茶旅映像

线路:重庆市—白象山。

上午:采茶体验区里采春茶,品茗馆里喝春茶,非遗技艺体验馆里炒春茶、手工制沱茶,茶艺教室里听茶课,露天茶书屋品茗读书,还有茶话会。

下午:文化体验馆里品茶餐,茶艺区里赏茶艺,茶叶加工区参观现代茶叶加工。

茶旅映像

THURSDAY. OCT 5, 2023

2023年10月5日

农历癸卯年·八月廿一

10月5日

星期四

🐰 今日生命叙事

早起___点，午休___点，晚安___点，体温___，体重___，走步___

今日喝茶：绿☐　白☐　黄☐　青☐　红☐　黑☐　花茶☐

正能量的我

茶物哲语·我本愚来性不移

茶花

国庆假期,茶花盛开,喜气洋洋。

有一户新婚人家的"结婚喜茶"和"合枕茶"聊起来了!

"结婚喜茶"说:"结婚喜茶,始于汉代,历代婚俗的美好祝愿是'纯洁、坚定、多子多福、至性不移'。古人发觉:茶树只能以种子萌芽成株,移植不能成活,所以历代都认为茶是'至性不移'的象征。"明代许次纾更是在《茶疏》中写道:"茶不移本,植必子生。"结婚以茶为礼,取其"不移志"之意。而且,茶性最为纯洁,可象征爱情的天真无邪;茶树不能移植,可象征爱情的坚贞不渝;茶树多籽,可象征子孙绵延繁盛;茶树四季常青,寓意爱情永世长青,祝福新人相敬如宾,白头偕老。"

"合枕茶"说:"是呀!民间一向有'好女不吃两家茶'之说。婚俗有将整个婚姻礼总称为'三茶六礼'。其中'三茶',即为订婚时'下茶',结婚时'定茶',同房时'合茶'。也有将'提亲、相亲、入洞房'的三次沏茶合称'三茶'。婚礼中'三道茶':第一道为'百果';第二道为'莲子或枣子';第三道才是'茶叶',都取其'至性不移'之意。吃'三道茶'时,第一道茶要双手接捧,并深深作揖,尔后将茶杯向嘴唇轻触,即由家人收去;第二道依旧如此;至第三道茶时,方可接杯作揖后饮。新人入洞房前,夫妇要共饮'合枕茶',由新郎捧茶,用双手递一杯清茶,先给新娘喝一口,再自己喝一口,意味着完成了人生大礼。俩人心语:'忙中岁月忙中遣,我本愚来性不移。'"

"结婚喜茶"说:"这是宋代宋太宗的诗句哲语,表明人生忙忙碌碌,要善于安排生活,常有'我本愚来'的自省,相互礼让,至性不移,有始有终。"

FRIDAY. OCT 6, 2023

2023 年 10 月 6 日

农历癸卯年·八月廿二

10月6日

星期五

🐰 **今日生命叙事**

早起____点，午休____点，晚安____点，体温____，体重____，走步____

今日喝茶：绿☐　白☐　黄☐　青☐　红☐　黑☐　花茶☐

正能量的我

中国茶历

节气茶·寒露茶

寒露茶

每年寒露的前三天和后四天所采之茶,谓之"正秋茶",也称为"寒露茶"。

"露先白而后寒",寒露后,天气明显凉了。寒露至霜降节气15天,采摘茶最多只能有5天。我国绝大部分产茶地区,茶树生长和茶叶采制是有季节性的。按节气分,小暑、大暑、立秋、处暑、白露、秋分、寒露采制的茶为秋茶;按时间分,7月中旬以后采制的为秋茶。霜降标志着草木准备休眠,茶树也要留有休眠前的缓冲期,如果一直采茶到霜降,不利于茶树的休养生息。所以秋茶采摘后,只有我国华南茶区,由于地处热带,四季不分明,还有茶叶采制。

茶叶在寒露之后变化较大,里面带有"寒气"。寒露茶汲取的是大自然的能量。寒露茶既不像春茶那样鲜嫩,不经泡,也不像夏茶那样干涩味苦,而是有一种独特的甘醇清香。如果说春茶喝的是那股清新的香气,淡淡的青草味,那么晚秋茶喝的则是一种浓郁的、醇厚的味道。经过了一个夏季的煎熬,茶叶也仿佛在时间中熬出了最浓烈的品性。从茶叶的本身香气来说,真是"一年之茶在于秋"。

从"明前茶"到"寒露茶",茶叶储藏了每一节气的天地之气,人与它恰如"茶"字:"草木之间藏人性,人字变化草木中"。

SATURDAY. OCT 7, 2023

2023 年 10 月 7 日

农历癸卯年·八月廿三

10月7日

星期六

🐰 **今日生命叙事**

早起____点，午休____点，晚安____点，体温____，体重____，走步____

今日喝茶：绿□　白□　黄□　青□　红□　黑□　花茶□

正能量的我

中国茶历

1007

节气和茶·寒露

> 本香之茶在于秋,一年摘期节后休。
> 南方尚暖雁来宾,北方露寒雀入流。
> 菊仲黄瓣悠悠长,枫变红叶翩翩漫。
> 丛薄林深鹿呦呦,千古高风颂佳句。

今日寒露(农历癸卯年八月廿四亥时,公历 2023 年 10 月 8 日 21 时 15 分)。

寒露是农历二十四节气的第 17 个节气。寒露,水汽类节气,表示露水已寒,将凝结(成霜、结冰)。"寒"就是寒冷,"露"就是露水,古代通常用"露"来表达天气较凉、变冷之意。

寒露物候:初候鸿雁来宾;二候雀入大水为蛤;三候菊有黄华。

在白露、秋分、寒露采摘制作的茶,统称"秋茶",铁观音秋茶、白茶的白露茶和寒露茶,都有较大产量。

寒露节气里,喝什么茶?寒露时节,应注意润肺生津、健脾益胃,养阴防燥,防风寒,适宜饮乌龙茶(安溪铁观音、黄金桂、凤凰单丛)、黄茶、红茶、白茶(寿眉,均 3 年以上),还要注意喝温茶水,不喝凉茶水。

寒露·桂花

SUNDAY. OCT 8, 2023

2023年10月8日

农历癸卯年·八月廿四

10月8日

 星期日 寒露

🐰 **今日生命叙事**

早起＿＿点，午休＿＿点，晚安＿＿点，体温＿＿，体重＿＿，走步＿＿

今日喝茶：绿□　白□　黄□　青□　红□　黑□　花茶□

正能量的我

中国茶历
1008

节气茶点·寒露

寒露节气里,喝茶适宜饮乌龙茶、黄茶、红茶、白茶;选用茶点心,讲究对应寒露节气养生,留意民俗文化。

寒露节气总的饮食原则是甘淡生津,宜平补,选用甘甜茶点心,少食辛辣油炸,可选用:

菊花糕,食材有大菊花、枸杞、马蹄粉、冰糖。

芝麻糖饼,食材有面粉、熟黑芝麻、色拉油、白砂糖。

芝麻小小酥,食材有低筋面粉、芝麻、玉米油、细砂糖、全蛋液。

黑麻,食材有黑芝麻蓉馅、小麦粉、奶油、猪油、白砂糖。

适宜寒露节气的茶点心形形色色,选用时应留意民俗文化,如登高、赏菊、观红叶、吃糕、吃芝麻等;点心造型少不了:圆形、雁成行(多)、石榴(丰盈饱满)形、法螺形(包容和长久之寓)、菊花造型等。

菊花糕　　芝麻小小酥

芝麻糖饼　　黑麻

MONDAY. OCT 9, 2023

2023 年 10 月 9 日

农历癸卯年·八月廿五

10月9日 星期一

🐰 **今日生命叙事**

早起＿＿点，午休＿＿点，晚安＿＿点，体温＿＿，体重＿＿，走步＿＿

今日喝茶：绿□　白□　黄□　青□　红□　黑□　花茶□

正能量的我

中国茶历

1009

茶典故·陆纳杖侄

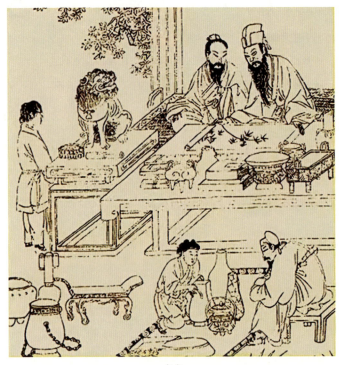

盛安

晋代陆纳(生卒不详),少有清操,贞厉绝俗;东晋后期官吏,曾任吴兴太守,累迁尚书令,有"恪勤贞固,始终勿渝"的口碑,是以俭德著称的人。

有一次,卫将军谢安要去拜访陆纳,陆纳的侄子陆俶对叔父计划仅用茶果招待而不满。陆俶便自作主张,暗暗备下丰盛的菜肴。待谢安到来,陆俶便献上了这桌盛宴。待客人走后,陆纳狠狠教训陆俶说:"你这样做并没有帮我办好招待,反而给人铺张浪费的感受,与我素来节约朴素、清廉自律的品格是相违背的。"他气愤地指责侄子:"汝不能光益父叔,乃复秽我素业耶!"然后打了侄子四十大板。事见《晋书·陆纳传》,唐代陆羽《茶经》转引晋《中兴书》。

TUESDAY. OCT 10, 2023
2023 年 10 月 10 日
农历癸卯年·八月廿六

10月10日 星期二

🐰 今日生命叙事

早起＿＿点，午休＿＿点，晚安＿＿点，体温＿＿，体重＿＿，走步＿＿

今日喝茶：绿□　白□　黄□　青□　红□　黑□　花茶□

正能量的我

茶典故·王肃与"酪奴"

书法

王肃,字恭懿,琅琊临沂人,少时即聪慧善辩,涉猎经史,颇有大志,出仕南朝齐国齐武帝萧赜(483—493年)政权,历任著作郎、太子舍人、司徒主簿、秘书丞。王肃自称擅长《礼》《易》,其实也未能通其大义。父亲王奂及兄弟都被萧赜杀害后,王肃从建业(齐国:今江苏南京)投奔北魏,这一年是太和十七年(493年)。此王肃,非三国时期曹魏著名经学家王肃(195—256年)。

王肃从南朝齐国初来投奔,不食羊肉及酪浆等物,常食鲫鱼羹,喜欢饮茶,渴饮茗汁,一饮斗量,被人号为"漏"。数年后,虽然没有改变原来嗜茶的习惯,但也很会吃羊肉奶酪之类的北方食品。有一次,魏孝文帝(471—499年在位)在殿会上,问王肃:"上好滋味,羊肉何如鱼羹,茗饮何如酪浆?"王肃答说:"羊者是陆地产之最,鱼者乃水族之长,所好不同,并各称珍。惟茗不中与酪作奴。"茶的品位并不在奶酪之下。事见北魏杨之《洛阳伽蓝记》卷三。

王肃因战功而任扬州刺史,连年在边,悉心抚接人士,远近怀归,归附之人门庭若市,王肃以诚相待,大得归附人的心。他清身好施,省减声色之好,始终以廉洁约身,家中竟无余财。溘逝有司启奏王肃忠心大度,应谥为匡公,帝诏谥为宣简,并为王肃树建碑铭。

WEDNESDAY. OCT 11, 2023
2023 年 10 月 11 日
农历癸卯年·八月廿七

10月11日

星期三

🐰 **今日生命叙事**

早起____点，午休____点，晚安____点，体温____，体重____，走步____

今日喝茶：绿☐　白☐　黄☐　青☐　红☐　黑☐　花茶☐

正能量的我

中国茶历

茶典故·王濛与"水厄"

王濛（309—347 年），东晋名士，官至司徒左长史。他注重仪表，侍奉其母十分恭谨，常居俭素，特别喜欢茶，以"清廉俭约"见称。他不仅自己一日喝茶数次，而且有客人来便一定要邀客同饮茶。当时，士大夫中还多不习惯饮茶。因此，他们去王濛的家，总有些害怕，每次临行前，就戏称"今日有水厄"（水厄：溺死之灾。三国魏晋以后，渐行饮茶，初不习饮者，戏称为"水厄"，后亦指嗜茶）。事见南朝宋刘义庆《世说新语》："王濛好饮茶，人至辄命饮之，士大夫皆患之，每欲往候，必云'今日有水厄'。"

茶瓯

THURSDAY. OCT 12, 2023

2023年10月12日

农历癸卯年·八月廿八

10月12日

星期四

🐰 **今日生命叙事**

早起____点，午休____点，晚安____点，体温____，体重____，走步____

今日喝茶：绿☐　白☐　黄☐　青☐　红☐　黑☐　花茶☐

正能量的我

中国茶历

1012

茶典故·单道开饮茶苏

唐代陆羽《茶经七之事》引《艺术传》曰:"敦煌人单道开,不畏寒暑,常服小石子,所服药有松、桂、蜜之气,所饮茶苏而已。"单道开,姓孟,晋代人。以隐为栖,修行辟谷七年,他自身逐渐达到冬季自暖,夏季自凉,昼夜不卧,一日可行七百余里。他后来移居河北临漳县昭德寺,设禅室坐禅,以饮茶定神驱困,后入广东罗浮山百余岁而卒。

所谓"茶苏",是一种用茶和紫苏调剂的饮料。

罗浮山

FRIDAY. OCT 13，2023
2023 年 10 月 13 日
农历癸卯年·八月廿九

10月13日

星期五

🐰 今日生命叙事

早起____点，午休____点，晚安____点，体温____，体重____，走步____

今日喝茶：绿☐　白☐　黄☐　青☐　红☐　黑☐　花茶☐

正能量的我

中國茶曆　　　　　　　　　　　　中国茶历
1013

茶典故·药王孙思邈妙论茶之为用

在陆羽《茶经》问世之前，古人早有论及茶的功能作用。

东汉许慎说："荼，苦茶也。"东汉张揖说："其饮醒酒，令人不眠。"三国时期秦菁说："茶饮使人醒。"西晋张华说："饮真茶，令人少眠。"东晋陶渊明说："因时行病后虚热，更能饮复茗。"南朝宋时沈怀远说："茗，苦涩。"南朝梁时陶弘景说："茗茶轻身换骨。"北魏杨街（之中"圭"换成"玄"）说："渴饮茗汁。"唐代虞世南说："益思，轻身明目""茗味苦，微寒无毒，治五脏邪气。"唐代房玄龄说："时夏饮茶苏……茶桓温性俭。"唐代苏敬说："茗，味甘苦，微寒无毒，主瘘疮，利小便，去痰止渴，令人少睡""苦茶，味苦寒，无毒，主五（脏）藏邪气，厌谷胃痹肠，辟渴贽，安心益气，聪察，轻身，能老耐饥寒，高气不老。"

"药王"的孙思邈（541—682年）说："茗叶，味甘咸、酸、冷，可久食，令人有力，悦志，微动气。"这说法，不但超越了古人之前所言，也对后来论述者有影响和启示。

如孙思邈的"悦志"说，是前无古人言及，而后有陆羽《茶经》"最宜精行俭德之人"，可以看作是对"药王"这一说法的发挥和升华。

药王孙思邈论茶之为用，为一百年后著《茶经》的陆羽（后世尊称为"茶圣"），形成著说："茶之为用，味至寒，为饮，最宜精行俭德之人。若热渴、凝闷、脑疼、目涩，四支烦、百节不舒，聊四五啜"。这在学术上可以说是有益的先前引导。

孙思邈

SATURDAY. OCT 14, 2023
2023年10月14日
农历癸卯年·八月三十

10月14日 星期六

🐰 **今日生命叙事**

早起___点，午休___点，晚安___点，体温___，体重___，走步___

今日喝茶：绿☐　　白☐　　黄☐　　青☐　　红☐　　黑☐　　花茶☐

正能量的我

茶典故·"不知何许人也"

竟陵陆羽纪念馆

陆羽（733—804年），字鸿渐，复州竟陵（今湖北省天门市）人，唐代著名的茶学家，一生嗜茶，考察茶事，精于茶道，著世界第一部茶叶专著《茶经》而闻名于世，被誉为"茶仙"，后世尊称为"茶圣"。

《陆文学自传》中，陆羽写道："(陆羽)字鸿渐，不知何许人，有仲宣、孟阳之貌陋；相如、子云之口吃。"陆羽是一个弃婴，《唐国史补》《新唐书》《唐才子传》都毫不隐讳。733年深秋的一个清晨，复州竟陵龙盖寺的智积禅师路过西郊一座小石桥，忽闻桥下群雁哀鸣泣声，走近一看，只见一群大雁正用翅膀护着一位婴儿，严霜中被冻得瑟瑟发抖的男婴，被智积禅师抱回寺中收养。

智积是唐代著名高僧，他与在龙盖山山麓开学馆教授村童的儒士李公感情深厚。李公的女儿李季兰刚满周岁，受智积之托李公夫妇担负起哺育智积拾得的弃婴，就依着季兰的名字取名季疵，视作亲儿子一般。季疵和季兰同桌子吃饭，同一块草甸上玩耍，一晃长到七八岁光景，李公夫妇年事渐高，思乡之情日笃，一家三口返回故乡湖州。季疵回到龙盖寺，在智积身边煮茶奉水。智积有意栽培他，煞费苦心地为他占卦取名，以《易》占得"渐"卦，卦辞上说："鸿渐于陆，其羽可用为仪。"意思是鸿雁飞于天空，羽翼翩翩，雁阵齐整，四方皆为通途。定姓"陆"，取名"羽"，字"鸿渐"。智积还煮得一手好茶，让陆羽自幼学得了艺茶之术。12岁那年，陆羽离开了龙盖寺。此后，陆羽在当地的戏班子里当过丑角演员，兼做编剧和作曲；因受到谪守（谪守：因罪贬谪流放，出任外官或守边）竟陵的李齐物赏识，拜火门山邹老夫子门下受业7年，直到19岁那年才学成下山。

SUNDAY. OCT 15, 2023

2023 年 10 月 15 日

10月15日

星期日

农历癸卯年·九月初一

🐰 **今日生命叙事**

早起___点，午休___点，晚安___点，体温___，体重___，走步___

今日喝茶：绿□　白□　黄□　青□　红□　黑□　花茶□

正能量的我

茶典故·"羽诚有功于茶者也"

下了"火门山",年仅19岁的陆羽,心无旁骛,专注于对茶事的研究。全唐诗里收录了他著名的《六羡歌》:"不羡黄金罍,不羡白玉杯;不羡朝入省,不羡暮入台;千羡万羡西江水,曾向竟陵城下来。"其专注于茶,淡泊名利,四处游历,走遍山山水水。他开启了寻茶之旅,一路上逢山驻足寻茶,遇泉下鞍辨水,目不暇接,口不暇访,笔不暇录。后来辗转来到江南的湖州,当时他年仅24岁,定居湖州,起早贪黑,跋山涉水,与茶山为友,以茶叶为伴,以茶人为师,用大量的实地考察和资料收集,充实《茶经》的写作。

陆羽初到江南,结识了时任无锡县尉的皇甫冉,皇甫冉(状元出身,当世名士)为陆羽的茶事活动提供了许多帮助。不过对陆羽茶事活动帮助最大是吴兴刺史颜真卿,但鲜为后人所知。情谊深久的还有诗僧皎然,情谊经《唐才子传》的铺排渲染,为后人所深深钦佩。皎然长年隐居湖州杼山妙喜寺,"隐心不隐迹",与当时的名僧高士、权贵显要有着广泛的联系,这自然拓展了陆羽的交友范围和视野思路。陆羽在妙喜寺内居住多年,收集整理茶事资料,后又是在颜真卿、皎然的帮助下,"结庐苕溪之滨,闭门对书",开始了《茶经》的写作。

宋代"苏门六君子"之一的陈师道在《茶经序》里这样写道:"夫茶之著书,自羽始;其用于世,亦自羽始。羽诚有功于茶者也。上自宫省,下迨邑里,外及戎夷蛮狄,宾祀燕享,预陈于前。山泽以成市,商贾以起家,又有功于人者也。"阐明陆羽是天下第一位写茶书的人,对茶事人事功不可没。因为有了一部《茶经》,陆羽从唐代起,就开始被人尊称为"茶圣"。

茶经楼

MONDAY. OCT 16, 2023
2023 年 10 月 16 日
农历癸卯年·九月初二

 10月16日 星期一

🐰 **今日生命叙事**

早起___点，午休___点，晚安___点，体温___，体重___，走步___

今日喝茶：绿□　白□　黄□　青□　红□　黑□　花茶□

正能量的我

1016

茶典故·陆羽献茶

唐代竟陵龙盖寺的智积禅师善于品茶，一传十，十传百，人们把智积禅师看成是"茶仙"下凡。这消息也传到了唐代宗（762—779年）耳中。唐代宗嗜好饮茶，也是品茶行家，宫中还录用了一些善于品茶的人供职。唐代宗得闻后，半信半疑，就下旨召来智积，决定当面试茶。

智积到了宫中，唐代宗即命宫中煎茶能手，来碗上等茶汤，赐予智积品尝。智积谢恩后接茶在手，轻轻喝了一口，就放下茶碗，再也没喝第二口茶。唐代宗问何因故？智积起身手摸长须笑答："我所饮之茶，都是弟子陆羽亲手所煎。饮惯他煎的茶，再饮别人煎的茶，就感到单薄如水了。"唐代宗听罢，问陆羽现在何处？智积答道："陆羽酷爱自然，遍游海内名山大川，品评天下好茶名泉，现在何处贫僧也难知晓。"

于是朝中派人四处寻找陆羽，不几天终于在吴兴（今湖州）找到并接进宫。唐代宗见陆羽虽然说话结巴，其貌不扬，但出言不凡，知识渊博，几分欢喜。命他煎茶献师，陆羽欣然同意，就取出自己清明前采制的紫笋茶，用泉水烹煎后，先献给唐代宗。唐代宗接过茶碗，一阵清香迎面扑来，精神为之一爽，再看碗中茶叶淡绿清澈，品尝后香醇回甜，连赞好茶。就让陆羽再来一碗，由宫女送去给智积品尝。智积喝了一口，连叫好茶，接着一饮而尽。智积放下茶碗，兴冲冲地走出御书房，大声喊道："鸿渐在哪里？"唐代宗吃惊地问："智积怎么知道陆羽来了？"智积哈哈大笑道："我刚才品的茶，只有渐儿才能煎得出来，喝了这茶，当然就知道是渐儿来了。"

唐代宗十分佩服智积的品茶之功和陆羽的茶技之精，有意留陆羽在宫中培养茶师。但陆羽不羡荣华富贵，不久又回到吴兴苕溪，专心撰写《茶经》去了。

TUESDAY. OCT 17, 2023

2023年10月17日

农历癸卯年·九月初三

🐰 今日生命叙事

早起____点，午休____点，晚安____点，体温____，体重____，走步____

今日喝茶：绿□　白□　黄□　青□　红□　黑□　花茶□

正能量的我

10月17日 星期二

中国茶历

1017

茶典故·皎然、颜真卿鼎力陆羽建茶亭

三癸亭

唐代陆羽,于唐肃宗至德二年(757年)前后来到吴兴(吴兴:今湖州),住在妙喜寺,与著名诗僧皎然结识,并为"缁素忘年之交"。后来,陆羽想建一茶亭在妙喜寺旁,得到了皎然和吴兴刺史颜真卿的鼎力协助,于唐代宗大历八年(773年)落成。由于时间正好是癸丑岁癸卯月癸亥日,因此名之为"三癸亭",皎然并赋《奉和颜使君真卿与陆处士羽登妙喜寺三癸亭》以为志,诗云:"秋意西山多,列岑萦左次。缮亭历三癸,疏趾邻什寺。元化隐灵踪,始君启高诛。诛榛养翘楚,鞭草理芳穗。俯砌披水容,逼天扫峰翠。境新耳目换,物远风烟异。倚石忘世情,援云得真意。嘉林幸勿剪,禅侣欣可庇。卫法大臣过,佐游群英萃。龙池护清澈,虎节到深邃。徒想嵊顶期,于今没遗记。"

这首诗记载了当日群英齐聚的盛况,并盛赞"三癸亭"构思精巧,布局有序,将亭池花草、树木岩石与庄严的寺院和巍峨的杼山自然风光融为一体,清幽异常。时人将陆羽筑亭、颜真卿命名题字与皎然赋诗,称为"三绝",一时传为佳话,而"三癸亭"更成为当时湖州的胜景之一。

WEDNESDAY. OCT 18, 2023

2023 年 10 月 18 日

农历癸卯年·九月初四

10月18日

星期三

🐰 **今日生命叙事**

早起＿＿点，午休＿＿点，晚安＿＿点，体温＿＿，体重＿＿，走步＿＿

今日喝茶：绿□　白□　黄□　青□　红□　黑□　花茶□

正能量的我

茶典故·卢仝与"七碗茶歌"

唐代卢仝（约795—835年），号玉川子，诗人。嗜茶成癖，著有《茶谱》，诗风亦浪漫，清贫但敢为茶农请命，世人尊称其为"茶仙"。他的《走笔谢孟谏议寄新茶》诗，传唱千年而不衰，其中尤以"七碗茶歌"最是脍炙人口："一碗喉吻润，二碗破孤闷。三碗搜枯肠，唯有文字五千卷。四碗发轻汗，平生不平事，尽向毛孔散。五碗肌骨清。六碗通仙灵。七碗吃不得也，唯觉两腋习习清风生。"

卢仝的"七碗茶歌"，几乎成了人们吟唱茶的典范。宋代苏轼曰："何须魏帝一丸药，且尽卢仝七碗茶。"宋代杨万里曰："不待清风生两腋，清风先向舌端生。"明代胡交焕曰："我尽安知非卢仝，只恐卢仝未相及。"清代汪巢林曰："一瓯瑟瑟散轻蕊，品题谁比玉川子。"北京中山公园的来今雨轩，民国初年曾改为茶社，门有一联云："三篇陆羽经，七度卢仝碗。"

卢仝的"七碗茶歌"在日本亦广为传颂，并被日本人演变为茶道："喉吻润、破孤闷、搜枯肠、发轻汗、肌骨清、通仙灵、清风生。"

卢仝雕像

THURSDAY. OCT 19, 2023
2023 年 10 月 19 日
农历癸卯年·九月初五

10月19日

星期四

🐰 **今日生命叙事**

早起___点，午休___点，晚安___点，体温___，体重___，走步___

今日喝茶：绿☐　白☐　黄☐　青☐　红☐　黑☐　花茶☐

正能量的我

中國茶曆　　　　　　　　　　　　　　　　　　中国茶历
1019

茶典故·李德裕与惠山泉

李德裕（787—850年），是唐武宗时期（841—846年）的宰相，他善于品水鉴泉。

李德裕在朝廷任职时，有一位茶友也是亲信知己奉使说口（今江苏镇江）。李德裕托他："还日，金山下扬子江中急水，取置一壶来。"其人忘了，舟上石头城，才记起嘱托，此时，急忙装了一瓶，返回京城时，以此献给李德裕。李德裕饮后非常惊讶，说："江南水味，不同于昔年过去了，'此颇似建业石头城下水'。"其人不敢隐，如实说明缘由。事见五代南唐尉迟偓《中朝故事》。

李德裕，喜好饮用惠山泉，不远数千里设置驿站传送。有一位老僧对此特权挥霍，不以为然，专门拜见李德裕，说相公要饮惠泉水，不必到无锡去专递，只要取京城的昊天观的水就行。李德裕大笑其荒唐，便暗地让人取来惠泉水和昊天观水各一瓶，做好记号，并加上其他各种泉水，一起送到老僧处请他品鉴，请其找出惠泉水来，老僧一一品赏之后，从中取出两瓶。李德裕揭开记号一看，正是惠泉水和昊天观水，李德裕大为惊奇，不得不信。于是，他再也不用"水递"来运输惠泉水了。事见宋代唐庚《斗茶记》。

惠山泉

FRIDAY. OCT 20, 2023
2023年10月20日
农历癸卯年·九月初六

10月20日

星期五

🐰 **今日生命叙事**

早起____点，午休____点，晚安____点，体温____，体重____，走步____

今日喝茶：绿☐　白☐　黄☐　青☐　红☐　黑☐　花茶☐

正能量的我

中国茶历

1020

茶典故·苦口师

茶瓯

皮光业，五代后晋吴越天福二年（937年）拜丞相。

有一天，皮光业的中表兄弟（父亲的姐妹之子与母亲的兄弟姐妹之子统称中表兄弟）请皮光业品赏新柑橙，并设宴款待。那天，朝廷显贵云集，筵席殊丰。皮光业一进门，对新鲜甘美的柑橙视而不见，急呼要喝茶。于是，侍者只好捧上一大茶瓯的茶汤。这自幼聪慧，容仪俊秀，气质倜傥，如神仙中人的皮光业，手持茶瓯，即兴吟道："未见甘心氏，先迎苦口师。"

此后，茶就有了"苦口师"的雅号、别名。

SATURDAY. OCT 21, 2023
2023 年 10 月 21 日
农历癸卯年·九月初七

10月21日

星期六

🐰 今日生命叙事

早起____点，午休____点，晚安____点，体温____，体重____，走步____

今日喝茶：绿□　白□　黄□　青□　红□　黑□　花茶□

正能量的我

中国茶馨　　　　　　　　　　　　　　　　中国茶历
1021

古代雅集·九月九滕王阁雅集

唐肃宗上元二年（675年）九月九日，时任洪州都督的阎伯屿"大宴滕王阁"，召集达官文人雅士上滕王阁，登高远眺，临江赏景，吃重阳糕，喝茶饮酒，吟诗作赋，欢度传统节日重阳节。

时年25岁的王勃，正好因为要前往交趾看望任县令的父亲而路过南昌，这位"六岁即能写文章，文笔流畅，被赞为'神童'，九岁时，读颜师古注《汉书》，作《指瑕》十卷以纠正其错"的王勃自然也被邀请参与。

大宴上，阎伯屿想让自己的女婿作篇滕王阁序歌功颂德，让其在众人面前露一手，以彰其名。其他年长的文人雅士明白"都督"此意，所以"出纸笔遍请客，莫敢当"，就连都督的女婿也假意推辞。不想，王勃却接过了纸笔挥毫。阎伯屿见此情况，就以"更衣"为名，愤然离席；后来听到"落霞与孤鹜齐飞，秋水共长天一色"句，大惊"此真天才，当垂不朽矣！"赶忙出来站在王勃身边看他写完此滕王阁序，并请上席，极欢而罢。

王勃的《滕王阁序》，全称《秋日登洪府滕王阁饯别序》，又名《滕王阁诗序》《宴滕王阁序》，就是在这次雅集上写就的。

后有追记此次九月九滕王阁雅集的画作传世。如：元代唐棣《滕王阁图》卷，纸本水墨27.5厘米×84.5厘米（纽约大都会艺术博物馆藏），元代夏永《滕王阁图》24.7厘米×24.7厘米（波士顿美术馆藏）。

SUNDAY. OCT 22, 2023
2023 年 10 月 22 日
农历癸卯年·九月初八

10月22日　星期日

🐰 **今日生命叙事**

早起___点，午休___点，晚安___点，体温___，体重___，走步___

今日喝茶：绿☐　　白☐　　黄☐　　青☐　　红☐　　黑☐　　花茶☐

正能量的我

节日和茶·重阳节

农历九月初九,重阳节,又称重九节,为中国传统节日。庆祝重阳节一般有出游赏秋、登高远眺、观赏菊花、遍插茱萸、吃重阳糕、饮菊花酒等活动。重阳节,早在战国时期就已经形成,到了唐代正式定为民间的节日,后沿袭至今。《中华人民共和国老年人权益保障法》明确:每年农历九月初九为老年节。倡导全社会树立尊老、敬老、爱老、助老的风气。

敬老敬茶

老年节,看望老人、敬送礼物、办敬老活动、陪老人畅聊,少不了送茶、敬茶、喝茶,面对"选茶"问题,这要从适宜节气养生来选择。

"重阳"是"秋寒新至",随后是深秋、冬季时节,依据"秋冬养阴"原则,老人饮茶宜润、宜温、宜老,比如茶性温和的老茶(普洱茶、白茶、黑茶),能调养胃肠道;比如茶性平和的乌龙茶,能"平火"。老年节"选茶",就讲求"温"这一个字。温,是指要倡饮、倡送温性茶。"温性茶"主要有红茶、黑茶(普洱熟茶、砖茶、六堡茶,成品均在5年以上)、乌龙茶(武夷岩茶,安徽铁观音、凤凰单丛,成品均在1年以上)、白茶(白毫银针、白牡丹,成品5年以上)等。

MONDAY. OCT 23, 2023

2023 年 10 月 23 日

农历癸卯年·九月初九

10月23日

星期一

🐰 **今日生命叙事**

早起___点，午休___点，晚安___点，体温___，体重___，走步___

今日喝茶：绿□　白□　黄□　青□　红□　黑□　花茶□

正能量的我

中国茶历

节气和茶·霜降

千树扫作一番黄,青青茶丛傲寒霜。
昔日地窖丁柿场,新添贮罐老茶藏。
莫叹世态多无常,只识征途少巧方。
唱酬金菊正似阳,煮水煎茶随流觞。

今日霜降(农历癸卯年九月初十子时,公历2023年10月24日零时21分)。

霜降是农历二十四节气的第18个节气。霜降,水汽类节气,表示天气渐冷,开始有霜。

霜降物候:初候豺乃祭兽;二候草木黄落;三候蛰虫咸俯。

霜降,表示北方部分地区开始有霜。"霜降始霜"反映的是黄河流域的气候特征。到了霜降时节,在江南的绿茶产区,茶树叶片开始有枯黄。此时的茶叶已不能采制。云南、广西、广东、福建、台湾等地,仍有少量的可采摘量。云南普洱茶的"老黄片",广西六堡茶的"霜降老茶婆",广东、福建、台湾乌龙茶的"雪片""冬片",都是用此期间采摘的茶树叶制作。

霜降·彼岸花

霜降节气里,喝什么茶?霜降时节,人体的气机在收敛,应注意养脾胃以养肾气,起居避寒凉;适宜饮乌龙茶(冻顶乌龙、安溪铁观音、武夷岩茶)、黄茶、白茶(白毫银针,3年以上)、黑茶(茯砖、普洱熟茶、六堡茶"霜降老茶婆"、沱茶,均3年以上),还要注意喝温茶水,不喝凉茶水。

TUESDAY. OCT 24，2023
2023 年 10 月 24 日
农历癸卯年·九月初十

10月24日 星期二 霜降

🐰 今日生命叙事

早起____点，午休____点，晚安____点，体温____，体重____，走步____

今日喝茶：绿☐　白☐　黄☐　青☐　红☐　黑☐　花茶☐

正能量的我

中国茶历
1024

节气茶点·霜降

杏仁饼

蛋黄酥

素光饼

"霜降"节气里,喝茶适宜饮乌龙茶、黄茶、白茶、黑茶;选用茶点心,讲究对应霜降节气养生,留意民俗文化。

霜降节气总的饮食原则是省甘增咸,宜平补。选用茶点心宜甘甜微咸(苦),少吃冷硬。可选用:

杏仁饼,食材有杏仁、绿豆、食用植物油、黄奶油、白砂糖。

蛋黄酥,食材有中筋面粉、糖粉、低筋面粉、猪油、咸蛋黄、莲蓉馅或红豆馅、蛋黄液、黑芝麻。

素光饼,自唐开始,福州便有了"火烧馍"("烙馍"),因来自光州而称"光饼"。古时,福州书生进京赶考,也往往身带"光饼"作为旅途充饥的"三便干粮"。素光饼用面粉发酵,加少许盐,黏上芝麻烤制而成。

适宜霜降节气的茶点心形形色色,选用时应留意民俗文化,如重阳节(今年"重阳节"在霜降节气里)、赏菊赏枫、吃柿子、送芋鬼等;点心造型少不了:虎头、豺头(祭祀上天)、瓜果、佛手、寿桃、石榴(仙福永寿,百子千孙)、"八仙寿桃"等。

WEDNESDAY. OCT 25, 2023

2023 年 10 月 25 日

农历癸卯年·九月十一

🐰 今日生命叙事

早起____点，午休____点，晚安____点，体温____，体重____，走步____

今日喝茶：绿□　白□　黄□　青□　红□　黑□　花茶□

正能量的我

10月25日

星期三

中国茶历

茶诗词·鹧鸪天·寒日萧萧上琐窗

（宋）李清照
寒日萧萧上琐窗，梧桐应恨夜来霜。
酒阑更喜团茶苦，梦断偏宜瑞脑香。
秋已尽，日犹长，仲宣怀远更凄凉。
不如随分尊前醉，莫负东篱菊蕊黄。

寒菊

这首词的思绪从寒日夜来霜，到借酒消愁，悲慨万分，凄婉情深，冉升信念。

其中这句"酒阑更喜团茶苦"，是词人对宋代《清明上河图》上那世间太平文化繁荣的怀念。"酒阑"，借指兵荒马乱到了极点，"团茶"即宋代的龙团饼茶，词中借"团茶"喻指宋代文化繁荣时期。词人忆起一家人在文化繁荣时期也很忙、很辛苦，但甚为喜悦，于是更怀念、更向往。由"秋已尽，日犹长"，表达思念亡夫之情"日犹长"，自己孤单寂寞的生活日子也还"犹长"，往后可能"更凄凉"，没有"团茶"，没有"角茶"，借酒消愁啊！"莫负东篱菊蕊黄"这点美意。

THURSDAY. OCT 26, 2023
2023 年 10 月 26 日

10月26日

星期四

农历癸卯年·九月十二

🐰 **今日生命叙事**

早起____点，午休____点，晚安____点，体温____，体重____，走步____

今日喝茶：绿☐　白☐　黄☐　青☐　红☐　黑☐　花茶☐

正能量的我

中国茶历

1026

茶诗词·浣溪沙·谁念西风独自凉

(清)纳兰性德

谁念西风独自凉,萧萧黄叶闭疏窗,

沉思往事立残阳。

被酒莫惊春睡重,赌书消得泼茶香,

当时只道是寻常。

寒菊喜得泼茶香

这首词情景互相映衬,由西风、黄叶,生出自己孤单寂寞和思念亡妻之情,继而由此忆起对妻子在时的生活片段的情景,最后抒发无穷的遗憾和沉重的哀伤。其中写到夫妻风雅生活的乐趣:夫妻角茶赌书,互相指出某事出现在某书某页某行,谁说得准就举杯饮茶为乐,以致乐得茶泼一地,满室洋溢着茶香。这样的生活片段极似宋代李清照和她的丈夫赵明诚"角茶赌书"的情景。

词人有与宋代李清照《鹧鸪天·寒日萧萧上琐窗》唱和的味道。不但语境近似,心境相似,"角茶赌书"生活片段类似,又同为丧偶,词同韵脚,在词中选用相同的字词有:萧萧、窗、凉、黄、酒、茶、香。

FRIDAY. OCT 27, 2023
2023 年 10 月 27 日

农历癸卯年·九月十三

10月27日

星期五

🐰 **今日生命叙事**

早起＿＿点，午休＿＿点，晚安＿＿点，体温＿＿，体重＿＿，走步＿＿

今日喝茶：绿☐　白☐　黄☐　青☐　红☐　黑☐　花茶☐

正能量的我

茶范·当代茶范吴觉农

吴觉农纪念馆展厅

吴觉农（1897—1989年）是中国知名的爱国民主人士和社会活动家、著名农学家、农业经济学家，现代茶叶事业复兴和发展的奠基人。

吴觉农出生于苦难的旧社会，具有高度的爱国主义精神，是追求不断进步的革命知识分子，他的身上表现着富贵不能淫、威武不能屈、贫贱不能移的高贵品质。他振兴中国茶叶的理想同他爱国主义的思想密切相关。

吴觉农被誉为"当代茶圣"，他毕生从事茶事，学识渊博，经验丰富，态度严谨，目光远大。他所著《茶经述评》至今仍是研究陆羽《茶经》最权威的著作。他还最早论述了中国是茶树的原产地，创建了中国第一个高等院校的茶业专业和全国性茶叶总公司，又在福建武夷山首创了茶叶研究所，为发展中国茶叶事业作出了卓越贡献。

当代茶圣吴觉农，博学多才，不慕官禄，不畏强权，艰苦创业，矢志许茶，为中国当代茶学理论、科研育人、产销贸易等方面作出了不可磨灭的贡献，他是中国当代茶学的开拓者和奠基人。吴觉农不愧是当代茶范，他的茶魂带着当代中国的气象和自身的本性——担当。

SATURDAY. OCT 28, 2023
2023年10月28日
农历癸卯年·九月十四

10月28日

星期六

🐰 **今日生命叙事**

早起___点，午休___点，晚安___点，体温___，体重___，走步___

今日喝茶：绿□　白□　黄□　青□　红□　黑□　花茶□

正能量的我

茶谚语·基肥足,春茶绿

深秋初冬,全国各大茶区开始着手做入冬准备,茶农分别进行茶园清园、除草、除虫,深耕施肥、浅沟追肥,覆盖蓬草、薄膜等工作,以确保茶园顺利过冬并提升来年春茶的品质。

由于茶树属多年生作物,在年生长周期中总是不停地吸收所需的养分,即使在低温越冬期间,茶树的地上部分进入休眠状态时,茶树地下根系部分仍有吸收能力,并把所吸收的营养物质贮存于根系等器官中,以供来年,尤其是春茶采摘前生长之需。茶谚语"基肥足,春茶绿"揭示了这个事实。实际上,基肥不仅对春茶有影响,而且对茶树全年的生长发育都有影响。因此,无论是幼龄茶园、成龄茶园或衰老茶园,都应重视基肥施用。

茶园所施基肥一般用菜饼肥、农家肥、化学有机肥等,均依照国家标准使用。

茶园施基肥

SUNDAY. OCT 29, 2023

2023 年 10 月 29 日

农历癸卯年·九月十五

10月29日

星期日

🐰 今日生命叙事

早起____点，午休____点，晚安____点，体温____，体重____，走步____

今日喝茶：绿☐　白☐　黄☐　青☐　红☐　黑☐　花茶☐

正能量的我

中国茶历

茶典故·朱元璋推广散茶

朱元璋

中国古代饮茶方式多,代表特征是唐代煎茶,宋代(延续在元代)点茶、斗茶,明代(延续在清代直到现在)撮泡茶、壶泡茶。

在唐、宋、元代,茶叶基本都是制成茶饼和团饼,便于茶叶运输和茶叶交易,但茶饼和团饼在饮用前要碾磨成末,很麻烦。而且,兴于宋代的团饼茶素有"一朝团焙成,价与黄金逞"之说,斗茶为乐,耗费人力物力,延续助长奢侈生活,平民百姓消费不起。

在洪武二十四年(1391年)九月十六,也就是"历史上的今天",明朝开国皇帝朱元璋,兴利去弊,下诏令"罢造龙团,惟采芽茶以进",停止龙团制作,上到官僚,下到百姓都必须遵守。这让"蒸而团之或蒸而饼之"的茶叶改头换面,让当时的"斗茶"之风一扫而去……也对制茶技艺的发展起了促进作用。

在此之前,元代末就已经开始了散茶,当时民间以饮用芽茶散茶为主,开始出现取一撮芽茶散茶的冲泡饮茶,但真正在全国范围推广散茶还是从朱元璋开始。

MONDAY. OCT 30, 2023
2023 年 10 月 30 日
农历癸卯年·九月十六

10月30日

星期一

🐰 **今日生命叙事**

早起＿＿点，午休＿＿点，晚安＿＿点，体温＿＿，体重＿＿，走步＿＿

今日喝茶：绿☐　白☐　黄☐　青☐　红☐　黑☐　花茶☐

正能量的我

中国茶历

1030

茶谚语·地方茶谚汇

三月三,茶出山;九月九,茶盖土。(湖南)

秧到小满禾到秋,茶过立夏一夜粗。(湖南)

岩缝里的土,骨头上的肉。山岩石缝间土壤,一般肥沃而宜茶。(湖南)

烂泥发黄,种茶兴旺。(浙江)

泥坞油油,茶树包出玩。(浙江)

高山茶,叶子包干子;低山茶,干子竖叶子。(湖南)

吃饭靠禾苑,用钱靠茶苑。(湖南湘潭)

清晨一杯茶,饿死卖药家。(广东)

东南路里水泡茶,城西两路面罐茶,北路河里油炒茶。(陕西略阳)

勤俭姑娘,鸡鸣起床,梳头洗面,先煮茶汤。(赣南客家)

早茶晚酒黎明亮。(广东深圳)

好茶一杯,不用请医家。(广东广州)

平地人不离糍粑,高山人不离苦茶。(湖南江华)

一天三餐油茶汤,一餐不吃心里慌。(湖北恩施土家族苗族自治州)

头苦二甜三回味。(云南白族三道茶)

贵客进屋三杯茶。(侗族)

若要富,种茶树。(云南华坪县傈僳族、勐海县傣族)

古蔺罐儿茶好喝,麻辣鸡好吃。(四川古蔺)

茶园

TUESDAY. OCT 31，2023
2023 年 10 月 31 日

农历癸卯年·九月十七

🐰 今日生命叙事

早起____点，午休____点，晚安____点，体温____，体重____，走步____

今日喝茶：绿☐　　白☐　　黄☐　　青☐　　红☐　　黑☐　　花茶☐

正能量的我

10月31日

星期二

经典名茶·安溪铁观音(清香型)

安溪铁观音,乌龙茶(青茶)类,产于福建省安溪县,创制于清乾隆年间,为历史名茶。

一年中春、夏、秋茶季,皆可制茶,4月底至5月初开始采春茶,6月下旬采夏茶,一般于8月上旬采暑茶,10月上旬采秋茶。采用铁观音茶树品种茶树鲜叶为原料,鲜叶的选用标准是驻芽3叶,俗称"开面采"(驻芽:当新梢完全成熟时,叶面都展开了,顶芽转入休眠状态,驻停着活而细小的芽)。春、秋茶采摘1芽2~3叶,夏、暑茶采摘1芽3~4叶。

制茶工序是晒青、凉青(或静置)、摇青、炒青、揉捻、初烘、初包揉、复烘、复包揉、足干。轻发酵的为清香型铁观音。

安溪铁观音成品茶叶外形紧结沉重,色泽砂绿油润;内质香气馥郁,芬芳悠长可谓"七泡有余香";滋味醇厚甘鲜,汤色金黄明亮;饮之齿颊留香,甘润生津。茶香带有兰花香味具有独特的风格,俗称"观音韵"。还有"春水秋香"之说。"清汤绿水"则是清香型铁观音。

冲泡安溪铁观音时,每人可用一只容量126毫升的盖碗作为泡具和饮具,茶水比为1∶35,投茶量3克,水105克(毫升),水烧至100℃。冲泡主要步骤:温茶碗内凹,投入茶叶后,采用"单边定点法"注水,水量达到茶碗八分后,再合上茶盖。当茶碗中茶汤的水温降至适口时,趁温热品饮。如觉茶汤淡,可用茶盖拨动茶叶使其翻滚后再品饮。

安溪铁观音

WEDNESDAY. NOV 1, 2023

2023 年 11 月 1 日

农历癸卯年·九月十八

11月1日

星期三

🐰 今日生命叙事

早起____点，午休____点，晚安____点，体温____，体重____，走步____

今日喝茶：绿☐　白☐　黄☐　青☐　红☐　黑☐　花茶☐

正能量的我

经典名茶·三里垭毛尖

三里垭毛尖,绿茶类,产于陕西省平利县三里垭村,清乾隆年间曾是贡茶,为恢复历史名茶。

茶叶在夏、秋、冬三个茶季均可制作,采摘标准,要求1芽1叶初展,其芽要细小短薄,嫩绿匀齐;采摘时讲究芽叶壮实,芽尖显露,带梗、带鱼叶。

制茶工序是杀青、揉捻、复炒复揉、初烘、提毫、烤足干、成品精选。总结自传统的"三炒三揉",高温杀青,低温揉捻,搓团提毫,及时干燥。在锅中制作时,要求手不离锅,勤翻快炒,用力适度,连续炒制而成。

三里垭毛尖成品茶叶外形条索紧细,苗秀卷曲,白毫显露,色泽翠绿,香嫩持久;汤色嫩绿明亮,滋味鲜爽回甘;叶底完整,嫩绿明亮。用玻璃杯冲泡,可见茶芽在杯中悬空竖立,有的芽尖于水中三起三落,最后全部垂落杯底,仍是针尖上昂,叶柄下垂,恰似群笋出土,秋菊盛开,堪称"杯中茶景"。

冲泡三里垭毛尖时,每人可用一只容量126毫升的盖碗作为泡具和饮具,茶水比为1∶50,投茶量2克,水100克(毫升),泡茶水温宜水烧开后降温至85℃。冲泡主要步骤:温茶碗内凹,投入茶叶后,采用"环圈法"注水,水量达到茶碗八分后,再合上茶盖。当茶碗中茶汤的水温降至适口时,趁温热品饮。如觉茶汤淡,可用茶盖拨动茶叶使其翻滚后再品饮。

三里垭毛尖

THURSDAY. NOV 2, 2023

2023年11月2日

农历癸卯年·九月十九

11月2日 星期四

🐰 **今日生命叙事**

早起___点，午休___点，晚安___点，体温___，体重___，走步___

今日喝茶：绿□　白□　黄□　青□　红□　黑□　花茶□

正能量的我

中国茶历

1102

经典名茶·普洱熟茶

普洱茶,黑茶类,主要产于云南省勐海、勐腊、普洱、耿马、沧源、双江、临沧、元江、景东、大理、屏边、河口、马关、麻栗坡、文山、西畴、广南、永德。普洱茶有生茶(生茶也称青饼)和熟茶。

普洱熟茶是以符合普洱茶生长环境下生长的云南大叶种晒青茶为原料,采用特定工艺、经快速发酵熟化加工形成的散茶和紧压茶。鲜叶采摘进厂,经杀青、揉捻、干燥之后,成为普洱毛青(毛茶),因其后续工序的不同分为"熟茶"和"生茶"。经过渥堆转熟的成为"熟茶",再经过一段相当长时间贮放,待其味质稳净,便可出仓货卖。贮放时间一般需要2~3年,干仓陈放5~8年的普洱熟茶为上品。普洱熟茶成品,外形色泽红褐,香气独特陈香;汤色红浓明亮,滋味纯和回甘;叶底红褐。

冲泡普洱熟茶时,茶水比为1:18,投茶量7克,水126克(毫升);泡茶具首选盖碗、宜兴紫砂壶;适宜用开水冲泡茶叶,第一、二次的茶汤立即直接倒入茶海,第三次冲泡茶叶后,即可将茶汤注入公道杯,均分于茶盅供品饮。如果是用银壶煮水,当煮水达到水面冒起"鱼眼泡",冲泡出的茶汤香甜顺滑。

普洱熟茶

FRIDAY. NOV 3, 2023
2023年11月3日
农历癸卯年·九月二十

11月3日 星期五

🐰 **今日生命叙事**

早起___点，午休___点，晚安___点，体温___，体重___，走步___

今日喝茶：绿☐　白☐　黄☐　青☐　红☐　黑☐　花茶☐

正能量的我

经典名茶·沩山毛尖

沩山毛尖,黄茶类,产于湖南省宁乡市乡沩山(亦称大沩山),为历史名茶。

茶叶于清明后7~8天开始采摘。鲜叶的选用标准是待肥厚的芽叶伸展到1芽2叶时,采下1芽1叶或1芽2叶,留下鱼叶,俗称"鸦雀嘴",要求采摘无残伤、无紫叶的鲜叶。

制茶工序是杀青、闷黄、轻揉、烘焙、熏烟。其中熏烟为沩山毛尖的独特之处。

沩山毛尖成品的茶叶外形是条索微卷,自然开展呈朵,形似兰花,色泽黄亮油润,身披白毫,嫩香清鲜;汤色橙黄鲜亮,松烟香气芬芳浓郁,滋味甜醇爽口;叶底黄亮嫩匀。

冲泡沩山毛尖时,每人可用一只容量126毫升的盖碗作为泡具和饮具,茶水比为1:50,投茶量2克,水100克(毫升),泡茶水温宜水烧开后降温至85℃。冲泡主要步骤:温茶碗内凹,投入茶叶后,采用"螺旋形法"注水,水量达到茶碗八分后,再合上茶盖。当茶碗中茶汤的水温降至适口时,趁温热品饮。如觉茶汤淡,可用茶盖拨动茶叶使其翻滚后再品饮。

沩山毛尖

SATURDAY. NOV 4, 2023

2023年11月4日

农历癸卯年·九月廿一

🐰 今日生命叙事

早起____点，午休____点，晚安____点，体温____，体重____，走步____

今日喝茶：绿□　　白□　　黄□　　青□　　红□　　黑□　　花茶□

正能量的我

11月4日　星期六

经典名茶·饶平奇兰

饶平奇兰,乌龙茶(青茶),产于广东省饶平县,为新创名茶。

一年中春、夏、秋、冬季,茶叶皆可采摘,采用大叶奇兰茶树品种茶树鲜叶为原料,鲜叶选用的标准是开面2~3叶,要求鲜叶嫩度适中,匀净、新鲜。

制茶工序是晒青、凉青、做青、杀青、揉捻、初焙、复揉、复焙、足干。

饶平奇兰成品茶叶外形条索紧结,略壮实,色泽砂绿油润;内质兰香浓郁,香气高长;滋味醇厚,甘滑爽口;汤色橙黄,清澈明亮;叶底红边明显。

冲泡饶平奇兰时,每人选用一只容量126毫升的盖碗,作为泡具和饮具,茶水比为1:35,投茶量3克,水105克(毫升),水温100℃。冲泡主要步骤:温茶碗内凹,投入茶叶后,加茶盖合盖后摇香醒茶,开盖后采用"单边定点法"注水,水量达到茶碗八分后,再合上茶盖。当茶碗中茶汤的水温降至适口时(一般为5分钟),趁热品饮。如觉茶汤淡,可用茶盖拨动茶叶使其翻滚后再品饮。

奇兰茶树

饶平奇兰

SUNDAY. NOV 5, 2023

2023 年 11 月 5 日

农历癸卯年·九月廿二

11月5日

星期日

🐰 **今日生命叙事**

早起___点，午休___点，晚安___点，体温___，体重___，走步___

今日喝茶：绿☐　白☐　黄☐　青☐　红☐　黑☐　花茶☐

正能量的我

经典名茶·文山包种

文山包种,乌龙茶(青茶)类,产于中国台湾北部的台北市和桃园等县,以新店、坪林、石碇、深坑、汐止、平溪的最出名,为新创名茶。

春、夏、秋、冬季皆可采摘茶叶。其中谷雨前后采摘春茶,一年中可采4～5次。采用青心乌龙、台茶12号(金萱)、台茶13号(翠玉)、台茶14号(白文)品种茶树鲜叶为原料,选用鲜叶的标准是第1叶长至第2叶1/3～2/3面积的对夹2～3叶。要求雨天不采,带露不采,晴天要在11:00—15:00点间采摘;春秋两季要求采2叶1心的茶青,采时需用双手弹力平断茶叶,断口成圆形,不可用力挤压断口;每装满一篓就要立即送厂加工。

制茶工序是日光萎凋(晒青)、室内静置及搅拌(凉青、做青)、杀青、揉捻、干燥。发酵程度8%～10%。

文山包种成品茶叶外形呈条索状,紧结自然弯曲,色泽砂绿油润;内质兰香浓郁,香气清雅带花香;滋味醇滑润富活性;叶底浓绿呈亮,有香、浓、醇、韵、美五大特点。

泡饮文山包种时,每人可用一只容量126毫升的盖碗作为泡具和饮具,茶水比为1:35,投茶量3克,水105克(毫升),水烧至100℃。冲泡主要步骤:温茶碗内凹,投入茶叶后,采用"单边定点法"注水,水量达到茶碗八分后,再合上茶盖。当茶碗中茶汤的水温降至适口时,趁温热品饮。如觉茶汤淡,可用茶盖拨动茶叶使其翻滚后再品饮。

文山包种

MONDAY. NOV 6, 2023

2023 年 11 月 6 日

农历癸卯年·九月廿三

11月6日

星期一

🐰 **今日生命叙事**

早起___点，午休___点，晚安___点，体温___，体重___，走步___

今日喝茶：绿☐　白☐　黄☐　青☐　红☐　黑☐　花茶☐

正能量的我

经典名茶·浮梁茶

浮梁茶,绿茶类,产于江西省景德镇市浮梁县的瑶里镇、鹅湖镇、庄湾乡、王港乡、湘湖镇、西湖乡、勒功乡、江村乡、经公桥镇、峙滩乡、兴田乡、蛟潭镇、黄坛乡13个乡镇。浮梁县的产茶历史悠久,汉代即有僧人种植和采集茶叶。至唐代,茶叶加工和贸易开始兴盛,《新唐书·食物志》载:"各地产茶数量多少不一,以浮梁出茶最多。"唐代王敷《敦煌变文集》的《茶酒论》中记述:"浮梁歙州,万国来求。"中唐元和年间(806—820年)浮梁县已是赣北、皖南茶叶的主要集散地,《元和郡县志》记载有,唐元和八年(813年),浮梁"每岁出茶七百万驮,税十五余万贯",印证了唐代诗人白居易《琵琶行》中"商人重利轻别离,前月浮梁买茶去"的描写。明代汤显祖在其《浮梁县新作讲堂赋》一文中,曾对浮梁茶有过描述:"今夫浮梁之茗,冠于天下,帷清帷馨,系其薄者……"

茶叶采摘时段为谷雨时节前期,选用当地槠叶种茶树茶叶为原料,采摘鲜叶的标准是1芽1叶,1芽2叶初展的细嫩芽叶,要求无病虫叶、紫色叶、鲜叶、鳞片、老叶,无红梗、红蒂、红片,无夹杂物。

制作工序是摊青、杀青、揉捻、做形、烘焙、复火。讲究手工加工,文火轻烤。

浮梁茶成品外形紧、细、圆、直;色泽干湿翠绿,湿显金黄,香气似板栗、兰花之香,滋味醇爽;叶底嫩绿匀亮。

泡饮浮梁茶时,每人可用一只容量126毫升的盖碗作为泡具和饮具,茶水比为1∶50,投茶量2克,水100克(毫升),泡茶水温宜水烧开后降温至85~90℃。冲泡主要步骤:温茶碗内凹,投入茶叶后,采用"环圈法"注水,水量达到茶碗八分后,再合上茶盖。当茶碗中茶汤的水温降至适口时,趁温热品饮。如觉茶汤淡,可用茶盖拨动茶叶使其翻滚后再品饮。

浮梁茶

TUESDAY. NOV 7，2023

2023 年 11 月 7 日

农历癸卯年·九月廿四

11月7日

星期二

🐰 **今日生命叙事**

早起___点，午休___点，晚安___点，体温___，体重___，走步___

今日喝茶：绿□　白□　黄□　青□　红□　黑□　花茶□

正能量的我

中国茶历

节气和茶·立冬

西风渐起北风恸,河塘一色满眼空。
肃气凝凝水始冰,繁霜霏霏地始冻。
窗盈残阳散茶烟,门尽冷霜醒骨风。
迎冬补冬接冬气,闭藏养冬盛德栋。

今日立冬(农历癸卯年九月廿五子时,公历2023年11月8日0时35分)。

立冬是农历二十四节气中的第19个节气。立冬,季节类节气,表示冬季的开始。

立冬物候:初候水始冰;二候地始冻;三候雉入大水为蜃。

立冬节气,"万物收藏"。到了立冬,当年的绿茶、白茶、黄茶、乌龙茶、红茶、黑茶、茉莉花茶也都完成新茶入仓。冬季是享受丰收、休养生息的季节,立冬在古代民间是"四时八节"之一,作为重要节日来庆贺。立冬之后,茶树进入冬季休眠期,不采摘制茶。

立冬节气里,喝什么茶?立冬时节,顺应滋阴潜阳,养脾胃,少食生冷,调适寒热;适宜饮乌龙茶(金萱茶、武夷岩茶、凤凰单丛、安溪铁观音)、红茶(正山小种红茶、英德红茶)、白茶(白牡丹、寿眉,均3年以上)、黑茶(康砖、普洱熟茶、广西六堡茶,均3年以上)、黄茶、再加工茶(柑普茶),还要注意喝热茶水,不喝凉茶水。

立冬·双荚决明

WEDNESDAY. NOV 8，2023

2023年11月8日

农历癸卯年·九月廿五

11月8日

星期三

立冬

🐰 **今日生命叙事**

早起____点，午休____点，晚安____点，体温____，体重____，走步____

今日喝茶：绿□　白□　黄□　青□　红□　黑□　花茶□

正能量的我

中国茶历
1108

节气茶点·立冬

立冬节气里喝茶,讲究节气养生,适宜饮乌龙茶、红茶、白茶、黑茶、黄茶、再加工茶(柑普茶);选用茶点心,讲究对应立冬节气养生,留意民俗文化。

立冬节气总的饮食原则是增苦少咸,宜温补。该节气选用茶点心宜甘甜微咸,少吃冷硬。可选用:

山楂锅盔,食材有山楂馅、小麦粉、猪油、红糖、鸡蛋。古时在秋冬转换,凡有面黄肌瘦、不思饮食者,郎中劝说"只要将'棠球子'(即山楂)与红糖煎熬,每饭前吃5~10枚,半月后病准会好。"

脆皮香蕉,食材有面粉、鸡蛋、面包糠、植物油。

杏蓉酥,食材有杏蓉馅、小麦粉、奶油、猪油、白砂糖。

黑麻椒盐,食材有黑麻椒盐馅、小麦粉、猪油、芝麻、麦芽糖。

适宜立冬节气的茶点心形形色色,选用时应留意民俗文化,如拜冬、补冬、祭祖、饮宴等。民间"补冬"习俗,以秋收后的粮食制为食品报答天地、山川、社稷。

山楂锅盔

杏蓉酥

黑麻椒盐

THURSDAY. NOV 9, 2023
2023年11月9日
农历癸卯年·九月廿六

11月9日

星期四

🐰 今日生命叙事

早起____点，午休____点，晚安____点，体温____，体重____，走步____

今日喝茶：绿☐　白☐　黄☐　青☐　红☐　黑☐　花茶☐

正能量的我

中国茶历

经典名茶·金萱茶

台茶12号（金萱）品种茶树叶　　　　金萱茶

金萱茶，乌龙茶，产地分布中国台湾各产茶地区，为新创名茶。

茶叶全年可采4～5季（含早春茶），春茶开采于4月上中旬，采用台茶12号（金萱）品种茶树鲜叶为原料。鲜叶选用的标准是对夹2～3叶（对夹，指1叶与2叶鲜叶的生成开面，1叶与2叶和3叶子的生成开面，大小差不多）。

制茶工序是日光萎凋（晒青）、室内静置及搅拌（凉青及作青）、炒青、揉捻、初干、布球揉捻（团揉）、干燥。

金萱茶成品茶叶外形紧结重实成半球形，色泽翠绿；汤色金黄亮丽，香气浓郁具有独特的奶香，滋味甘醇；叶底青绿，基本上没有红边。

泡饮金萱茶时，每人可用一只容量126毫升的盖碗作为泡具和饮具，茶水比为1∶35，投茶量3克，水105克（毫升），水烧至100℃。冲泡主要步骤：温茶碗内凹，投入茶叶后，采用"单边定点法"注水，水量达到茶碗八分后，再合上茶盖。当茶碗中茶汤的水温降至适口时，趁温热品饮。如觉茶汤淡，可用茶盖拨动茶叶使其翻滚后再品饮。

FRIDAY. NOV 10，2023
2023 年 11 月 10 日

农历癸卯年·九月廿七

🐰 今日生命叙事

早起____点，午休____点，晚安____点，体温____，体重____，走步____

今日喝茶：绿□　白□　黄□　青□　红□　黑□　花茶□

正能量的我

11月10日

星期五

经典名茶·凤凰单丛

凤凰单丛,乌龙茶(青茶)类,产于广东省潮安区,为历史名茶。

凤凰单丛茶叶一年四季皆可采制。采用凤凰水仙种的优异单株茶树鲜叶为原料,鲜叶选用的标准是新梢形成对夹2~3叶(对夹,指1叶与2叶子的生成开面、1叶与2叶和3叶子的生成开面,大小差不多),采茶要求严格,清晨不采,雨天不采,太阳过强不采,一般是在晴天14:00—17:00采摘。

凤凰单丛

制茶工序是晒青、凉青、碰青、杀青、揉捻、干燥。

凤凰单丛成品茶叶素有"形美、色翠、香郁、味甘"四绝;外形挺直肥硕油润,自然花香气清高浓郁;汤色橙黄清澈明亮,山韵蜜味,滋醇厚爽口回甘;叶底青蒂绿腹红镶边。凤凰单丛"鸭屎香"名种,大俗即大雅,名称虽不雅,但其高雅特殊的自然花香,回味无穷。

泡饮凤凰单丛时,茶水比为1:14,投茶量7克,水100克(毫升);泡茶具首选紫砂壶(投茶后,注水要快冲向壶内,盖上壶盖),也可用容量126毫升的盖碗(投茶后,摇香,注水要快冲向茶碗,盖上茶盖);适宜用100℃开水冲泡茶叶,泡好后通过公道杯均分到茶盅品饮。

茶山采茶

SATURDAY. NOV 11, 2023

2023 年 11 月 11 日

农历癸卯年·九月廿八

11月11日

星期六

🐰 **今日生命叙事**

早起____点，午休____点，晚安____点，体温____，体重____，走步____

今日喝茶：绿□ 白□ 黄□ 青□ 红□ 黑□ 花茶□

正能量的我

经典名茶·英德红茶

英德红茶

英德红茶,红茶类,产于广东省英德市,创制于1964年,为新创名茶。

春茶、夏茶、秋茶季均可采摘茶叶。其采用云南大叶种、英红优质大叶红茶新品种的茶树鲜叶为原料,鲜叶选用的标准是1芽2叶、1芽3叶,以夏、秋茶季鲜叶为主。

制茶工序是萎凋、揉捻、发酵、干燥。

英德红茶成品茶叶外形条索肥嫩紧实,色泽乌黑油润,金毫显露;内质香气鲜浓持久,滋味浓厚,收敛性强;汤色红艳明亮,叶底红匀明亮。

金毫茶是英德红茶中的珍品,采用无污染生态茶园的英红九号、云南大叶种等品种的茶树鲜叶为原料,鲜叶选用的标准为1芽1叶初展。金毫茶成品外形条索紧结,色泽红润,满披毫;香气清高,滋味浓醇鲜爽,汤色红艳,加入牛奶、糖等冲饮,风味更佳。

泡饮英德红茶时,每人可用一只容量126毫升的盖碗作为泡具和饮具,茶水比为1∶50,投茶量2克,水100克(毫升),泡茶水温宜水烧开后降温至90~95℃。冲泡主要步骤:温茶碗内凹,投入茶叶后,采用"螺旋形法"注水,水量达到茶碗八分后,再合上茶盖。当茶碗中茶汤的水útil降至适口时,趁温热品饮。如觉茶汤淡,可用茶盖拨动茶叶使其翻滚后再品饮。

SUNDAY. NOV 12, 2023

2023年11月12日

农历癸卯年·九月廿九

11月12日

星期日

🐰 **今日生命叙事**

早起___点，午休___点，晚安___点，体温___，体重___，走步___

今日喝茶：绿□　白□　黄□　青□　红□　黑□　花茶□

正能量的我

经典名茶·寿眉（贡眉）

寿眉，白茶类，也称贡眉，主产于福建的政和、建阳、松溪、福鼎等地，其产量占白茶总产量一半以上。白茶最早见于宋代宋徽宗赵佶《大观茶论·白茶》："白茶自为一种，与常茶不同。"《建瓯县志·卷二十五》记载："白毫茶，出西乡、紫溪二里（即现在的建阳区漳墩镇桔坑村，该地相邻于今政和、建阳、松溪三地）。"

寿眉茶叶在春茶、夏茶、秋茶季，均可采摘。采用当地菜茶有性繁殖群体种茶树鲜叶为原料，鲜叶选用的标准是1芽2～3叶，要求含有嫩芽、壮芽、开面叶。

寿眉初制、精制工艺与白牡丹基本相同。寿眉的制茶工序是萎凋、烘干、拣剔、烘焙、装箱。

寿眉成品茶叶外形毫心明显，白茸披露，色泽翠绿；汤色呈橙色或深黄色，滋味醇爽，香气鲜纯；叶底匀整、柔软、鲜亮，叶片迎光看去可透视出主脉的红色。

泡饮寿眉时，茶水比为1∶25，投茶量5克，水120克（毫升）；泡茶具首选容量126毫升的盖碗，也可用紫砂壶；适宜用100℃开水冲泡。

煮寿眉时，茶水比为1∶50，投茶量9克，水450克（毫升）；用银壶或陶壶，煮沸后调文火慢煮20～40分钟。

（福鼎）寿眉

（政和）寿眉

MONDAY. NOV 13，2023

2023 年 11 月 13 日

农历癸卯年·十月初一

11月13日

星期一

🐰 **今日生命叙事**

早起___点，午休___点，晚安___点，体温___，体重___，走步___

今日喝茶：绿☐　白☐　黄☐　青☐　红☐　黑☐　花茶☐

正能量的我

经典名茶·六堡茶

六堡茶，黑茶类，产于广西壮族自治区梧州市，为历史名茶。六堡茶在梧州市行政辖区范围内，选用苍梧县群体种、广西大中叶种及其分离选育的品种品系的茶树鲜叶为原料，按特定的工艺进行加工，是具有独特品质的黑茶。

六堡茶选用的鲜叶多为1芽2～4叶。"老茶婆"采摘的是成熟老叶，尤以霜降前后采摘的为上品。

六堡茶初制工序是杀青、初揉、渥堆、复揉、干燥；初制后进入精制工序：毛茶筛风拣、拼配、初蒸、渥堆、复蒸压笠、凉置陈化、检验出厂。渥堆和陈化是形成六堡茶独特品质风格的关键工序。部分采用传统柴火干燥工艺制作的六堡茶带有烟味。

六堡茶成品外形条索粗壮，色泽黑褐光润，间有金黄花；汤色红浓，气息醇陈似槟榔香，滋味甘醇爽滑，清凉甘永，含有特殊烟味；叶底红褐色。

泡饮六堡茶时，茶水比为1∶18，投茶量7克，水126克（毫升）；茶具首选容量126毫升的盖碗或宜兴紫砂壶；适宜把水烧至100℃冲泡茶叶。第一、二次的茶汤直接倒入茶海，第三次冲泡的茶汤，通过公道杯均分到茶盅后供品饮。

2013年出仓的六堡茶

2007年出仓的六堡茶

TUESDAY. NOV 14, 2023

2023 年 11 月 14 日

农历癸卯年 · 十月初二

11月14日

星期二

🐰 今日生命叙事

早起＿＿点，午休＿＿点，晚安＿＿点，体温＿＿，体重＿＿，走步＿＿

今日喝茶：绿□　白□　黄□　青□　红□　黑□　花茶□

正能量的我

经典名茶·小青柑

晒干小青柑　　　　半晒干小青柑　　　　烘干小青柑

小青柑，属再加工茶的柑普洱茶，产于广东省江门市新会。制作小青柑采用的是每年夏季"未成年"的新会柑，与云南普洱茶搭配成为小青柑普洱茶。小青柑有晒干、半晒干、烘干差别，以晒干的小青柑为上。小青柑茶质纯净，融合了清醇的果香和普洱茶醇厚甘香之味，形成独特的口感与风味。小青柑冲泡后，汤色橙红透亮，茶汤醇厚，汤感细腻，回味爽适有甜感，有浓厚陈香味。

小青柑可用三种方法冲泡。选用容量126毫升的盖碗作为公泡具，用开水冲泡，建议经五次冲泡过后，投入陶壶或银壶或玻璃壶中煮后继续品饮，滋味更加醇厚，果香更加浓郁。

掀盖冲泡法：拆开包装，取出完整的小青柑；将小青柑上的小盖揭开，放入盖碗中；第一次洗茶，第二次润茶，第三次开始以"正中定点注水"，浸泡5秒后出茶汤，之后可逐渐增加浸泡开水的时间。

碎皮冲泡法：拆开包装；将小青柑小心掰碎后，柑皮、茶叶同时放入盖碗中；第一次洗茶，第二次润茶，第三次开始以"正中定点注水"，前五泡快速出汤。

钻孔冲泡法：拆开包装，取出完整的小青柑，准备一把普洱茶刀；用普洱茶刀在小青柑四周及底部钻孔，孔径大小以不漏碎茶为宜；将钻孔后的小青柑放入盖碗中；"单边定点注水"，第一次洗茶，第二次润茶，第三次开始以"正中定点注水"，才可以作为饮用茶，慢慢浸出。

WEDNESDAY. NOV 15, 2023

2023 年 11 月 15 日

农历癸卯年·十月初三

11月15日

星期三

🐰 **今日生命叙事**

早起____点，午休____点，晚安____点，体温____，体重____，走步____

今日喝茶：绿☐　白☐　黄☐　青☐　红☐　黑☐　花茶☐

正能量的我

茶具·盖碗

盖碗

盖碗是一种上有盖,下有托,中有碗的茶具,又称"三才碗""三才杯"。"三才"为五格中天格、人格、地格的总称,是中国古代哲学的一种宇宙模式,盖为天,托为地,碗为人,寓"天地人和"之意。

中国唐代逐渐普及了饮茶的专用盏,随后又发明了盏托。相传,盖碗是在唐德宗建中年间,由西川节度使崔宁之女在成都发明。宋元沿袭至明清配以盏盖,逐渐形成了一盏一盖一碟式的"三合一"茶盏,即盖碗。一人一套的"盖碗茶",是从清雍正年间开始盛行。

用盖碗作为茶具至少有七大好处:一是茶碗口上大下小,注水方便,易让茶叶沉淀于底,添水时茶叶翻滚,或用茶盖撩拨茶汤,易浸泡出茶味;二是盖碗上有隆起的茶盖,而茶盖边沿小于茶碗口,不易滑脱,便于凝聚茶香,还可用来遮挡茶沫,避免茶叶沾唇;三是有了茶托不会烫手,因而客人来敬茶时,以盖碗茶敬客更周到;四是用盖碗作啜茶饮具,保温性更好;五是盖碗器型大方得体,啜饮仪态庄重典雅,一人一套盖碗卫生又自如,同时便于把正统的茶礼与选用茶的不同需求融合于礼仪中;六是便于计算时间,掌握茶事时间;七是盖碗是唯一的"六大类茶叶+花茶"的通用泡茶和饮茶用具,且便于清洗、收存和携带。

THURSDAY. NOV 16, 2023

2023 年 11 月 16 日

农历癸卯年·十月初四

11月16日

星期四

🐰 **今日生命叙事**

早起___点，午休___点，晚安___点，体温___，体重___，走步___

今日喝茶：绿□　白□　黄□　青□　红□　黑□　花茶□

正能量的我

茶具·紫砂壶

紫砂壶泡茶,既不夺茶的香气,又无熟汤气,能较长时间保持茶叶的色、香、味,且保温性好,还因其造型古朴别致,气质特佳,经茶水泡、手摩挲,会呈古玉色包浆,而备受人们青睐。

据说紫砂壶的创始人是中国明代的供春。紫砂壶以宜兴紫砂壶最为出名。根据上海硅酸盐研究所有关岩相的分析表明,紫砂黄泥含铁量很高,最高含铁量达 8.83%。紫砂壶在高氧高温状况下烧制而成,一般采用平焰火接触,烧制温度在 1190～1270℃,这是紫砂制品不渗漏、不老化,且越用越显光润的又一原因。紫砂壶成品的吸水率大于 2%。紫砂壶的泥原料为紫泥、绿泥和红泥三种,俗称"富贵士"。因其产自江苏宜兴,故称宜兴紫砂。

宜兴紫砂壶有以下五个优点:

材质好。紫砂壶的材质是一种介于陶和瓷之间的材质,属于半烧结的精细茶器,具有特殊的双气孔结构,透气性极佳且不渗漏。经久使用,壶内壁会积累"茶锈",即使不放茶叶,注入沸水也会有茶香味。

耐热性和透气性能良好。紫砂壶可以承受冷热的急剧变化,比如寒冬腊月,注入沸水,不因温度骤变而胀裂,而且砂质传热缓慢,无论是提抚还是握拿,均不烫手。

不易馊。陈茶不馊,甚至暑天隔夜也不起腻苔,清洗容易,即使久置不用,只要用沸水泡一泡,倒出后再浸入冷水冲洗,泡茶仍得原味。对此,清代吴骞记载了他的洗壶妙方:"壶宿杂气,满贮沸汤,倾,即没冷水中,亦急出,冷水泻之,元气复矣。"

不走味。紫砂壶泡茶能保持茶的原味,使茶水的色、香、味俱佳,且香不涣散。紫砂壶具有良好的可塑性及延展性,配合以特殊且精准的制壶技艺,所以成品口盖严实,缝隙极小,降低了含霉菌的空气流向壶内的概率。

经久耐用。紫砂壶长久使用,器身会因为抚摸擦拭,变得更加光润可爱。据《阳羡茗壶系》载:"壶经久用,涤拭日加,自发黯然之光,入手可鉴。"

FRIDAY. NOV 17, 2023
2023年11月17日

农历癸卯年·十月初五

11月17日

星期五

🐰 **今日生命叙事**

早起____点，午休____点，晚安____点，体温____，体重____，走步____

今日喝茶：绿□　白□　黄□　青□　红□　黑□　花茶□

正能量的我

中国茶香　　　　　　　　　　　　中国茶历

茶具·银水壶

银质茶具

饮茶在唐代得到了普及,茶具逐渐从食具中独立出来,成为茶事的专属用具,并出现银质茶器。唐代陆羽《茶经》对银质茶器有精辟阐述:"鍑,以生铁为之……洪州以瓷为,莱州以石为之。瓷与石皆雅器也,性非坚实,难可持久。用银为之,至洁,但涉于侈丽。雅则雅矣,洁亦洁矣,若用之恒,而卒归于银也。"这就说到"鍑"(没有盖的烧水煮茶容水器)选用银质的最为洁净,且保持茶的原味;虽然用银器漂亮但也奢侈。总得来说,茶事的专属用具还是银器好。

考古发现陕西扶风法门寺地宫的银质鎏金烹茶用具有11种12件,证明银质烹茶用具在唐代真的是"侈丽"。

宋代流行点茶,点茶注水时用的鎏金银汤瓶,尤为显贵。宋徽宗赵佶《大观茶论》载:"瓶宜金银。"蔡襄《茶录》说:"瓶要小者易候汤,又点茶注汤有准。黄金为上,人间以银铁或瓷石为之。"

银水壶就是由"金银汤瓶"沿革发展而出现的。

银,能杀菌消炎,防腐保鲜,净化水质,活化水性,这也成了银水壶的作用。银水壶,煮水和注水之用,其出水口直,使注水有力;其腹口宽便于观水,腹长能使执把远离火,用时不致烫手,且能有效控制水的流量,使注水落点准确。银水壶一般器不大而水容量较小,这样煮水速度较快。银壶煮水,能使水质变软变薄,古人谓之"若绢水",就是说水质柔薄爽滑犹如丝绢。另外,银壶本身洁净无味,且热化学性质稳定,不易锈也不会让茶汤沾染异味。

SATURDAY. NOV 18, 2023

2023 年 11 月 18 日

农历癸卯年·十月初六

11月18日

星期六

🐰 **今日生命叙事**

早起___点，午休___点，晚安___点，体温___，体重___，走步___

今日喝茶：绿□　白□　黄□　青□　红□　黑□　花茶□

正能量的我

茶具·茶具清洁

茶席

"器具质而洁,瓦缶胜金玉",打扫环境卫生,清洁茶具,是品茶的基础和仪式要求。如果不注意清洁和晾干茶具,容易滋生细菌,所以一定要及时、定时清洗。

每次用完茶具都要及时用清水洗净,再用开水烫一遍,并放在通风处晾干。清洗茶具可取食用小苏打粉倒在干净抹布上,擦洗茶杯、盖碗。玻璃杯上的茶渍可以用牙刷蘸牙膏刷洗。每次用完紫砂壶,及时用开水烫一遍晾干即可。

茶滤,仅用开水冲洗清洁,久用后容易堆积茶垢,滋生细菌,需定时用软毛牙刷蘸上小苏打,轻轻刷洗滤网;若是金属茶滤,则可用食醋浸泡半小时再用牙刷刷洗。茶滤使用满一年后,应更换。

"茶道六君子"(茶则、茶针、茶漏、茶夹、茶匙、茶筒)使用一段时间后,不可避免有浮灰累积。特别是茶筒内壁,要定时清洗并晾干,保持干燥。每一个沾湿的茶道用具,都要清洁擦干后再放入茶筒。

茶巾,在每次茶事后,将茶巾用热水单独冲洗并晾干,定期用可食用洗涤剂做彻底清洁。茶巾如果每日都使用,2～6个月后应该更换。

茶盘,不论材质也不论是储水式还是排水式的,茶盘的边角容易堆积茶垢,也影响美感,要定时清理,特别是排水式的,还需防堵塞。每次茶事使用之后,把茶具收拾好,台面应用湿抹布和干抹布各擦一遍。茶盘的缝隙、边角,定时用牙刷蘸一些小苏打刷洗。

电烧水壶,使用一段时间后会积水垢,可往电烧水壶里放入一片柠檬,注入五分之四的水,插上电,烧开水之后20分钟,用清水冲洗至无味。

SUNDAY, NOV 19, 2023

2023年11月19日

农历癸卯年·十月初七

11月19日 星期日

🐰 今日生命叙事

早起____点，午休____点，晚安____点，体温____，体重____，走步____

今日喝茶：绿□　白□　黄□　青□　红□　黑□　花茶□

正能量的我

茶典故·唐寅的诗情画意

明代唐寅（1470—1524年），字伯虎，号六如居士，别号桃花庵主，是一位热衷于茶事的画家。

他曾作画《品茶图》并题画诗："买得青山只种茶，峰前峰后摘春芽。烹煎已得前人法，蟹眼松风娱自嘉。"诗中他风趣地畅想抒怀：若是有朝一日，能买得起一座青山的话，要使山前岭后都变成茶园，每当早春，在春茶刚刚吐出鲜嫩小芽之时，即上茶山去采摘春茶，按照前代品茗大师的烹茶之法，亲自烹茗品尝，闻着嫩芽的清香，听着水沸时发出的松鸣风韵……

明正德二年（1507年），时年唐寅38岁，筑桃花庵别业及梦墨亭，使畅想成现实。他经常在这里与诗人、画家品茗清谈，赋诗作画。据记载，唐伯虎和祝枝山、文徵明、周文宾"明代四才子"合璧，还曾留下一首绝佳的茶诗。一日四人结伴同游至泰顺（今属浙江温州）境内，酒足饭饱之后，昏昏欲睡。唐伯虎说："久闻泰顺茶叶乃茶中上品，何不沏上四碗，借以提神。"顷刻间，香茶端上。祝枝山说："品茗岂可无诗？不妨以品茗为题，各吟一句，联成一绝。"于是一人一句诗联一绝："午后昏然人欲眠（唐伯虎），清茶一口正香甜（祝枝山）。茶余或可添诗兴（文徵明），好向君前唱一篇（周文宾）。"唐寅还作画《茗事图卷》《事茗图》，表达了其豁达自信和洁身自好的心态，并留有多首茶诗，其中《阳羡茶》《翠峰游》赞美的是宜兴和家乡苏州的历史名茶。

唐寅画作

MONDAY. NOV 20, 2023

2023 年 11 月 20 日

农历癸卯年·十月初八

11月20日

星期一

🐰 今日生命叙事

早起＿＿点，午休＿＿点，晚安＿＿点，体温＿＿，体重＿＿，走步＿＿

今日喝茶：绿□　　白□　　黄□　　青□　　红□　　黑□　　花茶□

正能量的我

经典名茶·花砖茶（千两茶）

花砖茶（千两茶），黑茶类，清道光年间（1821—1850年）始创于湖南省益阳市安化县江南镇一带。因其以每卷（支）的茶叶净含量合"老秤一千两"而得名，因其外表的篾篓包装成花格状，故又名花卷茶、千两茶。20世纪50年代末，白沙溪茶厂开创了以机械生产花卷茶砖取代千两茶，而停止了千两茶的生产（1983年恢复），花卷茶砖也称花砖茶。

花砖茶切片

花砖茶形状虽然与花卷不同，但内质基本相同，压制花砖茶的原料大部分采用的是三级湖南黑毛茶，及少量降级的二级湖南黑毛茶，总含梗量不超过15%。生产干毛茶原料的鲜叶，一般采用大叶种，采摘标准为1芽4～5叶及成熟对夹叶，此类鲜叶制成的干毛茶一般为二级6等，三级7等或8等。黑茶鲜叶采摘不忌讳雨水叶，但不采虫叶、病叶。

花砖茶压制要经过筛分、风选、破碎、拼配工序制成半成品，半成品再经过蒸压、烘焙与包装才制成品。

花砖茶成品外形长35厘米、宽18厘米、厚3.8厘米，每片砖净重均为2千克；正面边有花纹，砖面色泽黑褐；内质香气纯正，滋味浓厚微涩，汤色红黄微暗，叶底暗褐尚匀。

泡饮花砖茶时，茶水比为1∶30，粗老砖茶为1∶20；选用紫砂壶、陶壶时，投茶量7克；选用如意杯（飘逸杯）时，投茶量15克；均用开水冲泡。

TUESDAY. NOV 21, 2023

2023年11月21日

农历癸卯年·十月初九

11月21日

星期二

🐰 今日生命叙事

早起＿＿点，午休＿＿点，晚安＿＿点，体温＿＿，体重＿＿，走步＿＿

今日喝茶：绿□　白□　黄□　青□　红□　黑□　花茶□

正能量的我

节气和茶·小雪

> 虹藏不见始花雪,闭塞寒菜吃糍粑。
> 柴米油盐酱醋茶,琴棋书画诗花叶。
> 尺纸泼墨情奔放,泊园听雪心静洁。
> 煮茶焚香啃书夜,只待雪狂梅放节。

今日小雪(农历癸卯年十月初十亥时,公历 2023 年 11 月 22 日 22 时 2 分)。

小雪是农历二十四节气中的第 20 个节气。小雪,降水类节气,表示开始下雪。

小雪物候:初候虹藏不见;二候天气上升地气下降;三候闭塞而成冬。

小雪节气,南方地区的北部开始进入冬季,而北方地区已进入封冻季节,长江中下游地区则陆续进入冬季的阴雨湿冷天气。这时的茶树在冬季休眠期,停止采摘制茶。

小雪节气里,喝什么茶?小雪时节,顺应养护阳气,祛寒暖胃,助温补益肾,安神养志,适宜饮红茶(政和工夫、坦洋工夫、白琳工夫、祁红、英德红茶)、白茶(白牡丹、寿眉,均 3 年以上)、黑茶(黑砖茶、金尖茶、广西六堡茶,均 3 年以上),还要注意喝热茶水,不喝凉茶水。

小雪·倒挂金钟

WEDNESDAY. NOV 22, 2023
2023年11月22日
农历癸卯年·十月初十

11月22日

星期三 小雪

🐰 **今日生命叙事**

早起＿＿点，午休＿＿点，晚安＿＿点，体温＿＿，体重＿＿，走步＿＿

今日喝茶：绿□　　白□　　黄□　　青□　　红□　　黑□　　花茶□

正能量的我

中国茶历

1122

节气茶点·小雪

牛舌饼

小雪节气里喝茶,讲究节气养生,适宜饮红茶、白茶、黑茶;选用茶点心,讲究对应小雪节气养生,留意民俗文化。

小雪节气总的饮食原则是省咸少辛,宜温补,选用茶点心宜甘甜微辛。可选用:

牛舌饼,食材有小麦粉、猪油、白砂糖、植物油、麦芽糖、食用盐、香辛料。

苹果酥,食材有苹果馅、小麦粉、白砂糖、奶粉、蛋黄粉。

苹果酥

小雪枣,食材有糯米、面粉、食用油、白砂糖、食用盐等。

白双麻饼,食材有小麦粉、白芝麻仁、白砂糖、麦芽糖、猪油。

适宜小雪节气的茶点心形形色色,选用时应留意民俗文化,如白雪节等;点心造型少不了:蝙蝠形,五只蝙蝠寓意"五福临门"(长寿、富贵、康宁、好德、善终)。

小雪枣

白双麻饼

THURSDAY. NOV 23, 2023
2023 年 11 月 23 日
农历癸卯年·十月十一

11月23日

星期四

🐰 今日生命叙事

早起___点，午休___点，晚安___点，体温___，体重___，走步___

今日喝茶：绿□　白□　黄□　青□　红□　黑□　花茶□

正能量的我

经典名茶·康砖

康砖,黑茶类,产于四川的荥经、雅安、天全、名山、邛崃等地,创制于清代乾隆年间。

康砖是蒸压而成的砖形茶。其原料有"做庄茶"、级外晒青茶、条茶、茶梗、茶果等制成的毛茶。毛茶原料需进行杀青、渥堆、初干蒸揉等工序制作而成。毛茶干燥后,再经筛分、切铡整形、风选、拣剔等工序加以整理归堆,按标准合理配料,经过称量、汽蒸、筑压、干燥等工序最后加工成康砖。

康砖成品外形长17厘米、宽9厘米、厚6厘米,每块砖净重均为0.5千克;外形圆角枕形,表面平整,紧实,洒面均匀明显,无脱层脱落,色泽棕褐,砖内无黑霉、白霉、青霉等霉菌。内质香气纯正,具有老茶的香气;汤色红褐,尚明,滋味纯尚浓,叶底棕褐欠匀。

泡饮康砖时,茶水比为1:20,投茶量7克,水140克(毫升);主要泡茶具首选容量150毫升的盖碗;把水烧开时冲泡茶叶,茶汤用公道杯均分茶盅后饮用。

康砖饮用方法多样,煎、煮、冲泡、提汁、干嚼均可;茶汁可以与多类食物和饮液混合食用,如中草药、谷物、奶乳、水果、植物汁、盐、糖等。

品赏康砖有四绝,即"红、浓、陈、醇"。

康砖茶

FRIDAY. NOV 24,2023
2023年11月24日
农历癸卯年·十月十二

11月24日

星期五

🐰 **今日生命叙事**

早起____点，午休____点，晚安____点，体温____，体重____，走步____

今日喝茶：绿☐　白☐　黄☐　青☐　红☐　黑☐　花茶☐

正能量的我

中国茶历

经典名茶·泰山女儿茶

泰山女儿茶

泰山女儿茶,绿茶类,产于山东省泰安市泰山风景区。从1966年起,泰安开始引种茶树。泰山脚下的女儿茶园成为我国最北方的茶叶种植基地。该产茶区纬度高、光照时间长、昼夜温差大,茶树休眠期长,采摘期短,所产茶叶叶片肥厚坚结,茶汤色清澈晶莹、碧绿娇嫩,饮之回味醇美,沁人心脾,有浓厚的泰山板栗香气,香高味浓,留香长久。

最早的女儿茶并不是真正意义上的茶。原来的女儿茶是泰山所特有的一种青桐树的嫩芽。据明嘉靖年间(1522—1566年)所修《泰山志》记载:"茶薄产岩谷间,山僧间有之,而城市则无也。山人采青桐芽,曰女儿茶……清香异南茗。"另外明万历年间(1573—1620年)文士李日华在《紫桃轩杂缀》亦记载:"泰山无茶茗,山中人摘青桐芽点饮,号女儿茶。"可见女儿茶确是出自泰山。明万历年间泰安诗人宋焘在《我思泰山高》诗中写道:"携我寻真者,酌彼以青筒(桐)。至味元无味,恬然自不穷。"泰山扇子崖青桐涧旧有青桐,女儿茶或产于此处。也许是因为这种茶鲜嫩清香如少女,故而得名女儿茶。

《红楼梦》第六十三回中有一段情节:贾宝玉"怡红开夜宴"之后,恰逢林之孝家的带了几个女人来巡夜,问起宝玉睡了没有,并吩咐袭人,该给他沏些普洱茶吃。袭人和晴雯应答:"沏了一盏子女儿茶,已经吃过两碗了。"

古今说的不是同一种茶这不奇怪。明代宁王朱权所著《茶谱》说,古代茶树并不是生物学上的种属名称,而是泛指一切可以采叶制茶的树种。

SATURDAY. NOV 25，2023
2023 年 11 月 25 日
农历癸卯年·十月十三

11月25日

星期六

🐰 **今日生命叙事**

早起___点，午休___点，晚安___点，体温___，体重___，走步___

今日喝茶：绿☐ 白☐ 黄☐ 青☐ 红☐ 黑☐ 花茶☐

正能量的我

中国茶฿

中国茶历
1125

经典名茶·老君眉

老君眉

清代曹雪芹著《红楼梦》是中国古典名著,在第四十一回"栊翠庵茶品梅花雪",就有妙玉给贾母奉茶"老君眉"。

老君眉,黄茶类,是黄茶类君山银针中的珍品,产于湖南省岳阳市洞庭湖中的君山岛上的历史茶园,茶叶于每年清明节前3天采摘,为历史名茶。《红楼梦》第四十一回"栊翠庵茶品梅花雪"中,写贾母来到栊翠庵,妙玉招待吃茶时,贾母道:"我不吃六安茶。"妙玉笑说:"知道,这是老君眉。"这段话说出了两个茶名:六安茶、老君眉。《红楼梦》(人民文学出版社1985年版)注释为:"老君眉,湖南洞庭湖君山所产的白毫银针茶,精选嫩芽制成,满布毫毛,香气高爽,其味甘醇,形如长眉,故名'老君眉'。"

老君眉成品茶叶外形独特美观,内质色香味优异,其形似眉,条索紧细,汤色翠绿,清澈明亮,香气清纯,底蕴浓郁,滋味醇厚,甘甜爽口,叶底嫩绿,清亮匀整。

泡饮老君眉时,每人可用一只容量126毫升的盖碗作为泡具和饮具,茶水比为1∶50,投茶量2克,水100克(毫升),泡茶水温宜水烧开后降温至85℃。冲泡主要步骤:温茶碗内凹,投入茶叶后,采用"环圈法"注水,水量达到茶碗八分后,再合上茶盖。当茶碗中茶汤的水温降至适口时,趁温热品饮。如觉茶汤淡,可用茶盖拨动茶叶使其翻滚后再品饮。

SUNDAY. NOV 26, 2023
2023年11月26日
农历癸卯年·十月十四

11月26日

星期日

🐰 **今日生命叙事**

早起____点，午休____点，晚安____点，体温____，体重____，走步____

今日喝茶：绿☐　白☐　黄☐　青☐　红☐　黑☐　花茶☐

正能量的我

经典名茶·椪风乌龙

椪风乌龙,乌龙茶(青茶)类,又称膨风茶、东方美人茶、白毫乌龙、香槟乌龙,为新创名茶。椪风乌龙主要产自中国台湾的新竹县、苗栗县及台北县坪林、石碇两大茶产区,包装名称各地不同,其中产于新竹县北浦乡的椪风乌龙,名"膨风茶"或"椪风茶";产于新竹县峨眉乡的,名"东方美人茶";产于苗栗县头伤乡、三湾乡的,则沿用旧称"番庄乌龙"。

椪风乌龙茶叶采摘期在夏季六七月,即端午节前后10天。采摘经茶小绿叶蝉吸食的青心大茶树嫩芽,1芽1～2叶。

制茶工序是日光萎凋、室内静置及搅拌、炒青、覆布回润(这道以布包裹置入竹篓或铁桶内的静置"覆布回润"或称回软的二度发酵工序)、揉捻、解块、烘干。发酵程度50%～60%。

椪风乌龙成品茶叶外形条索舒松,枝叶连理,白绿黄红褐五色相间,白毫显露,汤色呈琥珀茶色,具熟果香、蜜糖香,滋味圆柔醇厚,叶底红绿微亮。

泡饮椪风乌龙时,每人可用一只容量126毫升的盖碗作为泡具和饮具,茶水比为1:35,投茶量3克,水105克(毫升),水烧至100℃。冲泡主要步骤:温茶碗内凹,投入茶叶后,采用"单边定点法"注水,水量达到茶碗八分后,再合上茶盖。当茶碗中茶汤的水温降至适口时,趁温热品饮。如觉茶汤淡,可用茶盖拨动茶叶使其翻滚后再品饮。

椪风乌龙

MONDAY. NOV 27, 2023

2023 年 11 月 27 日

农历癸卯年·十月十五

11月27日

星期一

🐰 **今日生命叙事**

早起____点，午休____点，晚安____点，体温____，体重____，走步____

今日喝茶：绿□　白□　黄□　青□　红□　黑□　花茶□

正能量的我

经典名茶·白芽奇兰

白芽奇兰

白芽奇兰,乌龙茶(青茶)类,产于福建省平和县。因传说中,此茶的母树在平和县崎岭乡彭溪"水井"边,新萌发出的芽叶呈白绿色,制成的茶叶具有奇特的兰花香味,因此将棵母树所生产的茶叶,取名为"白芽奇兰"。20世纪90年代恢复生产。

茶叶于4月下旬末至5月上旬初采摘。采用从当地群体种中用单株育种法育成的珍稀乌龙茶新良种的茶树鲜叶,采摘标准为:茶树新梢长到驻芽2～3叶,最多不宜超过4叶,一般有10%～15%芽达到小一中开面即可采摘(有的可适当提早),其中春茶以顶叶开展60%～70%,夏暑茶以顶叶开展40%～50%、秋冬茶以顶叶开展50%～60%时最适合采摘。

制茶工序是晒表、揉捻、初焙与初包揉、复焙与复包揉、烘干、筛分、风选、拣剔、烘焙、包装成品。

白芽奇兰成品茶叶外形紧结匀整,色泽翠绿油润;香气清高持久,兰花香味浓郁,滋味醇厚,鲜爽回甘;汤色杏黄清澈明亮,叶底肥软。嗅闻白芽奇兰茶干茶,能闻到幽香,冲泡后兰花香更为突出,这是白芽奇兰特点。

泡饮白芽奇兰时,每人可用一只容量126毫升的盖碗作为泡具和饮具,茶水比为1:35,投茶量3克,水105克(毫升),水烧至100℃。冲泡主要步骤:温茶碗内凹,投入茶叶后,采用"单边定点法"注水,水量达到茶碗八分后,再合上茶盖。当茶碗中茶汤的水温降至适口时,趁温热品饮。如觉茶汤淡,可用茶盖拨动茶叶使其翻滚后再品饮。

TUESDAY. NOV 28，2023

2023 年 11 月 28 日

农历癸卯年·十月十六

🐰 今日生命叙事

早起＿＿点，午休＿＿点，晚安＿＿点，体温＿＿，体重＿＿，走步＿＿

今日喝茶：绿☐　白☐　黄☐　青☐　红☐　黑☐　花茶☐

正能量的我

11月28日

星期二

茶文创·中国茶会、日、集、节

"中华文化延续着我们国家和民族的精神血脉,既需要薪火相传、代代守护,也需要与时俱进、推陈出新"。中华茶文化需要"找到传统文化和现代生活的连接点",可以创新的活动形式有:会、日、集、节,分设在四季开展全国性、普及性的文化活动,每年定期在全国推动实施。

会。"春天茶会",设在春季,"立春"节气。

"立春"常在春节假期里,可以在这天举办以家庭为主的"春天茶会",传承"吃年茶"的文化内容,提升春节期间大众的文化生活品质。

日。国际茶日,设在夏季,时间接近于"小满"节气。

2019年11月27日,第74届联合国大会宣布将每年5月21日设为"国际茶日",以赞美茶叶对经济、社会和文化的价值。每年这个时候,春茶采摘结束夏茶开采,雨水丰盈,初夏时节,也利于户外活动。

集。"仲秋雅集",设在秋季,中秋假日(中秋节的次日)。

中秋节是饱含人文情感的民俗节日,唐代,中秋有普众团圆也有文人阶层的高雅活动,如今也可推出文化底蕴高雅又丰富的中秋节活动"仲秋雅集"。"月明风露照影清,玉兔广袖敲茶臼,吴刚伐桂飞嘉木,天涯共此遥夜游",吴刚伐桂,也只有八月十六日这一天"嘉叶"会飘向人间,故可以在中秋次日组织"仲秋雅集"。

节。"欢庆茶节",设在冬季,"立冬"节气。

立冬,茶树早已进入冬季休眠期,不采摘制茶。而当年的绿茶、白茶、黄茶、乌龙茶、红茶、黑茶、茉莉花茶也都完成新茶入仓。立冬节气"万物收藏",冬季是享受丰收、休养生息的季节,立冬在古代民间是"四时八节"之一,作为重要节日来庆贺的,可以在每年的这一日,组织茶叶开仓、竞售等相关的消费狂欢活动,文称福茶节、欢庆茶节,激发广大茶叶爱好者"买买买""卖卖卖"。

WEDNESDAY. NOV 29，2023

2023 年 11 月 29 日

农历癸卯年·十月十七

11月29日

星期三

🐰 **今日生命叙事**

早起____点，午休____点，晚安____点，体温____，体重____，走步____

今日喝茶：绿☐　白☐　黄☐　青☐　红☐　黑☐　花茶☐

正能量的我

茶文创·中国茶叶谱系代表品

茶叶谱系是指茶叶生产历史变化形成的茶叶品种分布、分支的系统。世界上第一部茶叶专著陆羽《茶经》是茶叶谱系的源起。中国茶叶谱系代表品，是以茶叶实物释注茶谱系中茶叶品种的历史文化形态积淀和不同品种的独特韵味。中国茶叶谱系代表品的特质：原料可溯、采制循序、品种标杆、谱系典集。中国茶叶谱系代表品是中国茶叶的品中精粹，是茶叶区域公用品牌的物化形象。中国茶叶谱系代表品树立的是茶叶消费的品种标杆，搭建的是优质企业茶产品与购买者的消费平台（桥梁）。

学术基础：中国茶叶谱系代表品的分类及坐标系的创立基础参考有陈椽茶学家创立的"茶叶分类学"（论文），宛晓春主编的《中国茶谱》（图书，中国林业出版社出版），陈伟群主编的《中国茶历》（图书，中国林业出版社出版）等。

创新运用：中国茶产业互联网综合服务平台——福茶网，发起并组成中国茶叶谱系推广委员会，由福茶网特聘专家陈伟群主持，并引进"中国茶叶未来商业模式课题组研究成果"，依循公开、公平、公正、公益的原则和专业流程评定中国茶叶谱系代表品，评定成果在福茶网发布，并由福茶网小程序、福茶云仓等营销流通环境全面开展"代表品营销"。

积极作用：评定中国茶叶谱系代表品是全国首创，诠释的是中国茶叶各产区的茶叶公用品牌的茶叶消费的品种标杆，很准确且具体地指向品种产品给消费者。评定中国茶叶谱系代表品凸显茶叶区域公用品牌特色，又扶持中小企业，也有利于培育综合服务茶产业发展生态圈。

THURSDAY. NOV 30, 2023

2023 年 11 月 30 日

农历癸卯年·十月十八

11月30日

星期四

🐰 今日生命叙事

早起____点，午休____点，晚安____点，体温____，体重____，走步____

今日喝茶：绿☐　白☐　黄☐　青☐　红☐　黑☐　花茶☐

正能量的我

茶妙语·茶叶茶联

扬子江中水,蒙山顶上茶。(蒙顶山茶)
紫芽白蕊岭头来,吃茶且坐;陆羽觉农圣驾去,余韵犹香。(长兴紫笋茶)
碧玉瓯中翠涛起,武夷山外美名扬。(武夷岩茶)
溪边奇茗冠天下,武夷仙人从古栽。(武夷岩茶)
匡庐奇秀甲天下,云雾醇香益寿年。(庐山云雾茶)
院外风荷西子笑,门前龙井女儿红。(西湖龙井茶)
毛峰竞翠,黄山景外无二致;兰雀弄舌,震旦国中第一奇。(黄山毛峰茶)
川迥洞庭开,君山拔萃尘心去;境清天趣尽,云彩镶金好月来。(君山银针茶)
淡扫明湖开玉镜,妙着神笔画君山。(君山银针茶)
川迥洞庭开美景,金镶玉色画君山。(君山银针茶)
金镶玉色尘心去,川迥洞庭好月来。(君山银针茶)
七泡余香溪月露,满心喜乐岭云涛。(安溪铁观音茶)
香陈九畹芳兰气,品尽千年普洱情。(云南普洱茶)
祁红特绝群芳最,清誉高香不二门。(祁门红茶)
冻顶乌龙腾四海,茶中圣品味一流。(冻顶乌龙茶)
窨得茉莉无上味,列作人间第一香。(苏州茉莉花茶)
碧翠飞翠太湖美,新雨吟香云水闲。(太湖碧螺春茶)
试待清明风景画,素描谷雨碧螺春。(太湖碧螺春茶)
雪芽芳香孝匀生,不亚龙井碧螺春。(都匀毛尖)

FRIDAY. DEC 1, 2023

2023年12月1日

农历癸卯年·十月十九

12月1日

星期五

🐰 **今日生命叙事**

早起___点，午休___点，晚安___点，体温___，体重___，走步___

今日喝茶：绿☐　白☐　黄☐　青☐　红☐　黑☐　花茶☐

正能量的我

中国茶历

1201

茶妙语·茶亭茶联

不烦好雨频来，无限清风留客坐；
休怯斜阳欲坠，满途明月照人归。（古时通用茶亭联）
紫气玉碗盛含仙掌露；
霞光金芽微带碧泉珠。（湖南名胜紫霞峒小凉亭）
山好好，水好好，开门一笑无烦恼；
来匆匆，去匆匆，饮茶几杯各西东。（福州茶亭）
一掬甘泉好把清凉洗热客，
两头岭路须将危险话行人。（绍兴驻跸岭茶亭）
烦我常迎三千客，劝君且饮一杯茶。（洛阳古道茶亭）
红透夕阳，好趁馀辉停马足；
茶烹活水，须从前路汲龙泉。（衡山望岳门外红茶亭）
试第二泉，且对明亭黯笑；
携小团月，分尝山茗溪茶。（无锡惠山二泉亭）
处处通途，何去何从？求两餐，分清邪正；
头头是道，谁宾谁主？吃一碗，各自西东。（广州长三眼桥茶亭）
两脚不离大道，吃紧关头，须要认清岔道；
亭俯着群山山，站高地步，自然赶上前人。（贵阳图云关茶亭）
南南北北，总须历此关头，且望断铁门限，各夏水冬汤，应接过去现在未来三世诸佛上天下地；
东东西西，那许瞒了脚跟，试竖起全刚拳，击晨钟暮鼓，唤醒眼耳鼻舌身意六追众生吃饭穿衣。（休宁茶亭）
世间重任实难挑，菱角凹中，也好息肩聊坐凳；
天下长途不易走，梅花岭上，何妨歇脚慢斟茶。（大埔县岩山清凉茶亭）
重重叠叠山，曲曲环环路；
高高下下树，叮叮咚咚泉。（杭州九溪十八涧茶亭）
为名忙，为利忙，忙里偷闲，吃杯茶去；
谋衣苦，谋食苦，苦中作乐，拿杆烟来。（上饶茶亭）
春从何处归来，恰楚尾吴头，尽流连永昼茶香，斜阳暖酒；茶比去年好否，正千金一刻，最珍重绿杨城郭，红透台阶。（扬州公园茶亭）

SATURDAY. DEC 2, 2023

2023年12月2日

农历癸卯年·十月二十

12月2日

星期六

🐰 今日生命叙事

早起___点，午休___点，晚安___点，体温___，体重___，走步___

今日喝茶：绿□　白□　黄□　青□　红□　黑□　花茶□

正能量的我

中国茶历

1202

茶妙语·茶室茶联

扫地烹泉,舌底朝朝茶味;
开窗染翰,眼前处处诗题。(古代茶室通用联)
堆叶扫云寻老子,烹茶读易梦周公。(南安的茶室)
草际摊径秋色老,水边试茗舌根香。(安溪的茶室)
闲扫白云眠石上,待随明月过山前。(泉州的茶室)
小天地,大场合,让我一席;
论英雄,谈古今,喝它几杯。(泉州的茶室)
竹雨松风琴韵,茶烟梧月书声。(北京的茶室)
恒将雨露滋仙掌,泰转阳和益寿眉。(北京的茶室)
煮茗别开留客处,论文多近坐禅窗。(北京的茶室)
融通三教儒释道,汇聚一壶色味香。(合肥的茶室)
禅榻常闲,看袅袅茶烟随落花风去;
远帆无数,坐盈盈酒水从壁画溪来。(宜兴的茶室)
认春轩内一杯茶,春在堂皇前笑语哗。(德清的茶室)
汲来江水烹新茗,买尽青山作画屏。(镇江的茶室)
竹桌儿竹椅,坐客常满;瓷碟儿瓷碗,茶香飘散。(成都的茶室)
泉清让虎跑,茗贵称龙井。(杭州的茶室)

行书茶联

SUNDAY. DEC 3, 2023
2023 年 12 月 3 日
农历癸卯年·十月廿一

12月3日　星期日

🐰 今日生命叙事

早起＿＿点，午休＿＿点，晚安＿＿点，体温＿＿，体重＿＿，走步＿＿

今日喝茶：绿□　白□　黄□　青□　红□　黑□　花茶□

正能量的我

···

···

得与天下同其乐，不可一日无此君。（杭州的茶室）
座畔花香留客饮，壶中茶浪拟松涛。（杭州的茶室）
欲把西湖比西子，从来佳茗似佳人。（杭州的茶室）
泉从石出情宜冽，茶自峰生味更圆。（杭州的茶室）
鱼乐人为乐，泉清心共清。（杭州的茶室）
扫来竹叶烹茶叶，劈碎松根煮菜根。（青城山的茶室）
一瓯香茗，涤我尘襟，借问往来船，载多少画意诗情，好传韵事；
万里晴空，豁人心目，欲语登临者，看几次朝瞰夕照，珍惜流光。（重庆的茶室）
泉烹苦茗琉璃碧，菊酿香醪琥珀黄。（香港的茶室）
竹韵松风清自选，花触茗碗静相宜。（香港的茶室）
帘疏榻静闲中趣，茶熟香清世外情；
闲中检点平生事，静里思量日所为。（香港的茶室）
茶香留味永，蔬食助神清。（南京的茶室）
仙露流云名山妙品，铜瓶石鼎雅士高风。（天津的茶室）
客来翠竹茶烟外，人生兰幽云意间。（天津的茶室）
佛脚清泉，飘飘飘飘，飘下两条玉带；
源头活水，冒冒冒冒，冒出一串珍珠。（济南的茶室）
常德德山山有德，长沙沙水水无沙。（长沙的茶室）

茶妙语·茶馆茶联

清泉烹雀舌,活水煮龙团。(古时通用茶馆联)
大碗茶广交九州宾客,老二分奉献一片丹心。(北京)
半榻梦刚回,活火初煎新涧水;
一帘春欲暮,茶烟细荡落春风。(广州)
陶潜喜饮,易牙喜烹,饮烹有度;
陶侃惜分,夏禹惜寸,分寸无遗。(广州)
独携天上小团月,来试人间第二泉。(南京)
到处是楼台,恨无茅屋三间,闲来赏雨;
偶然值亲友,犹有冰心一片,相与谈天。(南京)
一杯春露暂留客,两腋清风几欲仙。(杭州)
无事且临溪,喝杯茶去;有泉可濯足,得空再来。(杭州)
小住为佳,且吃了赵州茶去,
日归可缓,试同歌陌上花开。(杭州)
佳肴无肉亦可,雅淡离我难成。(扬州)
花笺茗碗香千载,云影波光活一楼。(成都)
为名忙,为利忙,忙里偷闲,且喝一杯茶去;
劳心苦,劳力苦,苦中作乐,再倒一杯酒来。(成都)
最宜茶梦同圆,海上壶天容小隐;
休得酒家借问,座中春色亦常留。(上海)
客上天然居,居然天上客;
人来交易所,所易交来人。(上海)
楼外是五百里嘉陵,非道子一笔画不出;
胸中有几千年历史,凭卢仝七碗茶引来。(重庆)
花笺茗碗香千载,云影波光活一楼。(成都)
客来能解相如渴,火候闲评坡老诗。(长沙)
欢乐年年享春茗,一堂济济香满楼。(香港)
楼上一层,看塔院朝瞰,湖天夜月,
客来两地,话武林山水,泸渎莺花。(嘉兴)

MONDAY. DEC 4, 2023

2023 年 12 月 4 日

农历癸卯年·十月廿二

12月4日 星期一

🐰 **今日生命叙事**

早起___点,午休___点,晚安___点,体温___,体重___,走步___

今日喝茶:绿☐ 白☐ 黄☐ 青☐ 红☐ 黑☐ 花茶☐

正能量的我

偷得浮生一时闲,寻到茶艺万般情。(台湾)
酒后高歌,听一曲铁板铜琶,唱大江东去;
茶边话旧,看几番星辂露冕,从淮海南来。(镇江)

茶妙语·茶歇后语

口渴遇见卖茶人——正合适
茶壶里洗茶盖——折腾不开
冷水泡茶——无味
春茶尖儿——又鲜又嫩
茶铺里的水——滚开
滚水泡茶——又浓又香
玻璃杯沏茶——看到底
茶里放盐——惹人嫌(咸)
爆米花沏茶——泡汤了
阿庆嫂倒茶——滴水不漏
不倒翁沏茶——没水平

茶炉上小锅里的水——沸腾不止
服务员上茶——和(壶)盘托出
茶馆里伸手——胡(壶)来
抱着茶壶喝水——嘴对嘴
茶壶茶盖——不分离
茶壶里喊冤——胡(壶)闹
茶壶里煮挂面——难怪(拐)
茶壶里开染坊——无法摆布
茶壶里贴饼子——无法下手
茶壶没肚儿——光剩嘴
盖碗儿盖上放鸡蛋——靠不住

茶具也有茶妙语

TUESDAY. DEC 5，2023
2023 年 12 月 5 日

农历癸卯年·十月廿三

🐰 今日生命叙事

早起____点，午休____点，晚安____点，体温____，体重____，走步____

今日喝茶：绿☐　白☐　黄☐　青☐　红☐　黑☐　花茶☐

正能量的我

12月5日 星期二

中国茶历

1205

茶旅·最早的茶农生息地之旅

茶旅

这条线路位于云南省临沧市凤庆县。凤庆是世界滇红之乡,种茶、制茶历史悠久,境内有树龄3200多年的香竹箐栽培型古茶树——锦绣茶王,还有茶园30万亩。

线路一:临沧机场—冰岛湖景区—大浪坝景区—双江—临翔碗窑—南美草山。

第一天,到达双江游览冰岛湖景区、大浪坝景区,探秘世界上最大的万亩野生茶树群落,畅游冰岛湖,品尝高端的冰岛普洱茶;亲身参与采茶、制茶、品茶活动,感受各民族的茶歌、茶舞、茶药、茶艺、茶道,与世界最早的茶农布朗族人一起体验日出而耕,日落而息的生活。晚餐可品尝茶叶宴,当天住在双江。

第二天,从双江乘车到临翔游碗窑,看西南最大龙窑,来一次"人鬼情未了"的亲身制陶体验;游南美草山,赏花、漫步、小憩,感受草场的旷远和浩渺。

线路二:临沧机场—凤庆—滇缅铁路遗址—茶马古道—鲁史古镇—古墨村—凤庆文庙—滇红集团—石洞寺景区—临沧机场。

WEDNESDAY. DEC 6，2023

2023 年 12 月 6 日

农历癸卯年·十月廿四

🐰 今日生命叙事

早起____点，午休____点，晚安____点，体温____，体重____，走步____

今日喝茶：绿□　白□　黄□　青□　红□　黑□　花茶□

正能量的我

　　第一天，到达凤庆，游滇缅铁路遗址，探秘茶马古道，游鲁史古镇，到徐霞客喝茶的地方品味人生，一砖、一瓦、一屋，任思绪蹁跹；游古墨村，走在布满马蹄印的青石板小路上，铃铛晃荡的马帮与自己擦肩而过。晚餐品尝凤庆美食，当天住在凤庆。

　　第二天，走进云南第二大孔庙——凤庆文庙，参观滇红集团，品滇红茶，体验滇红茶制作工艺；游石洞寺景区，赏九蕊十八瓣古山茶树，到云岩双阁感受清净优雅的道教气息。

节气和茶·大雪

鹖旦不鸣花雪漫,九天仙子荔挺出。
茶丛冬眠睡成团,石磬披装固生暖。
日出万点雪峰晴,雪藏数载水滴丹。
心有百花盛开季,煮雪试茶盅绽放。

今日大雪(农历癸卯年十月廿五酉时,公历 2023 年 12 月 7 日 17 时 33 分)。

大雪是农历二十四节气中的第 21 个节气。大雪,降水类节气,表示降雪量增多,地面可能积雪。

大雪物候:初候鹖鴠不鸣;二候虎始交;三候荔挺出。

大雪的意思是天气更冷了,降雪的可能性比小雪时更大了、更多。虽因地域不同而物候各异,但趋势却一致,此时气温更低,白昼更短。这时的茶树在冬季休眠期,停止采摘茶叶。

大雪节气里,喝什么茶?大雪时节,应养阴护阳,保护呼吸道和胃肠,保暖祛寒;适宜饮乌龙茶(文山包种、武夷岩茶、冻顶乌龙)、白茶(白牡丹、寿眉,均 5 年以上)、黑茶(青砖茶、普洱熟茶、广西六堡茶,均 3 年以上),还要注意喝热茶水,不喝凉茶水;在供暖地区生活的人们,可以喝点绿茶。

大雪·红花羊蹄甲

THURSDAY. DEC 7, 2023

2023 年 12 月 7 日

农历癸卯年·十月廿五

12月7日

星期四

大雪

🐰 今日生命叙事

早起___点，午休___点，晚安___点，体温___，体重___，走步___

今日喝茶：绿☐　白☐　黄☐　青☐　红☐　黑☐　花茶☐

正能量的我

中国茶历

1207

节气茶点·大雪

红枣糕

栗蓉酥

双麻饼

大雪节气里,喝茶讲究节气养生,适宜饮乌龙茶、白茶、黑茶;选用茶点心,讲究对应大雪节气养生,留意民俗文化。

大雪节气总的饮食原则是省咸增苦,宜温补。选用茶点心宜甘甜微辛,少吃冷硬之物。可选用:

红枣糕,食材有黑小麦、黑香米、黑玉米、黑小米、黑芝麻五类养生黑粗粮为主要原料,配以大红枣、蜂蜜以及核桃仁。

栗蓉酥,食材有栗蓉馅、小麦粉、糖浆、低聚异麦芽糖、植物油。

双麻饼,食材有小麦粉、芝麻、白砂糖、麦芽糖、猪油。

红豆烧,食材有红豆粒馅、小麦粉、人造奶油、白砂糖、鸡蛋。

适宜大雪节气的茶点心形形色色,选用时应留意民俗文化,如赏雪景、祭牧神等;点心造型少不了:双虎(虎虎生威、虎头虎脑)、兰花、鱼等。

FRIDAY. DEC 8, 2023

2023年12月8日

农历癸卯年·十月廿六

12月8日

星期五

🐰 **今日生命叙事**

早起___点，午休___点，晚安___点，体温___，体重___，走步___

今日喝茶：绿□　白□　黄□　青□　红□　黑□　花茶□

正能量的我

中国茶历

1208

茶产地·茶树发源地

我国西南地区是茶树发源地。

从近缘植物分布看,茶在植物学分类中属于山茶科山茶属。世界上已发现的山茶科植物有36属700余种,我国就有15属480余种,且大部分分布在我国云南、贵州、四川、重庆一带;世界上已发现的山茶科山茶属植物有280余种,其中我国有238种;世界上已发现的山茶科山茶属茶组植物有37个种和3个变种,共40种,我国有38种,其他2种分别在我国与越南边界的越南一侧、我国与缅甸边界的缅甸一侧。从地质变迁看,我国西南地区有川滇河谷和云贵高原,既有起伏的群山,又有纵横交错的河谷,形成了许许多多的小地貌区和小气候区。因此,原来生长在这里的茶树,逐渐分布在热带、亚热带和温带地区之中,从而使最初的茶树原种逐渐向两极延伸、分化,最终出现了茶树的种内变异,发展成了热带型和亚热带型的大叶种和中叶种茶树,以及温带型的中叶种和小叶种茶树。

从茶树的自然分布看,茶树所属的山茶科山茶属植物起源于上白垩纪至新生代第三纪,它分布在劳亚古大陆的热带和亚热带地区。我国西南地区位于劳亚古大陆的南缘,在地质上的喜马拉雅山运动发生前,这里气候炎热,雨量充沛,是当地热带植物区系的大温床。自第四纪以来,现在的云南、四川南部和贵州一带,由于受到冰河期灾害较轻,保存有世界上数量最多、树型最大的野生茶树,并且不仅有大叶种、中叶种和小叶种茶树,又有乔木型、小乔木型和灌木型茶树。

从茶树的进化类型看,凡是原始型茶树比较集中的地区,当属茶树的发源地。茶学工作者的长期调查研究和观察分析表明,我国西南(贵州、云南、四川、重庆)及其毗邻地区的野生大茶树,具有原始型茶树的形态特征和生化特性。

SATURDAY. DEC 9, 2023

2023 年 12 月 9 日

农历癸卯年·十月廿七

12月9日

星期六

🐰 今日生命叙事

早起____点，午休____点，晚安____点，体温____，体重____，走步____

今日喝茶：绿☐　白☐　黄☐　青☐　红☐　黑☐　花茶☐

正能量的我

茶产地·记载最早的茶产地

我国的古籍文献中,记载最早的茶产地是"巴蜀"。

西晋文学家孙楚(220—293年),字子荆,太原中都(今山西平遥)人,其传世诗歌《出歌》:"茱萸出芳树颠,鲤鱼出洛水泉。白盐出河东,美豉出鲁渊。姜桂茶荈出巴蜀,椒橘木兰出高山。蓼苏出沟渠,精稗出中田。"第五句便是"姜桂茶荈出巴蜀"。

东晋史学家常璩(约291—361年),字道将,蜀郡江原(今四川成都崇州)人。347年后,他专注于修史,于晋穆帝永和四年至永和十年(348—354年)撰写了《华阳国志》(《华阳国志》全书共十二卷,是中国现存最早、最完整的一部地方志,为研究中国西南地区地方历史、地理、人物等地方志著作。全书分为巴志,汉中志,蜀志,南中志,公孙述、刘二牧志,刘先主志等卷),其中的《巴志》载有"涪陵郡……惟出茶、丹、漆、蜜、蜡""什邡县,山出好茶""南安、武阳皆出名茶"。《巴志》中提到,周武王于公元前1066年联合巴蜀部落共同讨纣之后,封侯后将当地所产的茶列为贡品,并记载有"园有芳蒻香茗"。《南中志》载:"平夷县,郡治。有硃津、安乐水。山出茶、蜜。"

SUNDAY. DEC 10, 2023

2023年12月10日

农历癸卯年·十月廿八

12月10日

星期日

🐰 **今日生命叙事**

早起___点,午休___点,晚安___点,体温___,体重___,走步___

今日喝茶:绿□ 白□ 黄□ 青□ 红□ 黑□ 花茶□

正能量的我

茶产地·最早的古茶籽化石

1980年，我国的科研人员在贵州省晴隆县碧痕镇新庄云头大山，海拔1700米的深山老林中，发现了一块古茶籽化石。经中国科学院地球化学研究所和中国科学院南京地质古生物研究所鉴定，确认为四球茶籽化石，地质年代在晚第三纪至第四纪，距今至少已有100万年，是世界上迄今为止发现最古老的、唯一的茶籽化石。四球茶籽化石不是四粒茶籽化石。四球茶，是生长于贵州黔西南境内海拔1700～1950米群山茂林内的珍稀古茶树。这一块古茶籽化石的发现，把世界茶历史推进了一百万年以上，同时，也成了"茶起源于中国"的又一重要实物证据。百万年前的古茶籽化石，让人们透过时空隧道，看到了在低纬度、高海拔、寡日照、多云雾、无污染的广阔大地上，茶籽生长成林。

目前，贵州省有200年以上的古茶树15万株以上，其中千年以上古茶树近千株，各种类型的茶树品种资源达600余种。2017年8月3日，贵州省第十二届人民代表大会第二十九次会议常务委员会通过《贵州省古茶树保护条例》，明确落实了古茶树养护管理责任。

四球茶籽化石

四球茶籽鲜果

MONDAY. DEC 11, 2023

2023 年 12 月 11 日

农历癸卯年·十月廿九

12月11日

星期一

🐰 **今日生命叙事**

早起___点，午休___点，晚安___点，体温___，体重___，走步___

今日喝茶：绿□　白□　黄□　青□　红□　黑□　花茶□

正能量的我

中国茶历

1211

茶产地·中国海拔最高的产茶地

四川省九龙县天乡茶树

中国海拔最高的产茶地在四川省甘孜藏族自治州九龙县境内，海拔2500米左右的一片古树茶园。

九龙县的古树茶园夹在川藏茶马古道和滇藏茶马古道之间。古茶园位于两州三县（凉山州，甘孜州；九龙县，冕宁县，木里县）交界处。整个茶园依山而傍，临水而居。雅砻江水从古茶园的山脚滔滔不绝地流过。古茶园曾经是茶马古道上的一个驿站，藏在雪域秘境深处，得高山雪水之浇灌，吸冰川雪野之灵气，受高原充沛阳光之沐浴。古茶园茶叶纯天然，无污染，品质优良，全部采摘1芽1叶或1芽2叶制作。雪域高原茶叶成品冲泡后，汤色红亮，香气持久，味醇回甘，表现出雪域高原茶叶天然优异的内质。

中国海拔最高的当代农垦产茶场是西藏林芝市波密县（西北部）易贡乡易贡沟易贡茶场，茶叶种植的历史已有60年，它开创了西藏的种茶先河。

整条易贡沟有5000多亩的茶园，易贡沟谷地海拔2200米左右，易贡沟被两侧高大的雪山夹住，山巅上积着耀眼的雪，雪山之下的山坡上，植被浓密如地毯，山脚有伸展的蓝色易贡湖。这个地方的氧含量更高，沟谷中的阳光正宜，谷地上的茶，小气候湿润，深秋清晨的易贡沟被浓雾笼罩，草木的每一片叶子都被浓雾浸润，形成无数微小的水珠。1960年，根据当时西藏军区生产部指示，原18军和后续部队的部分干部战士留驻易贡，建设军垦农场，主要负责供应茶叶、水果等副食品。1963年，易贡军垦农场就近从四川名山县移植中小叶茶树试种，并取得成功。这次茶叶试种具有开创性的意义，开启了藏区规模化茶叶种植的历史。

TUESDAY. DEC 12, 2023

2023 年 12 月 12 日

农历癸卯年·十月三十

🐰 今日生命叙事

早起____点，午休____点，晚安____点，体温____，体重____，走步____

今日喝茶：绿☐　白☐　黄☐　青☐　红☐　黑☐　花茶☐

正能量的我

12月12日

星期二

中国茶历

1212

茶产地·中国最北端的产茶地

山东崂山茶产区

位于北纬 37.43° 的山东省蓬莱市刘家沟是中国最北端的产茶地。北纬 37.43° 对茶树来说不只是地理上的一个标志，而是这个纬度其实已经不适合茶树的生长。《中国茶树栽培学》中明示："茶树对生长的自然条件和水分条件要求很高，种植土壤要呈酸性，种植区域年降水量需在 1200 毫米以上，冬季温度不能低于 5℃，在北纬 30° 以北种植茶树的难成活。"

2011 年，蓬莱市茶叶研究所与山东省农业科学研究院茶学研究中心密切合作，建起了 100 余亩无性系茶树良种栽培试验基地，其间不断完善茶苗品质和生产技术。蓬莱刘家沟这个背风的山坡，以其独特的气候条件、水文条件和地质条件产出具有叶片肥厚，冲泡、内质好，滋味浓和香气高等特点的茶叶。

山东是中国最北端的产茶省。20 世纪 70 年代，我国茶叶专家引用南方较抗寒的品种在山东日照、莒县、临沂等地进行试种，他们采取了一系列保护茶树过冬的措施，使"南茶北引"取得成功。在试种成功的地区出现了不少名优茶，其中青岛的"崂山绿茶"和莒县的"浮来青"最有名气。

"崂山绿茶"产于山东青岛崂山（北纬 36.10°）。崂山引种茶树始于 1959 年，是"南茶北引"最早的茶叶试验点和江北绿茶发源地之一。

"浮来青"产于山东日照市莒县夏庄一带，莒县位于山东东南部，日照西部（北纬 35.19°～36.02°）。"浮来青"是一种条形或扁平的炒青绿茶，其芽壮叶肥，栗香浓郁，汤色绿明，滋味鲜醇。

WEDNESDAY. DEC 13, 2023

2023 年 12 月 13 日

农历癸卯年·十一月初一

12月13日

星期三

🐰 今日生命叙事

早起____点，午休____点，晚安____点，体温____，体重____，走步____

今日喝茶：绿☐　白☐　黄☐　青☐　红☐　黑☐　花茶☐

正能量的我

茶产地·中国最南端的产茶地

海南省五指山白沙茶场

位于北纬 18.30° 左右的海南省保亭县金江农场毛岸茶场，有茶园近 300 亩和百年古茶树，是中国最南端的产茶地。

海南省五指山产茶地区有保亭县的茶场、白沙黎族自治县的茶场。白沙绿茶，属半烘炒绿茶，又名五指山茶。它属于新创名茶，创制于 20 世纪 60 年代，产于海南省五指山区白沙黎族自治县境内的白沙茶场，是海南茶的代表。白沙绿茶品质特征：外形紧结细直，显芽锋，色泽绿润有光，汤色黄绿明亮，栗香高，滋味浓醇，叶底肥嫩成朵，具有清香爽口、持久而耐冲泡的特点。最大的感受是香气明快高扬，滋味浓厚明朗。

THURSDAY. DEC 14, 2023
2023 年 12 月 14 日

12月14日

星期四

农历癸卯年·十一月初二

🐰 **今日生命叙事**

早起____点，午休____点，晚安____点，体温____，体重____，走步____

今日喝茶：绿□　白□　黄□　青□　红□　黑□　花茶□

正能量的我

茶产地·中国最古老的茶区

我国的西南茶区包括云南、四川、重庆、贵州和西藏东南等地。这是中国最古老的茶区,不管是从树种、历史记载还是从茶品加工方面都是有据可查的。如陆羽的《茶经》开篇所言:"茶者,南方之嘉木也,一尺,两尺,乃至数十尺,凡巴山峡川有二人合抱者,伐而掇之。"这里所讲的就是四川、云南等地的乔木种。

西南茶区的年平均气温在15～16℃,冬季较为温暖,最低气温在10℃左右,年降水量在1200～2000毫米;气候温和较平稳,水分与热量(气温、积温)条件较好,特别是云南茶区,冬不寒、夏不热,极其适宜茶树生长;适产红碎茶、绿茶、普洱茶、边销茶、名特茶等。

西南茶区形成的具有代表性和影响力的茶叶区域公用品牌有普洱茶(云南)、凤庆滇红(云南)、蒙顶山茶(四川)、宜宾早茶(四川)、永川秀芽(重庆)、都匀毛尖(贵州)、湄潭翠芽(贵州)。

西南茶区——四川省雅安市汉源县茶园

FRIDAY. DEC 15, 2023
2023 年 12 月 15 日
农历癸卯年·十一月初三

12月15日

星期五

🐰 **今日生命叙事**

早起___点，午休___点，晚安___点，体温___，体重___，走步___

今日喝茶：绿□　白□　黄□　青□　红□　黑□　花茶□

正能量的我

中国茶历

茶产地·中国茶叶生产最集中的茶区

我国的江南茶区包括长江中下游以南的浙江、安徽南部、江苏南部、江西、湖北、湖南等,是中国目前茶叶生产最集中的茶区,是中国茶分布的广阔区,也是中国绿茶产量最高的地区。江南茶区茶树主要以灌木种为主。

江南茶区——浙江省安吉县茶园

江南茶区年平均气温为15～18℃,冬季气温一般在5～8℃,年降水量在1400～1600毫米,春夏季占全年降水量的60%～80%,秋季较为干旱。季节均匀,四季分明,气温宜于茶树生长,并有充足的降水,因此,该茶区气候条件对茶树生长繁育,以及制茶品质都较有利。该区茶园大多处于丘陵低山地区,土层较薄,土壤结构稍差。江南茶区茶叶的种类为绿茶、青茶、花茶和名特茶,也生产红茶、砖茶、黄茶。

江南茶区形成的具有代表性和影响力的茶叶区域公用品牌有:西湖龙井(浙江)、安吉白茶(浙江)、黄山毛峰(安徽)、祁门红茶(安徽)、六安瓜片(安徽)、太平猴魁(安徽)、洞庭山碧螺春(江苏)、庐山云雾茶(江西)、恩施玉露(湖北)、武当道茶(湖北)、安化黑茶(湖南)、碣滩茶(湖南)。

江南茶区——湖北省宜昌市夷陵区茶园

SATURDAY. DEC 16, 2023

2023 年 12 月 16 日

农历癸卯年·十一月初四

12月16日

星期六

🐰 今日生命叙事

早起____点，午休____点，晚安____点，体温____，体重____，走步____

今日喝茶：绿☐　白☐　黄☐　青☐　红☐　黑☐　花茶☐

正能量的我

中國茶曆

中国茶历

1216

茶产地·中国最适合茶树生长的茶区

中国最适合茶树生长的茶区是华南茶区,这也是中国茶树生长的舒适区。

我国的华南茶区包括南岭以南的广东、广西、福建、海南、台湾等地。该茶区水热资源丰富,土壤肥沃,以生产红茶、乌龙茶为主。该茶区气温较高,除闽北、粤北和桂北等少数

华南茶区——福建省寿宁县下党乡茶园

地区外,年平均气温为 19～22℃,是各茶区里气温最高的地区;年降水量一般为 1200～2000 毫米,特别是海南和台湾,近热带气候,受海洋影响,各季的气温变化不大,茶树一年四季均可生长。华南茶区适宜加工的茶叶种类有乌龙茶、红茶、六堡茶、白茶、花茶等。该区的乌龙茶、白茶、花茶最有特色,品种繁多,品质优良。华南茶区堪称中国产茶之最。

华南茶区形成的有代表性和有影响力的茶叶区域公用品牌有:安溪铁观音(福建)、武夷岩茶(福建)、福鼎白茶(福建)、英德红茶(广东)、凤凰单丛(广东)、福州茉莉花茶(福建)、横县茉莉花茶(广西)。

华南茶区——福建省武夷山市星村镇燕子窠生态茶园

SUNDAY. DEC 17, 2023

2023 年 12 月 17 日

农历癸卯年 · 十一月初五

12月17日

星期日

今日生命叙事

早起____点，午休____点，晚安____点，体温____，体重____，走步____

今日喝茶：绿☐　白☐　黄☐　青☐　红☐　黑☐　花茶☐

正能量的我

茶产地·中国最北部的茶区

江北茶区——陕西省平利县老县镇蒋家坪村茶园

江北茶区是中国最北部的茶区,也是中国茶树的适宜生长区。

我国的江北茶区包括长江中下游以北的山东、安徽北部、陕西南部、江苏北部、河南、甘肃等地。该地区地形较复杂,与其他茶区相比,气温较低,降水量较少,茶区年平均气温为15~16℃,冬季绝对最低气温一般在-10℃左右。该茶区年降水量为700~1000毫米,是中国所有茶区里降水量最少的茶区,茶树新梢生长期短,部分年份还可能出现干旱灾害,影响茶树的生长。江北茶区土质黏重,肥力欠高,但有些山区土层深厚、有机质含量高,种茶品质较优异。江北茶区茶叶的种类以绿茶为主,茶叶具有耐泡、滋味浓厚的特点。

江北茶区形成的具有代表性和影响力的茶叶区域公用品牌有:日照绿茶(山东)、汉中仙毫(陕西)、信阳毛尖(河南)。

MONDAY. DEC 18, 2023

2023年12月18日

农历癸卯年·十一月初六

12月18日

星期一

🐰 **今日生命叙事**

早起___点，午休___点，晚安___点，体温___，体重___，走步___

今日喝茶：绿□　白□　黄□　青□　红□　黑□　花茶□

正能量的我

中国茶历

1218

茶植物·传说最早发现茶的人

神农发现茶

人类发现茶,最早在我国上古的三皇时期,当时神农尝百草,发现了茶的解毒作用,进而发现茶的药用功能,于是人类开始食用性用茶。"道法自然",人类开始把茶做药用。陆羽《茶经》有载:"茶之为饮,发乎神农氏,闻于鲁周公。"用现代的语言表述就是说,茶作为饮料,开始于神农氏(后世奉为炎帝);周公(周朝的周文王之子鲁公)所撰《尔雅》中做了文字记载而为世人所知。

神农发现茶后,是怎么表示它呢?中国古文并无"茶"字,"盖荼即茶也",茶最早的时候因其口味苦而写作"荼"。我国古代很长时期里对植物没有"草本"与"木本"的明确区分,在最早的诗歌总集《诗经》中九次出现"荼",但不全是指"茶"。最早是在唐代陆羽《茶经》付梓前二十五年编成的《开元文字音义》中,见有("荼"少了一横的)"茶"字。

神农发现茶后,后人对茶树这种植物也有新发现。茶起源于我国,在我国西南发现了最古老的茶籽化石和存活千年以上的古茶树。人工栽培茶树大约始于三千年以前。常见的栽培茶树是被子植物门双子叶植物纲原始花被亚纲山茶目山茶科山茶属茶亚属茶组茶系中的茶种。

人类发现茶,并且数千年来不断深化和丰富它,还都归于神农发现了茶,奉神农为"茶祖"。

TUESDAY. DEC 19, 2023
2023年12月19日
农历癸卯年·十一月初七

12月19日

星期二

🐰 **今日生命叙事**

早起___点，午休___点，晚安___点，体温___，体重___，走步___

今日喝茶：绿☐　白☐　黄☐　青☐　红☐　黑☐　花茶☐

正能量的我

茶植物·记载最早种植茶树的人

吴理真植茶

文字记载的人工栽培茶树,最早始于2000多年前的我国西汉甘露年间的蒙山(今四川省雅安市名山区)。种茶人是西汉严道的吴理真,是有记载的最早种植茶树的人,被后人尊为"植茶始祖"。

相传,为了给母亲治病,吴理真踏遍蒙山寻草药,采得野生茶树枝叶,熬成汤药服用后,母亲的病就治好了。吴理真决心多种植茶树以方便百姓治病,便把先后找到的7株野生茶树,作为第一批育种的茶树,选定在蒙山五峰之间(今皇茶园)一带亲自种植。吴理真为了开荒种茶,管理茶园,在蒙山搭棚造屋,掘井取水。现今蒙山山上尚存有蒙泉井、甘露石室等文物古迹。

汉代人以汉碑记载吴理真事迹,并世代相传人工种植茶树。唐玄宗封蒙山为皇茶院,宋孝宗封此地为"皇茶园",保护有"蒙山皇茶院遗址"至今。唐天宝元年(742年)蒙山茶被列为贡品,唐代至清代年年入贡,1200余年无间断。

在我国古代的史籍中,有不少关于吴理真种植茶树的记载。五代时期著名的毛文锡《茶谱》记载:"蜀之雅州有蒙山,山有五顶,有茶园。"陶谷《清异录》载:"吴理真住蒙顶,结庵种茶凡三年,味方全美,得绝佳者曰'圣扬花''吉祥蕊'。"宋代孙渐《智炬寺留题》诗说:"昔有汉道人,剃草初为祖。分来建溪芽,寸寸培新土。至今满蒙顶,品倍毛家谱。"明代《杨慎记》载:"西汉理真,俗姓吴氏,修活民之行,种茶蒙顶。"《四川通志》卷四十记有:"汉时名山县西十五里的蒙山甘露寺祖师吴理真,修活民之行,种茶蒙顶。"

WEDNESDAY. DEC 20, 2023
2023 年 12 月 20 日

12月20日

星期三

农历癸卯年·十一月初八

🐰 今日生命叙事

早起____点，午休____点，晚安____点，体温____，体重____，走步____

今日喝茶：绿☐　白☐　黄☐　青☐　红☐　黑☐　花茶☐

正能量的我

中國茶曆　　　　　　　　　　　中国茶历

1220

茶诗词·寒夜

(宋)杜耒
寒夜客来茶当酒,竹炉汤沸火初红。
寻常一样窗前月,才有梅花便不同。

这首诗语言清新、自然,无雕琢之笔,表现出隽永的意境,让人回味无穷。这首诗看似随笔挥洒,却形象地表达了诗人遇知己的喜悦心情。

"寒夜客来茶当酒"被当作口头话,说的时候往往不用过多思考,脱口而出,可是细细品味,总是有多层转折,让人产生很多联想。细细品味一下,寒冷的冬夜来了不一般的客人,以茶当酒,吩咐小童煮茗。"竹炉汤沸火初红",茶还没煎煮到最好口感时,便急唤出茶汤上茶来,与客共饮;屋外寒气逼人,屋内温暖如春。夜深了,明月照在窗前,从窗外透进了阵阵寒梅的清香。

诗人写梅,除了赞叹梅花高洁,更多的是在暗赞来客,也表达了诗人寻常的生活如窗前的月儿苍白平静,来了志同道合的朋友,啜茗清谈论道……生活不同了,这才"火初红"。

煮茶

THURSDAY. DEC 21, 2023
2023年12月21日
农历癸卯年·十一月初九

12月21日

星期四

🐰 今日生命叙事

早起____点,午休____点,晚安____点,体温____,体重____,走步____

今日喝茶:绿□　白□　黄□　青□　红□　黑□　花茶□

正能量的我

中国茶历

1221

节气和茶·冬至

数九贺冬焙茶贡,乐礼敬天麋角解。
不笑冬藏蚯蚓结,只喜阳升水泉动。
述根祖先亲朋宴,感念仲景娇耳汤。
家家圆满冬至团,重孝尊师无空洞。

今日冬至(农历癸卯年十一月初十午时,公历2023年12月22日11时27分)。

冬至是农历二十四节气中的第22个节气。冬至,天文类节气,表示寒冷的冬天要来临。

冬至物候:初候蚯蚓结;二候麋角解;三候水泉动。

冬至过后,全国各地气候都进入最寒冷阶段的"数九"寒冬。这时的茶树在冬季休眠期,停止采摘茶叶。

冬至·腊梅

冬至节气里,喝什么茶?冬至时节,顺应养藏阳气,滋益阴精,保护呼吸道和胃肠,保暖祛寒;适宜饮黑茶(安化天尖、普洱熟茶、六堡茶、沱茶、砖茶,均5年以上)、红茶(陈年红茶)、乌龙茶(有焙火工序的乌龙茶)、白茶(寿眉,7年以上),还要注意喝热茶水,不喝凉茶水,在供暖地区生活的人们,可以喝点绿茶。

FRIDAY. DEC 22, 2023

2023年12月22日

农历癸卯年·十一月初十

🐰 今日生命叙事

早起____点，午休____点，晚安____点，体温____，体重____，走步____

今日喝茶：绿☐　白☐　黄☐　青☐　红☐　黑☐　花茶☐

正能量的我

12月22日

星期五　冬至

中国茶历

1222

节气茶点·冬至

冬至节气里,喝茶讲究节气养生,适宜饮黑茶、红茶、乌龙茶、白茶;选用茶点心,讲究对应冬至节气养生,留意民俗文化。

冬至节气总的饮食原则是不咸不腻,宜温补。选用茶点心宜甘甜微辛,少吃冷硬之物。可选用:

龙福饼,食材有紫薯馅、小麦粉、人造奶油、白砂糖、白凤豆。

荷花酥,食材有低筋面粉、黄油、细砂糖、紫薯、炼乳、柠檬汁。

桂花定胜糕,食材有粗糯米粉、粗粳米粉、绵白糖、豆沙、糖桂花、猪油。

金猪饼,食材有南瓜馅、绿豆、白砂糖、人造奶油、蛋黄粉。

适宜冬至节气的茶点心形形色色,选用时应留意民俗文化,如在冬至有"贺冬拜冬"活动。

龙福饼　　　　　荷花酥

桂花定胜糕　　　金猪饼

SATURDAY. DEC 23, 2023

2023 年 12 月 23 日

农历癸卯年 · 十一月十一

12月23日

星期六

🐰 今日生命叙事

早起____点，午休____点，晚安____点，体温____，体重____，走步____

今日喝茶：绿☐　白☐　黄☐　青☐　红☐　黑☐　花茶☐

正能量的我

中国茶历

1223

经典名茶·金骏眉

金骏眉

金骏眉,红茶类,属于正山小种红茶的分支,是一款创新型红茶,产于福建省武夷山市星村镇桐木关村,创制于2005年。

采摘头春茶一季,鲜叶的选用标准是头芽。

制茶工序是萎凋、摇青发酵、杀青、揉捻、烘干。

金骏眉成品茶叶外形细小而紧秀;颜色为金、黄、黑相间,金黄色的为茶的绒毛、嫩芽;条索紧结纤细,圆而挺直,有锋苗,身骨重,匀整干茶香气清香;开汤汤色金黄,水中带甜,甜里透香(花果香),热汤香气清爽纯正,温汤(45℃左右)熟香细腻,冷汤清和幽雅、清香持久(无论热品还是冷饮皆绵顺滑口,极具"清、和、醇、厚、香"的特点);叶底舒展,芽尖鲜活,秀挺亮丽。

泡饮金骏眉时,每人可用一只容量126毫升的盖碗作为泡具和饮具,茶水比为1:50,投茶量2克,水100克(毫升),泡茶水温宜水烧开后降温至95℃。冲泡主要步骤:温茶碗内凹,投入茶叶后,采用"螺旋形法"注水,水量达到茶碗八分后,再合上茶盖。当茶碗中茶汤的水温降至适口时,趁温热品饮。如觉茶汤淡,可用茶盖拨动茶叶使其翻滚后再品饮。

SUNDAY. DEC 24, 2023
2023年12月24日
农历癸卯年·十一月十二

12月24日

星期日

🐰 **今日生命叙事**

早起___点，午休___点，晚安___点，体温___，体重___，走步___

今日喝茶：绿□　白□　黄□　青□　红□　黑□　花茶□

正能量的我

中国茶历

1224

经典名茶·漳平水仙茶饼

漳平水仙茶饼

漳平水仙茶饼，乌龙茶（青茶）类，又名"纸包茶"，系青茶紧压茶，产于福建省漳平市双洋、南洋、新桥等地，起源自双洋镇中村，创制于1934年，为历史名茶。

春、夏、秋茶季，茶叶皆可采摘，采用水仙茶树品种的茶树鲜叶为原料，鲜叶的选用标准是小开面至中开面2～3叶的嫩梢为主，要求鲜叶嫩度适中、匀净、新鲜。

制茶工序是晒青、凉青、摇青、炒青、揉捻、模压造形、烘焙，综合了闽北与闽南乌龙茶的初制技术，主要特点是晒青较重，做青前期阶段使用水筛摇青，做青后期阶段使用摇青机摇青，前后各两次，炒青后采用木模压制造型、白纸定型等特有的工序，再经精细的烘焙。

漳平水仙茶饼成品外形呈正方块，边长约为5厘米，厚约1厘米，形似方饼，重约8克，色泽乌褐油润，干香清高持长；内质香气纯正高爽，具花香且香型优雅，滋味醇正甘爽且味中透香，汤色橙黄，清澈明亮；叶底肥厚黄亮，红边鲜明。

泡饮漳平水仙茶饼时，茶水比为1∶15，投茶量8克，水120克（毫升）；泡茶具宜选容量126毫升的盖碗，投茶后，采用"单边定点法"注水，盖上茶盖；适宜把水烧开时冲泡茶叶，用公道杯均分茶汤至茶盅后品饮。

MONDAY. DEC 25, 2023
2023 年 12 月 25 日
农历癸卯年·十一月十三

12月25日

星期一

🐰 **今日生命叙事**

早起____点，午休____点，晚安____点，体温____，体重____，走步____

今日喝茶：绿□　白□　黄□　青□　红□　黑□　花茶□

正能量的我

经典名茶·感通茶

感通茶,绿茶类,主产于云南省大理苍山感通寺方圆近10平方千米的圣应峰(又称荡山)、马龙峰山脚一带,创制于明代以前。明景泰六年(1455年)《云南图经志书》载:"大理府感通茶。产于感通寺,其味胜于他处所产者。"感通茶古时为贡茶,清康熙黄元治《荡山志略》记述:"苍山圣应峰感通寺古茶五株……茶味甚佳,类六安茶也。"清代余怀《茶史补》记载:"感通山岗产茶,甘芳纤白,为滇茶第一。"1985年,下关茶厂恢复生产感通茶,因而成为恢复历史名茶。

感通茶茶叶于清明前采摘。鲜叶的选用标准是清明前1芽2叶初展优质嫩叶鲜叶,改传统的晒青绿茶制法为烘青绿茶制法精制加工而成。

制茶工序是杀青、揉捻、初烘、复揉、整形、毛火、足火。

感通茶成品茶叶外形条索肥硕卷曲、匀整,色泽呈墨绿油润、显毫,香气馥郁持久;汤色清绿明亮,耐多次冲泡,滋味醇爽回甘;叶底匀厚。

泡饮感通茶时,每人可用一只容量126毫升的盖碗作为泡具和饮具,茶水比为1:50,投茶量2克,水100克(毫升),泡茶水温宜水烧开后降温至85~90℃。冲泡主要步骤:温茶碗内凹,投入茶叶后,采用"环圈法"注水,水量达到茶碗八分后,再合上茶盖。当茶碗中茶汤的水温降至适口时,趁温热品饮。如觉茶汤淡,可用茶盖拨动茶叶使其翻滚后再品饮。

感通茶

TUESDAY. DEC 26，2023
2023 年 12 月 26 日
农历癸卯年·十一月十四

12月26日

星期二

🐰 今日生命叙事

早起____点，午休____点，晚安____点，体温____，体重____，走步____

今日喝茶：绿☐　白☐　黄☐　青☐　红☐　黑☐　花茶☐

正能量的我

中国茶历
1226

经典名茶·渠江薄片

渠江薄片,黑茶类,原产于湖南雪峰山脉的新化、安化一带,经过数千年的发展,新化境雪峰山脉和渠江沿岸产茶带都属于渠江薄片产茶区域。最早的渠江薄片生产记载可以追溯到唐代至五代十国时期,毛文锡《茶谱》载:"渠江薄片,一斤八十枚""其色如铁,芳香异常,烹之无滓也。"唐杨晔《膳夫经》载:"渠江薄片,有油,苦硬。"明方以智《通雅》载:"渠江之薄片……此唐宋时产茶地及名也。"渠江薄片为历史名茶,2007年恢复生产。

渠江薄片茶叶于春季采摘,精选新化雪峰山脉和资江沿岸的群体种茶树茶叶为原料,鲜叶的选用标准是1芽1叶、1芽2叶的嫩叶。

制作工序是萎凋、高温杀青、揉捻、渥堆、筛选、拼堆、蒸制、压饼、烘焙、包装。渥堆发酵是形成渠江薄片色、香、味的关键性工序,要求温度在25℃左右,相对湿度在85%左右进行,且需多次发酵。特级黑毛茶经过两年存放后精制,严格捡剔,除去茶梗、茶末和茶片,精心加工压饼成型制成。

渠江薄片成品外形为古铜币样,字迹清晰,饼面平整,无破损,无烂边。内质香气纯正持久,陈香浓郁,滋味醇和浓厚,汤色橙红明亮,叶底黑褐完整。

品饮渠江薄片时,可煮饮,取渠江薄片一枚,开水冲沐润洗一次后,茶水比为1∶30,投入煮茶器中煮至100℃再熬制3分钟,即可出汤分饮;也可以用盖碗泡饮,取容量150毫升的盖碗作为泡具和饮具,茶水比为1∶28,投渠江薄片一枚,先用开水冲沐润洗一次后,注入开水140克(毫升),加茶盖闷泡1分钟,汤色呈现橙红明亮状态,即可饮用。

渠江薄片

WEDNESDAY. DEC 27，2023

12月27日

2023年12月27日

农历癸卯年·十一月十五

星期三

🐰 **今日生命叙事**

早起____点，午休____点，晚安____点，体温____，体重____，走步____

今日喝茶：绿☐　白☐　黄☐　青☐　红☐　黑☐　花茶☐

正能量的我

中国茶历

1227

茶物哲语·亦余心之所善兮

茶叶"走"出贮罐时,留下茶叶的"自白":

我是一片幸福的树叶,也是一片既苦涩又甘甜的树叶。

我的第一次生命是大地、阳光的哺育;第二次生命是"火"的培育;第三次生命是"水"的孕育。

我的生命美丽绽放,萌发在茶树梢上……浸泡在茶汤中。焙火后,激发"精、气、神";沸水里,激发"色、香、味";人体中,活发"酸、碱、酚、素"。我的生命丰富多彩,我的生命百态千味,我的生命是茶德远传。

唐代陆羽《茶经》点及"精行俭德"。唐代刘贞亮赋《茶十德》:"以茶散郁气,以茶驱睡气,以茶养生气,以茶除病气,以茶利礼仁,以茶表敬意,以茶尝滋味,以茶养身体,以茶可行道,以茶可雅志。"世代传承,奠定茶人之道。

我的生命是融入生活,融入"柴米油盐酱醋茶"的日常生活,融入"琴棋书画诗酒茶"的文化生活,还进入"茶禅一味"的修行生活。这既在人的物质生活中坚实其生命的根基,又在人的精神生活中散发浓郁的芬芳。

我对人类的奉献,借用屈原《离骚》中的名句来表达——"亦余心之所善兮,虽九死其犹未悔"。就是说:我的活法都是我内心之所珍爱,愿历"九难"(一造、二别、三器、四火、五水、六投、七瀹、八饮、九贮),奉"九香"(一清、二幽、三甘、四柔、五浓、六烈、七逸、八冷、九真)!

这是我对茶叶美好德行的追求,至死不改。

茶芽

THURSDAY. DEC 28, 2023

2023 年 12 月 28 日

农历癸卯年·十一月十六

🐰 今日生命叙事

早起＿＿点，午休＿＿点，晚安＿＿点，体温＿＿，体重＿＿，走步＿＿

今日喝茶：绿□　白□　黄□　青□　红□　黑□　花茶□

正能量的我

12月28日

星期四

茶物哲语·精行俭德

茶芽

茶叶,在日记中写道:

茶圣陆羽和古往今来的喝茶人,发现我是一片不仅有生命,还有灵魂并能提振精神的树叶。《茶经》总结:"茶……最宜精行俭德之人。"茶德基因代代相传,我们在同修,不论年龄,唯在持恒励行。

中国茶道崇尚茶德,就在于中国人生活"柴米油盐酱醋茶""琴棋书画诗酒茶"而"不可一日无茶",就在于中国茶道必须是普世普众普惠的茶道。茶德精神就是:自觉在日常生活中积德修德,持恒励行。

德,不是外加给人的;德,在人性中有基础。幸福的人,高贵的人,是有生命又是有灵魂的人,是有同情心又有尊严的人。人性中的同情心和尊严,是"德"的两个重要基础。

德,是人最好的状态;讲德,是人人共处的和美社会的状态;积德修德,倡导:是内心内在的持恒励行仁、义、礼、智、信。仁:同情心、善良,真诚待人,这是人的基本品质,是"德"的核心之一。义:走正道,正能量,做人有规矩,有尊严,恰到好处,这是人的高贵品质,是"德"的另一核心。礼:仪轨、仪式,克己,是仁、义的外在表现,缺乏仁、义的礼是虚伪的;"恭敬于礼"。智:是判断是非和通明德的能力。信:自尊,尊重他人,是人有尊严的表现;"信近于义"。

"精行俭德"是大智、是良知,愿持恒励行,与日俱增,"致良知"。

FRIDAY. DEC 29, 2023
2023 年 12 月 29 日

12月29日

星期五

农历癸卯年·十一月十七

🐰 今日生命叙事

早起___点，午休___点，晚安___点，体温___，体重___，走步___

今日喝茶：绿☐　白☐　黄☐　青☐　红☐　黑☐　花茶☐

正能量的我

中国茶历

1229

茶物哲语 · 尚茶成风

茶的发现和利用,至少已有四千七百年的历史。中国人可以借助茶品味生命,解读世界。

唐代陆羽《茶经》中誉"茶"为"南方之嘉木""盛于国朝""比屋之饮"。《新唐书》叙有"尚茶成风"在唐朝兴起,由王室向民间,从官吏、处士、儒生、道士、僧人普及到社会各阶层,"始驱马市茶"。

茶,字结构是人在草木之间。饮茶的自在与朴素,是人渴求的四时闲适又温暖的时光,表达着人对自然的态度。

饮茶的习惯与普及,是人时常感恩思念乡土、友情,渴望滋养身心和增强机体的健康,表达着人对自身要求的态度。

饮茶,更是中华文化的体现,是传统哲学的缩影,表达着人对自觉的态度——"天人合一""茶禅一味""最宜精行俭德之人",修身养性,仁、义、礼、智、信,温、良、恭、俭、让。

"尚茶成风",茶在世界兴盛。中国古代在农业方面对世界的四大贡献之一就有茶(四大贡献:水稻、蚕桑业、大豆、茶叶)。如今世界饮茶人口已近30亿,分布在160多个国家和地区。

古今茶事

SATURDAY. DEC 30, 2023
2023 年 12 月 30 日

农历癸卯年·十一月十八

12月30日

星期六

🐰 今日生命叙事

早起___点，午休___点，晚安___点，体温___，体重___，走步___

今日喝茶：绿□　白□　黄□　青□　红□　黑□　花茶□

正能量的我

茶物哲语·天人合一

"茶"字是"人在草木间"的意象,是"天人合一"的境界,奉茶,两手可掬"天人合一"。

天人合一,道法自然,抱道履节。山水林田湖是一个生命共同体,人与自然是生命共同体,追求人与自然和谐共生,共同构建人类命运共同体。

天人合一,以人为本,抱道行德。立足人对美好生活的向往、对优良环境的期待、对子孙后代的责任,践行"绿水青山就是金山银山"理念,保护环境和发展经济协同,绿色转型和社会正义并举,普众拥有获得感、幸福感、安全感。

天人合一,诗和远方,执中贯一。心系中华文化浩瀚广博和源远流长,心系广袤大地和乡土民风;寄身于江河胡海、山川草原、田园溪畔和阳光风雨中;寄情于一片茶叶、一方茶席、一首茶诗、一首英雄赞歌和一部人生岁月的书……

天人合一,心旷神怡,抱元守一。人与天地交融,有我之境,无我之境;日出而作,日落而息;仰望星空,正气浩然;独立之思想,自由之精神。

天人合一,哲学思想,万法归一。亦思想亦状态,贵在"知行合一":敬畏自然、尊重自然、认识自然、顺应自然、亲近自然、回归自然、融于自然、保护自然、美化自然、回馈自然。

天人合一,人定胜天,抱朴守拙。"为天地立心",防止急功近利和不择手段地利用自然、改造自然。以"敢叫日月换新天"的英雄气概和"愚公移山"的开拓精神,推动人类社会文明进步,守正笃实,久久为功,胜人天性,增强定力,勇于担当,攻坚克难,超越自己,再创辉煌。

天人合一

SATURDAY. DEC 31, 2023

2023 年 12 月 31 日

农历癸卯年·十一月十九

🐰 今日生命叙事

早起___点，午休___点，晚安___点，体温___，体重___，走步___

今日喝茶：绿☐　　白☐　　黄☐　　青☐　　红☐　　黑☐　　花茶☐

正能量的我

12月31日　星期日

1231

《中国茶历》索引

一、使用说明

检索时,标题前的阿拉伯数字,对应日历中具体的"月"和"日",即可找到相应内容所在的页面。如:"明前茶"标题前的阿拉伯数字为"0316",则"明前茶"的内容在3月16日所在的页面。

二、版块分类

茶物哲语(15篇)、古代雅集(19篇)、茶游艺(4篇)、茶文艺(4篇)、茶文创(2篇)、茶范(7篇)、茶游学(4篇)、闽茶(10篇)、茶巧语(6篇)、茶名著(10篇)、节日和茶(10篇)、节气和茶(24篇)、节气茶(15篇)、节气茶诗(24篇)、节气茶点(24篇)、茶谚语(8篇)、茶祭(4篇)、茶典故(25篇)、茶诗词(10篇)、茶画之最(4篇)、八方茶席(8篇)、节气茶席用花(24篇)、茶空间(5篇)、茶馆(12篇)、茶具(4篇)、茶用水(4篇)、茶饮法(4篇)、茶旅(12篇)、茶产地(10篇)、茶植物(2篇)、茶名字(11篇)、经典名茶(88篇)。

三、目录

茶物哲语(15篇)

0101 人在草木间
0528 舍得
0610 德輶如毛,民鲜克举之
0615 心若安定,万事从容
0616 君子独处,守正不挠
0827 多防出多欲,欲少防自简
0830 鬼神非人实亲,惟德是依
0910 君子修道立德
0928 虽天地之大,万物之多,而惟吾蜩翼之知
0930 清静为天下正
1006 我本愚来性不移
1228 亦余心之所善兮
1229 精行俭德
1230 尚茶成风
1231 天人合一

古代雅集(19篇)

0123 梁苑之游
0124 延福宫曲宴
0125 重华宫茶宴
0310 玉山雅集
0311 惠山茶会
0317 境会亭茶会
0403 清明宴和顾渚山贡茶院
0418 三月三"兰亭雅集"和"茶宴"
0419 唐代以茶代酒的雅集
0513 香山九老会
0514 千叟宴
0608 邺下雅集

0609 "竹林七贤""竟陵八友"雅集	0911 文士茶会
0702 金谷园雅集	0912 幕府雅集
0721 西园雅集	1022 九月九滕王阁雅集
0810 琉璃堂雅集	

茶游艺（4篇）

0811 啜茶·茶联句	0813 斗茶·斗茶令
0812 斗茶·斗茶品	0814 斗茶·茶百戏

茶文艺（4篇）

0903 最早的茶歌	0905 记载最早的采茶舞
0904 最早的采茶调	0906 最早的采茶戏

茶文创（2篇）

1129 中国茶会、日、集、节	1130 中国茶叶谱系代表品

茶范（7篇）

0825 唐代茶范颜真卿	0326 现代茶范林语堂
0826 宋代茶范苏轼	1028 当代茶范吴觉农
0527 明代茶范朱权	0604 新时代茶范张天福
0203 清代茶范李渔	

茶游学（4篇）

0523 茶史游学第一站	0525 茶禅游学第一站
0524 茶馆游学第一站	0526 茉莉花茶游学第一站

闽茶（10篇）

0102 福建茶的世界视野	0109 福建茶简史（民国时期茶叶专家）
0103 福建茶简史（三国至五代）	
0104 福建茶简史（宋代和元代）	0110 福建茶在丝绸之路
0107 福建茶简史（明清代茶类生产工艺和出口）	0111 福建茶和台湾茶
	0112 福建茶在琉球
0108 福建茶简史（明清代茶具生产及饮茶）	0113 福建茶叶产品基本品种

茶妙语（6篇）

0118 迎春茶联	1203 茶室茶联
1201 茶叶茶联	1204 茶馆茶联
1202 茶亭茶联	1205 茶歇后语

茶名著（10篇）

0711 最早的、最著名的茶学专著	0716 最早的茶馆专著
0712 最早的司茶鉴水专著	0717 最大体量的古茶书
0713 宋代最有影响的茶著作	0718 日本最早的茶专著
0714 最早的茶叶检验专著	0719 欧洲最早述及茶叶的著作
0715 中国茶书著述最多的朝代	0720 美国最早的茶专著

节日和茶（10篇）

0121 除夕	0520 国际茶日
0122 春节	0622 端午节
0205 元宵节	0822 七夕节
0312 植树节	0929 中秋节
0404 寒食节	1023 重阳节

节气和茶（24篇）

0204 立春	0808 立秋
0219 雨水	0823 处暑
0306 惊蛰	0908 白露
0321 春分	0923 秋分
0405 清明	1008 寒露
0420 谷雨	1024 霜降
0506 立夏	1108 立冬
0521 小满	1122 小雪
0606 芒种	1207 大雪
0621 夏至	1222 冬至
0707 小暑	0105 小寒
0723 大暑	0120 大寒

节气茶（15篇）

0316 明前茶	0423 谷雨茶
0402 清明茶	0505 立夏茶
0417 雨前茶	0519 小满茶

0605 芒种茶
0620 夏至茶
0706 小暑茶
0722 大暑茶
0807 立秋茶

0821 处暑茶
0907 白露茶
0922 秋分茶
1007 寒露茶

节气茶诗（24篇）

0204 立春茶诗
0219 雨水茶诗
0306 惊蛰茶诗
0321 春分茶诗
0405 清明茶诗
0420 谷雨茶诗
0506 立夏茶诗
0521 小满茶诗
0606 芒种茶诗
0621 夏至茶诗
0707 小暑茶诗
0723 大暑茶诗

0808 立秋茶诗
0823 处暑茶诗
0908 白露茶诗
0923 秋分茶诗
1008 寒露茶诗
1024 霜降茶诗
1108 立冬茶诗
1122 小雪茶诗
1207 大雪茶诗
1222 冬至茶诗
0105 小寒茶诗
0120 大寒茶诗

节气茶点（24篇）

0207 立春茶点
0220 雨水茶点
0307 惊蛰茶点
0322 春分茶点
0406 清明茶点
0421 谷雨茶点
0508 立夏茶点
0522 小满茶点
0607 芒种茶点
0623 夏至茶点
0708 小暑茶点
0724 大暑茶点

0809 立秋茶点
0824 处暑茶点
0909 白露茶点
0924 秋分茶点
1009 寒露茶点
1025 霜降茶点
1109 立冬茶点
1123 小雪茶点
1208 大雪茶点
1223 冬至茶点
0106 小寒茶点
0119 大寒茶点

茶谚语（8篇）

0313 高山云雾出好茶
0314 嫩叶老杀，老叶嫩杀

0602 茶瓶用瓦，如乘折脚骏登高
0705 茶是草，箬是宝

0918 一天三瓯茶，医生走沓沓
0919 一年茶，三年药，七年宝
1029 基肥足，春茶绿
1031 地方茶谚汇

茶祭（4篇）

0422 祭华夏始祖黄帝
0507 祭人文始祖伏羲
0613 祭华夏始祖炎帝
0614 祭人文始祖女娲

茶典故（25篇）

0226 吃茶去
0227 吃茶会么
0324 乾隆的《观采茶作歌》
0504 王船山的《摘茶词》
0624 范仲淹的《斗茶歌》
0625 苏东坡茶墨结缘
0626 蔡襄、苏轼二泉斗茶
0627 蔡襄与《茶录》
0628 朱熹与茶
0629 清照角茶
0630 贡茶得官
1010 陆纳杖侄
1011 王肃与"酪奴"
1012 王濛与"水厄"
1013 单道开饮茶苏
1014 药王孙思邈妙论茶之为用
1015 "不知何许人也"
1016 "羽诚有功于茶者也"
1017 陆羽献茶
1018 皎然、颜真卿鼎力陆羽建茶亭
1019 卢仝与"七碗茶歌"
1020 李德裕与惠山泉
1021 苦口师
1030 朱元璋推广散茶
1120 唐寅的诗情画意

茶诗词（10篇）

0429 临安春雨初霁
0430 望江南·超然合作
0502 幽居初夏
0503 采茶诗
0603 山泉煎茶有怀
0703 茶（一字至七字诗）
0704 临江仙·试茶
1026 鹧鸪天·寒日萧萧上琐窗
1027 浣溪沙·谁念西风独自凉
1221 寒夜

茶画之最（4篇）

0308 最早有仕女奉茶内容的画
0309 最早的有煮茶内容的画
0920 最早的茶事系列画像砖
0921 最早的茶壁画

八方茶席（8篇）

0126 琴与茶
0127 棋与茶
0128 书法与茶
0129 画与茶
0130 诗与茶
0131 酒与茶

0201 花与茶	0202 香与茶

节气茶席用花（24篇）

0204 立春·迎春花	0808 立秋·蓝雪花
0219 雨水·樱花	0823 处暑·玉簪花
0306 惊蛰·月季	0908 白露·昙花
0321 春分·白玉兰	0923 秋分·菊花
0405 清明·杜鹃	1008 寒露·桂花
0420 谷雨·紫藤花	1024 霜降·彼岸花
0506 立夏·铃兰花	1108 立冬·双荚决明
0521 小满·虞美人	1122 小雪·倒挂金钟
0606 芒种·金银花	1207 大雪·红花羊蹄甲
0621 夏至·蜀葵	1222 冬至·腊梅
0707 小暑·凌霄花	0105 小寒·水仙
0723 大暑·睡莲	0120 大寒·香雪兰

茶空间（5篇）

0518 茶博物馆	0730 现存最古老的十家茶楼茶铺
0728 记载最早的茶馆	0731 茶亭最多的地方
0729 最早的"茶"斋馆号	

茶馆（12篇）

0228 闽榕大众茶馆	0828 春伦大众茶馆
0529 福州永泰正泰大众茶馆	0829 飞凤山（岚湖茶社）大众茶馆
0530 汉服天下大众茶馆	0925 新华茶社（金山公园大众茶馆）
0531 壶山林氏中医药特色大众茶馆	
0617 连江贝里蟹谷大众茶馆	0926 在水一方大众茶馆
0618 龙峰大众茶馆	0927 竹朴乡畲大众茶馆
0619 石榕大众茶馆	

茶具（4篇）

1116 盖碗	1118 银水壶
1117 紫砂壶	1119 茶具清洁

茶用水（4篇）

0301 传世最有名的泉	0303 皇帝评水第一例的天下第一泉
0302 古人"以石养水"	0304 泡茶用水

茶饮法（4篇）

0509 煮茶　　　　　　　　　　　　0511 点茶
0510 煎茶　　　　　　　　　　　　0512 撮泡茶

茶旅（12篇）

0315 养生古镇喝第一早春茶之旅　　1002 古寨红茶谷之旅
0516 禅茶休闲养生之旅　　　　　　1003 万里茶道"寻源"之旅
0517 四球茶源地文化休闲之旅　　　1004 "茶马古道"羌族文化体验之旅
0611 最美梯田——温泉茶乡之旅
0612 中华茶祖炎帝神农氏寻根之旅　1005 定心茶园茶文化休闲之旅
0802 诗意"慢游道"茶之旅　　　　　1206 最早的茶农生息地之旅
0803 石墨茶主题营地研学之旅

茶产地（10篇）

1209 茶树发源地　　　　　　　　　1214 中国最南端的产茶地
1210 记载最早的茶产地　　　　　　1215 中国最古老的茶区
1211 最早的古茶籽化石　　　　　　1216 中国茶叶生产最集中的茶区
1212 中国海拔最高的产茶地　　　　1217 中国最适合茶树生长的茶区
1213 中国最北端的产茶地　　　　　1218 中国最北部的茶区

茶植物（2篇）

1219 传说最早发现茶的人　　　　　1220 记载最早种植茶树的人

茶名字（11篇）

0208 茶的通用名　　　　　　　　　0214 茶的雅号（言其形）
0209 茶的别名　　　　　　　　　　0215 茶的雅号（言其意）
0210 茶的异名　　　　　　　　　　0216 茶的雅号（言其神）
0211 茶的雅号（言其色）　　　　　0217 茶的外语名
0212 茶的雅号（言其香）　　　　　0218 茶物种学名
0213 茶的雅号（言其味）

经典名茶（88篇）

绿茶（类）（34篇）

0115 遵义毛峰　　　　　　　　　　0320 蒙顶甘露
0206 元宵茶　　　　　　　　　　　0323 西湖龙井
0305 竹叶青　　　　　　　　　　　0325 古丈毛尖
0318 阳羡雪芽　　　　　　　　　　0327 五峰毛尖
0319 碧螺春　　　　　　　　　　　0328 紫阳毛尖
　　　　　　　　　　　　　　　　　0329 都匀毛尖

0330 信阳毛尖
0401 雨花茶
0407 长兴紫笋
0408 径山茶
0409 安吉白茶
0410 松萝茶
0411 黄山毛峰
0412 天山绿茶
0413 狗牯脑茶
0414 鸠坑毛峰
0415 庐山云雾
0416 老竹大方
0424 六安瓜片
0425 望海茶
0427 太平猴魁
0428 凌云白毫
0817 恩施玉露
0818 雪青
0914 雪山银球茶
1102 三里垭毛尖
1107 浮梁茶
1125 泰山女儿茶
1226 感通茶

白茶（类）（3篇）
0117 白牡丹
0222 白毫银针
1113 寿眉（贡眉）

黄茶（类）（8篇）
0221 蒙顶黄芽
0331 君山银针
0426 莫干黄芽
0725 霍山黄芽
0816 平阳黄汤
0916 广东大叶青
1104 沩山毛尖
1126 老君眉

青茶（类）（14篇）
0114 武夷岩茶
0224 闽北乌龙
0727 冻顶乌龙
0805 高山乌龙
0831 永春佛手
0815 安溪铁观音（浓香型）
1101 安溪铁观音（清香型）
1105 饶平奇兰
1106 文山包种
1110 金萱茶
1111 凤凰单丛
1127 梽风乌龙
1128 白芽奇兰
1225 漳平水仙茶饼

红茶（类）（12篇）
0116 正山小种红茶
0225 滇红
0501 宜红
0515 九曲红梅
0601 祁门红茶
0701 坦洋工夫
0709 白琳工夫
0801 宁红
0806 五指山红茶
1001 政和工夫
1112 英德红茶
1224 金骏眉

黑茶（类）（11篇）
0710 青砖茶
0726 安化天尖
0804 普洱生茶
0913 茯砖茶
0915 黑砖茶
0917 金尖茶
1103 普洱熟茶
1114 六堡茶
1121 花砖茶（千两茶）
1124 康砖
1227 渠江薄片

再加工茶（类）（6篇）
0223 福州茉莉花茶
0819 碧潭飘雪
0820 桂花龙井
0901 北京茉莉花茶
0902 苏州茉莉花茶
1115 小青柑

图书在版编目（CIP）数据

中国茶历. 2023 / 陈伟群主编. -- 北京：中国林业出版社, 2022.10
ISBN 978-7-5219-2130-4

Ⅰ.①中… Ⅱ.①陈… Ⅲ.①历书-中国-2023
Ⅳ.①P195.2

中国国家版本馆CIP数据核字(2023)第014771号

中国林业出版社
责任编辑：李　顺　段植林　马吉萍
出版咨询：(010) 83143569

出　版	中国林业出版社 (100009 北京市西城区刘海胡同 7 号)
网　站	http://www.forestry.gov.cn/lycb.html
印　刷	河北京平诚乾印刷有限公司
发　行	中国林业出版社
电　话	(010) 83143500
版　次	2022 年 10 月第 1 版
印　次	2022 年 10 月第 1 次
开　本	1/32
印　张	23.25
字　数	550 千字
定　价	108.00 元